Conrad Naber (Herausgeber)

Wirken für L

Conrad Naber (Herausgeber)

Wirken für ℒ

Simmering

Die Autoren

HJB	Brandt, Hans-Joachim
JIDG	Dehlwes-Grotefend, Jutta-Irene
JG	Genth, Johanna
KLG	Göckeritz, Klaus
RK	Knoop, Rupprecht
HK	Kühn, Harald
HJL	Leue, Hans-Joachim
UL	Lilienthal, Ursel
CVL	Lübken, Carola von
CN	Conrad Naber
TO	Olivier, Thomas
PR	Richter, Peter
KHS	Sammy, Karl-Heinz
MS	Simmering, Manfred
HS	Steinmann, Harald
KDU	Uhden, Klaus-Dieter

Herausgeber
    Conrad Naber

Idee und Konzeption
    Jutta-Irene Dehlwes-Grotefend

Gesamtredaktion
    Jutta-Irene Dehlwes-Grotefend
    Klaus Göckeritz
Grafik Volker Kühn
Satz und Buchgestaltung
    Günther Röhrs

ISBN 978-3-927723-64-1

Verlag M. Simmering, Lilienthal
© 2007 – Alle Rechte bei den Autoren

Inhalt

Vorwort des Herausgebers
Einleitung
                                                                            Seite

Nur wiederholte Exempel?
    Bildungswesen
    Äbtissin Gertrudis Schene – Christoph Tornée – Otto Schrader – Albert Lemmermann – Karl Lilienthal – Heinz Schobeß – Horst Vockenroth – Iris Wendisch
1 – 13

Kräuter, Kurbad, Krankenhaus
    Gesundheitswesen
    Eleonora Katharina Gäfin zu Hessen Eschwege – Von Krusius bis Dr. Zinke – Dr. med. Wilhelm Ruckert – Dr. Heinrich Hünerhoff – Dr. med. Erich Sasse – Dr. Oskar Hammel – Dr. Fritz-Martin Müller – Klaus Runge
14 – 25

Astronomie im Amtsgarten
    Astronomie
    Johann Hieronymus Schroeter – Heinrich Wilhelm Matthias Olbers – Karl-Ludwig Harding – Friedrich Wilhelm Bessel – Dieter Gerdes – Lieselotte Pézsa – Klaus Dieter Uhden
26 – 36

Investition in die Zukunft
    Stifter und Stiftungen
    Frieda und Otto Zimmermann – Ottonie und Helmut Möhlenbrock – Katharina und Hanna Mensing – Käthe und Wilhelm Dehlwes – Conrad Naber – Hans-Adolf Cordes – Christa Kolster-Bechmann – Prof. Dr. Siegfried Boseck
37 – 54

Der Weg ist das Ziel
    Verkehrswege
    Claus Witte – Johann (Jan) Reiners – Wolfgang Wenzel – Martin Schüppel – Ute Warnken-Dawedeit – Dr. Andreas D. Boldt – Hinrich Gefken
55 – 66

Lilienthal wächst – wächst Lilienthal mit?
    Politik und Verwaltung
    Ehrenamtliche Bürgermeister der Orte Heidberg, St. Jürgen, Seebergen und Worphausen vor deren Eingemeindung: Hermann Böttjer, Lüder Cyriacks, Wilhelm Krentzel, Hinrich Haltermann, Diedrich Kück – Diedrich Murken – Georg Bellmann – Hinrich Winters – Heinrich Viebrock – Wilhelm Ahrens – Friedrich Schmuch – Hinrich Meyerdierks – Peter Sonnenschein – Wilhelm Otten – Friedrich-Wilhelm Raasch – Wilhelm Wesselhöft
67 – 80

Schneller – höher – weiter
    Zwei Seiten des Sports
    Inge Winter – Herbert Meyer
81 – 84

Hilf mir, es selbst zu tun
    Soziales
    Käte Dankwardt – Herbert Rüßmeyer – Margrit Lindemann – Karla Pfingsten – Gertrud Schibilla – Karin Segelken
85 – 95

Kultur fördern und mit Kultur fördern
    Kulturelles Schaffen
    Carl Jörres – Fotoatelier Julius Frank, Lilienthal – Arnold Kessemeier – Fritz Gagelmann – Heinrich Schmidt-Barrien – Rudolf Dumont Du Voitel – Ingeborg Ahner-Siese – Prof. Dr. Heinz Lemmermann – Dirk Miesner und Alfred Meierdierks – Jürgen O. H. Ludwigs – Erwin Duwe – Manfred Simmering – Gerd Erdmann – Karl-Peter Geittner – Peter Riedel – Harald Kühn – Hans-Peter Blume – Klaus-Dieter Pfaff – Volker Kühn – Edda Kühn – Dieter Klau-Emken – Renate Bratschke – Christopher Brandt
97 – 135

Vier große Firmen
    Poliboy – Nabertherm – OZET – Plate
136 – 142

Anhang

Orden und Ehrenzeichen
    Verzeichnis der Träger der „Ehrennadel der Gemeinde Lilienthal", des Niedersächsischen Verdienstordens und des Bundesverdienstkreuzes sowie der Lilienthaler Ehrenbürger.
143 – 148

Personenregister
149 – 150

Abbildungsverzeichnis
151

Literaturverzeichnis
152

Vorwort

Liebe Leserinnen und Leser,

als ich vor etwa zwei Jahren zu Gast bei der Verleihung der Ehrenbürgerwürde an Wilhelm Dehlwes war, hielt an Stelle des betagten Heimatforschers seine Schwiegertochter eine bemerkenswerte Dankesrede. Besonders ein Aspekt daraus hat mir auf Anhieb zugesagt, weil er präzise formuliert auf den Punkt gebracht hatte, was auch ich intuitiv empfand. Sie stellte die Frage in den Raum, was man tun könne, um die Erinnerung an die Ehrenbürgerinnen und -bürger wach zu halten. Denn wie schnell ist nach der Publikation in der Tagespresse vergessen, warum oder wofür jemand ausgezeichnet wurde. Und sie hatte auch schon eine Antwort parat: eine Broschüre über die Lilienthaler Ehrenbürger.

Dazu wollte ich gern einen Beitrag leisten.

Im gemeinsamen Gespräch fanden wir, dass es über die so oft im Rampenlicht der Öffentlichkeit stehenden Persönlichkeiten hinaus noch viele andere Bürgerinnen und Bürger gibt, die am Fortkommen ihres Gemeinwesens interessiert und beteiligt sind; manche mehr, manche weniger, manche spektakulär, manche im Hintergrund, manche ganz selbstverständlich von sich aus, manche, nachdem sie darum gebeten worden sind. Also Menschen, die sich in den Dienst ihrer Mitmenschen stellen, um es einmal ganz allgemein auszudrücken.

Und natürlich wollten wir auch die 775-jährige Geschichte befragen und in der Vergangenheit Ausschau nach exemplarischen Personen halten. Dabei fielen uns immer mehr Menschen ein, deren Tun uns beispielhaft und nachahmenswert erschien.

Die Broschüre wuchs so allmählich zu einem Buch. Ein Buch, das von Lilienthal handelt und überwiegend von Lilienthalern. Aber hinter den individuellen Portraits zeigt sich eine Gemeinsamkeit: die grundsätzliche Haltung dieser Menschen, etwas Positives bewirken zu wollen – und das, meine ich, lässt sich auf jeden anderen Ort übertragen. So wie ich beim Kennenlernen unbekannter Seiten mir vermeintlich bekannter Menschen einige Vorurteile über Bord werfen musste, genauso überraschte es mich angenehm, welche Vielfalt an tatkräftigen Männern und Frauen sich für Lilienthals Gemeinwohl einsetzen. Ich gebe gern zu, dass ich die Manuskripte nicht nur mit wachsender Begeisterung, sondern auch mit Gewinn gelesen habe.

Dieses Buch mit seinen Darstellungen vorbildlicher Handlungsweisen sei gleichzeitig ein Dank stellvertretend an alle Menschen, die sich für ihre Mitmenschen, ihren Ort, ihre Umwelt, ihre Zukunft und auch für ihre Vergangenheit und ihre Herkunft engagieren.

Conrad Naber, Herausgeber

September 2007

Einleitung

*Wenn mancher Mann wüsste,
wer mancher Mann wär',
tät' mancher Mann manchem
Mann manchmal mehr Ehr'.*
(Rulmann Merswin, 1307–1382)

Lilienthal ist 775 Jahre alt. In dieser Zeit haben viele Menschen an dem Ort gebaut, an seiner Entwicklung gearbeitet, Netzwerke verschiedenster Art geknüpft. Ideen wurden verwirklicht oder, wenn es erforderlich war, auch zurückgestellt. Immer dachten die Aktiven, die Entscheidungsträger, die Ideengeber, die Macher aber auch die „Bremser" an das Wohl des Ortes und seiner Menschen. Jedenfalls wollen wir das hier einfach unterstellen. Nicht jede Motivation lässt sich nachvollziehen oder überhaupt entdecken. Deutliche Spuren für die Entwicklung Lilienthals haben die Ehrenbürger hinterlassen. Aber auch viele andere Menschen haben sich für das Wohlergehen des Ortes und der Gemeinschaft selbstlos eingesetzt. Menschen, die in vieler Hinsicht als Vorbild gelten könnten, und solche, die ganz selbstverständlich im Verborgenen gewirkt haben. Sie sollen nicht nur in Straßennamen weiterleben oder als Konterfei im Rathaus zu besichtigen sein, sondern sie haben ihren Platz in diesem Buch gefunden.

Die katholische Kirche spricht Menschen selig oder sogar heilig und hebt sie damit über ihre Mitmenschen zu leuchtenden Vorbildern heraus.

Das Modewort Leuchtturm bezeichnet ebenfalls das Wirken einer bedeutenden Person. Die Jugend kennt Idole oder hat Ideale, denen sie nacheifert. „Nimm dir das als leuchtendes Beispiel!" bekam die Eltern-Generation von ihren Eltern und Großeltern gepredigt.
Auch in Ländern, Städten und Gemeinden werden Menschen geehrt; darunter viele Ehrenamtliche. Aber nicht jede „Ehrenamtlichkeit" ist uneigennützig. Um die geht es nicht in diesem Buch. Wir suchten nach den „Gemeinwohltätern" in Worten, Taten und Spenden. Nach Menschen, die sich eingemischt haben.

Die Darstellung der Sozialgeschichte einer Gemeinde kann niemals anhand beispielhafter Personen Vollständigkeit für sich beanspruchen. Einige Menschen wird der Leser vielleicht vermissen. Manche mochten sich einfach nicht schon zu Lebzeiten in einem Buch wiederfinden. Andere wiederum wurden unserem Autoren-Team nicht benannt. Natürlich waren wir angewiesen auf Mithilfe der Bevölkerung.

Ein Aufruf in der Wümme-Zeitung half dabei.

Verstehen Sie unser Buch als ein Kaleidoskop von Leuchttürmen, Leuchtkugeln, kleineren Lichtern oder auch Wunderkerzen. Es soll und kann keine Fortschreibung bereits vorhandener Ortsgeschichte werden, aber es soll anstecken, auch etwas zu tun, zu initiieren, zu fördern und zu stiften.

Die Autoren

Heinz Lemmermann gewidmet,

der dieses Buch mit vielen Hinweisen unterstützt hat und seine distanzierte Haltung zu Ehrungen so formuliert:

Verdiente Ehrung?
Du wirst von allen „ehrwürdig" genannt –
Weil das eh'r Un-Würd'ge nicht so bekannt …

Danke!

Der Wümme Zeitung, die unser Projekt mit einem Aufruf unterstützt hat.

Vielen Lilienthaler Bürgerinnen und Bürgern für Tipps und Hinweise auf bemerkenswerte Personen.

Besonders Heinz Lemmermann, Käthe Dehlwes und dem Heimatverein, die uns mit vielen Auskünften geholfen und auch Fotos beigesteuert haben.

Erwin Duwe und Christine Höfelmeyer, unseren Fotografen, weil sie fast zwei Jahre lang bereitwillig immer mal wieder für dieses Buch auf den Auslöser gedrückt haben.

Bürgermeister Willy Hollatz und seiner auskunftsfreudigen Verwaltung, aber vor allem seiner Mitarbeiterin Elke Junge, weil sie lange Zeit für dieses Buch im Gemeindearchiv alte Akten durchforscht hat.

Volker Kühn dafür, dass er seine Kreativität in den Dienst der oberen Seitenränder gestellt hat.

Anne Teumer, die uns mit lateinischen Übersetzungen aus dem „Urkundenbuch des Klosters Lilienthal" Licht in das „Dunkel" der Klostergeschichte brachte.

Ursel Lilienthal und Berta Bard, die unsere Arbeitssitzungen logistisch begleiteten.

Nur wiederholte Exempel?

WEDER GESETZE NOCH PRÄMIEN BRINGEN DEN BAUERN ZU EINER VERÄNDERTEN ÖKONOMIE. WAS NICHT VON SEINEM VORGÄNGER SCHON HERGEBRACHT IST, IST IHM ZUWIDER. NUR WIEDERHOLTE VERSUCHE UND EXEMPEL VON SEINESGLEICHEN KÖNNEN IHN ZUR NACHAHMUNG FÜHREN.

Stoßseufzer von J. Chr. Findorff (1784)

Wie schwer muss er es gehabt haben, der Moorkommissar Jürgen Christian Findorff, wenn es darum ging, Neuerungen einzuführen! Und wie viele Exempel mochte es gebraucht haben? Gewiss war es auch Zeichen eines gewachsenen Misstrauens gegenüber Anordnungen der Obrigkeit, denen sich unsere Altvorderen entgegenstellten. Sie vertrauten lieber auf die Errungenschaften und Erfahrungen ihresgleichen. Da kannten sie sich aus, das war ihnen vertraut und da fühlten sie sich sicher. Unbekanntes anzunehmen war gleichbedeutend mit Abenteuer. Abends teuer bezahlen müssen, was morgens blauäugig riskiert wurde? Die Grenzen der eigenen Vorstellungskraft zu überschreiten, erfordert Mut und ist auch nicht jedermanns Sache. Sich aber an vorbildlichen Ideen und Taten zu orientieren, bringt uns auch voran. Und je mehr positive, erfolgreiche Beispiele es gibt – um so besser. In diesem Sinne: Nehmen Sie die hier vorgestellten Menschen als Anregung für Ihren Alltag. Und, bitte, setzen Sie sich, wenn notwendig, über Konventionen hinweg, wenn dadurch etwas verbessert und Gutes erreicht werden kann: Wie Gertrudis Schene, die von 1351 bis 1379 als elfte Äbtissin dem Kloster Lilienthal vorstand. Sie und ihre Schwester Elyzabeth

Grabstein der Äbtissin Gertrudis Schene in der Klosterkirche.

als Priorin besetzten gleichzeitig über mehrere Jahre hinweg die wichtigsten Funktionen innerhalb des Klosters. Zwei weitere Schwestern, Walburgis und Hillegundis, lebten hier ebenfalls als Nonnen. Obwohl weder erlaubt war, dass sich mehr als zwei Personen aus dem Geschlecht der Äbtissin im selben Kloster aufhalten, noch dass es mehr als drei Nonnen aus einem Ort sein dürfen. Es wird vermutet, dass mit diesen Bestimmungen die Gruppenbildung im Kloster und eine mögliche Einflussnahme großer Familien auf dem Nonnenkonvent verhindert werden sollten. Aber es ist, wie das Beispiel zeigt, fraglich, ob man sich in Lilienthal an diese Vorschriften gehalten hat. Die vier Schene-Schwestern aus Bremen jedenfalls haben einiges, was damals üblich war, ignoriert. Auch das Verbot des Zisterzienserordens, das um 1300 eingeführt worden war und untersagte, Mädchen in weltlichen Kleidern oder Knaben in den Nonnenklöstern zu unterrichten,

2 Bildungswesen

wurde von Gertrudis unterlaufen. Ausgenommen von diesem Verbot waren nur Klöster, die nicht fest in den Orden eingegliedert waren, was für Lilienthal offensichtlich nicht zutraf. Überdies wird auch dem Gewohnheitsrecht folgend angenommen, dass die Schüler hier nicht nur als Novizen, sondern auch lediglich zu Schulzwecken aufgenommen waren, wenngleich nicht erkennbar ist, ob über den engeren Klosterbereich hinaus unterrichtet wurde. Den ersten Hinweis auf eine Klosterschule entnehmen wir einer Urkunde vom 28. Mai 1379, der zufolge das Kloster durch einen Landverkauf eine jährliche Rente von drei Bremer Mark erhält, die von der Küsterin unter Klosterfrauen und Schulkindern verteilt werden soll.

Andere Quellen berichten von der Geschäftstüchtigkeit der Äbtissin, die in fast 30-jähriger Verwaltung das Kloster auf seinen höchsten wirtschaftlichen und geistlichen Blütezustand gebracht habe. Ungehemmt, heißt es, wuchs der Tausch-, Kauf- und Güterhandel auch unter ihr weiter. Geschenkte Häuser verpachtete man auf Zeit, Pachtgut ließ man zum Nutzen des Klosters erweitern und für nicht eingelöste Schulden entschädigte man unter anderem durch Klosterbier, Futter und Weiden.

Der Bruder dieser besonderen Frau, um die sich auch schon Legenden rankten, hat dem Kloster nicht nur Schenkungen gemacht. Er hat seiner Schwester mit einer Grabplatte ein Denkmal gesetzt. Die Inschrift interpretierten Experten – durch Abkürzungen erschwert – als habe sie ihr leibliches Herz den Nonnen als Reliquie überlassen.

Später werden die Kinder der Klosterschule vom Küster und Schulmeister unterrichtet. Machen wir einen Sprung durch

die Jahrhunderte zu einem dieser Schulmeister, der neben seiner Lehrtätigkeit und dem schriftlichen Nachdenken über seinen Beruf auch die erste Chronik Lilienthals zu Papier gebracht hat. Vielleicht sah es in seiner Schulstube ähnlich aus wie in unserer Abbildung, deren Herkunft unbekannt ist. Sehr wahrscheinlich hat er aber den Rohrstock irgendwo in einer Ecke vergessen.

Während es in den letzten 200 Jahren üblich war, dass unverheiratete Dorfschulmeister ihren Mittagstisch reihum bei den verschiedenen Höfen einnahmen, machten sich in Lilienthal Ende des letzten Jahrhunderts Eltern intensiv Gedanken darüber, was sie ihren Kindern an gesundem Schulfrühstück anbieten könnten (siehe Seite 12).

JIDG

Christoph Tornée

* 1809 in Ritterhude † 1886 in Lilienthal

Er liebte seine Schüler

„Wie kann das Kind mit Freuden zur Schule kommen, wenn es fast beim Eintritt in dieselbe gleich den Stock oder Rute gebrauchen sieht."

Dies schrieb einer, der aus eigenem Interesse schon als Jugendlicher im Winter dem alten „Küster Helmke" in Trupe bei der Unterrichtung der Schüler zur Seite stand. Dann waren alle Kinder in der Schule – im Sommer mussten die größeren bei der Ernte mithelfen.

Geboren am 5. März 1809 in Ritterhude als Sohn von Fran(t)z August Torney, dem Gerichtvogt, Pensionär-Sergeanten und Einnehmer am Höftdeich, wurde der 19-Jährige auch musikalisch begabte Tornée auf „gemessenen Befehl" der Kirchenkommission als Gehilfe des 75-jährigen Dorfschulmeisters Martin Helmke eingestellt. Doch der junge Mann wollte mehr. Ein halbes Jahr wurde er für den Besuch des Lehrerseminars in Stade beurlaubt. Nicht länger. Sein späterer Schwiegervater brauchte ihn dringend. Doch ihm sollte noch ein weiteres Ausbildungsjahr gelingen. Im Alter von 30 Jahren wurde er für den Bereich Trupe-Lilienthal mit der Aufgabe als Lehrer und Organist betraut. Da hatte er schon mit Lehrerkollegen und weiteren sangesfreudigen Männern den späteren Gesangverein Trupe-Lilienthal gegründet. Zum Proben führte anfangs ein zweistündiger Fußmarsch bis Worphausen. Aber Geduld und Ausdauer – immerhin leitete er den Chor fast ein halbes Jahrhundert – gehörten zu seinen Tugenden. Auch Liebe und Achtung den Kindern gegenüber, was sich in seinen pädagogischen Aufsätzen widerspiegelt. Und der Wille, sich und Kollegen fortzubilden, Wissen zu „vernetzen", wie man heute sagen würde, zeigt sich im Zusammenschluss der örtlichen Lehrervereine zum „Provinziallehrerverein Stade". Christoph Tornée bot sich sofort an, als 1851 die Hannoversche Landdrostei Lehrer für die Einrichtung von Fortbildungsschulen suchte. Neben Rechnen, Schreiben und Lesen unterrichtete er ältere Einwohner des Ortes auch in den Fächern Singen, Geografie, Naturkunde und Zeichnen. Tornée genoss das gleiche hohe Ansehen wie der ortsansässige Arzt, Pastor und Apotheker. Wenn er mit seinen kleinen Tippelschritten durch Lilienthal ging, grüßten ihn die Dorfbewohner ehrerbietig. Warum? Bei 180 Kindern in einer kleinen zweiklassigen Schule war doch strenge Disziplin nötig, so gedrängt, wie sie saßen. Aber er lehnte den damals üblichen Gebrauch von Stock und Rute ab. Alles in der Schule müsse so

Tornées Grab auf dem Truper Friedhof.

4 Bildungswesen

sein, dass die Kinder gerne, voll Freude hingehen. Dazu gehöre „sowohl ein heller, sauberer, gut eingerichteter Klassenraum als auch ein vorbildlicher, gerechter, ernster, milder, pünktlicher und treuer Lehrer mit guter Ordnung in den Äußerlichkeiten, charakterfest und erfüllt von väterlicher Liebe zu den Schülern." Die Eltern hatten erfolgreich um diesen Lehrer gekämpft, als er sich nach sieben schlecht bezahlten Hilfslehrer-Jahren ebenso erfolgreich um eine Lehrerstelle bei Buxtehude bewarb.

Der über 80-Jährige Lehrer Helmke konnte schließlich mit kirchlichem Segen seine Stelle auf den Schwiegersohn, vierfachen Vater und immer noch „Gehülfslehrer" „vererben".

Als für Lilienthal und Trupe 1872 ein gemeinsames Schulhaus in der Ortsmitte (auf dem jetzigen Parkplatz Hauptstraße/Ecke Bahnhofstraße) errichtet wurde, hatte der mit 63 Jahren zum Schulleiter der ersten Lilienthaler Volksschule ernannte Tornée zwar einen weiten Fußweg, für „seine" Kinder aber endlich schöne Klassenzimmer.

Und dorthin geht er noch viele Jahre. Es heißt, er unterrichtete bis kurz vor seinen Tod. In der Schulstube sollen ihn die Kräfte verlassen haben, so dass er sich hinlegen musste. Er wurde 77. Zwei Jahre zuvor gab er, was die Wümme Zeitung bereits in loser Folge veröffentlicht hatte, auf Nachfrage als „Die Geschichte Lilienthal's" in gebundener Form heraus: um das Interesse der Bewohner an der Geschichte ihres Ortes zu wecken, die Liebe zur Heimat zu vertiefen und denjenigen Achtung zu zollen, die das Wohl des Ortes unter Anstrengung und Ausdauer gefördert haben – nachfolgenden Generationen als Lehrbeispiel für die weitere Ortsentwicklung. In aller Bescheidenheit charakterisiert sich der Autor als Organist und reiht sich so in die Schar der Lehrer und Kirchenmänner ein, die im 19. Jahrhundert gerade noch rechtzeitig die Erinnerungen der „Alten" bewahrte.

HS

1971 wurde die Volksschule abgebrochen. Jetzt ist hier ein Parkplatz, ein Brunnen und die Haltestelle Lilienthal-Mitte.

Otto Schrader

* 1872 in Wendenborstel/Steinhuder Meer   † 1958 in Lilienthal

Otto und Ehefrau Louise.

Blumen, Bienen, Bäume

In seinem Garten leuchtete ein einzigartiges Blütenmeer. Otto Schrader, Schulleiter, Ratsherr, Chorleiter, Imker und Blumenzüchter, war der Rosenkönig von Lilienthal. An die hundert Rosen blühten jeden Sommer in seinem Garten, darunter viele seltene, hochstämmige Sorten. Edle Gewächse von seltener Üppigkeit und in allen erdenklichen Farbnuancen verschmolzen zu einem surrealistischen Gemälde. Mittwochs- und sonntagnachmittags zogen in Scharen Ausflügler aus Bremen an dem blühenden Zaubergarten in der Zinckestraße vorbei. Die Kaffee-Touristen bewunderten die bunte Pracht auf dem Weg vom Lilienthaler Bahnhof zum Gasthof Murken. An heißen Sommertagen tanzten Zitronenfalter über den Blumen in der Sonne. Die Pflege und Züchtung der Rosen war – neben der Imkerei - Otto Schraders großes Hobby. Die bunte Idylle breitete sich in der Zinckestraße auf dem so genannten „Hohen Land" aus, das kurz nach der Jahrhundertwende noch fast unbebaut war. Der Lehrer hatte 1907 das Grundstück günstig erworben und darauf ein zweigeschossiges Haus errichten lassen. Auf der Vorderseite des Gebäudes rankten Wein und Birnenstauden. Im Hintergarten gackerten Hühner, umsummten Bienen die Blüten. Die Strenge des Schulmeisters war gefürchtet. Zugleich aber konnte Otto Schrader weichherzig und gutmütig, manchmal geradezu sentimental sein. Die schwere Kindheit hat ihn geprägt: In Wendenborstel nahe des Steinhuder Meeres kommt Otto Schrader am 23. Dezember 1872 auf die Welt. Mit acht Jahren ist er schon Vollwaise. Kurz hintereinander verliert er Vater und Mutter durch Krankheit. Gemeinsam mit seinem Bruder William, später Schulleiter in Bremen-Vegesack, wächst er auf dem Bauernhof seines Onkels auf.

Der Junge vom Lande setzt die Familientradition, Lehrer zu werden, fort: Als 15-Jähriger besucht er die „Präparande" in Quedlinburg/Harz. So hießen damals die Lehranstalten, die Absolventen der Volksschule für die Weiterbildung an einem Lehrerseminar qualifizierten. 1890 beruft ihn sein Onkel Professor Oskar Backhaus an die Königliche Präparandenanstalt Bederkesa. Der Seminardirektor der 1876 gegründeten Lehrerfortbildungsstätte in der norddeutschen Kleinstadt am See war ein Mathematiklehrer von Ruf.
Otto Schrader muss sich seinen Aufenthalt hart erarbeiten: Er redigiert die Rechenbücher, die sein berühmter Onkel für Schulen in Norddeutschland zusammengestellt hat. Auch in Lilienthal wurde damals mit diesen Büchern unterrichtet.
Nach einer Zwischenstation als Lehrer in Oldendorf bei Stade wird der Junglehrer 1895 auf eigenen Wunsch nach Lilienthal versetzt. Er kommt damals bei der alten „Mutter" Murken (Murkens Gasthof) unter, die ihn sehr liebevoll betreut.
Die Lilienthaler Schule stand seit Oktober 1872 auf der Hofstelle

der Schmiede Hauschildt an der Haupt-/Ecke Bahnhofstraße. Unter Otto Schrader wird die Schule fünfklassig und nach dem Ersten Weltkrieg entfällt das so genannte „Leichensingen", der Chorgesang der Schüler bei Beerdigungen. 120 Mädchen und Jungen drückten hier aus heutiger Sicht in einer altertümlichen und spartanischen Umgebung die Schulbank.

Als Ratsherr und zeitweilig auch als stellvertretender Bürgermeister wirkt Otto Schrader vielfach zum Wohl des Ortes. Er wird Mitglied des Gemeindeausschusses und Beigeordneter. Gemeinsam mit Bürgermeister Diedrich Murken setzt er sich mit Verve und Erfolg für die Aufforstung und den Ankauf der Lilienthaler Gehölze ein. In seiner Freizeit dirigiert er den Gesangverein Trupe-Lilienthal und widmet sich darüber hinaus noch dem Chor in Frankenburg.

Im Sommer 1932 feiert Lilienthal sein 700jähriges Bestehen. Otto Schrader und andere Mitbürger organisieren das Fest. Es wird ein langer Umzug aufgestellt. Die Kostüme leiht sich die Gemeinde vom Stadttheater Hannover. Ganz Lilienthal schwimmt in einem Farben- und Fahnenmeer. 20.000 Menschen säumen die Straße. Dutzende Wagen mit historischen Bildern ziehen durch den Ort. Zum Abschluss hält Otto Schrader auf dem Turnplatz vor vielen Tausend Menschen die Festrede. Ganz Lilienthal empfand sich als feste Gemeinschaft. Bis zu seiner Pensionierung 1935 leitet Otto Schrader die Lilienthaler Volksschule – bis ihn noch einmal die Pflicht ruft: Während des Krieges unterrichtet er zwei Jahre lang an der Falkenberger Volksschule.

Am 15. Juni 1958 verlässt Otto Schrader diese Welt für immer. Rosen bedecken seinen Sarg. *TO*

Albert Lemmermann

* 1889 in Adolphsdorf † 1962 in Lilienthal

Lehrer mit Musikausbildung

In der Reihe bedeutender Lehrer in Lilienthal darf Albert Lemmermann (1889–1962) nicht fehlen. Auch er ergriff als Lehrerssohn den Beruf seines Vaters, den er samt seinem musikalischen Talent wiederum an seinen Sohn Heinz „vererbte", wobei letzterer diese Anlagen noch weiter vervollkommnete. Das Schulmeisterhaus in Adolphsdorf ließ den Jungen zwar im engen Kontakt zur Landwirtschaft aufwachsen, erkannte gleichwohl seine musikalische Begabung und sorgte auch für deren Entwicklung. Seinem Berufswunsch entsprechend wurde er am Stader Lehrerseminar ausgebildet.

Schon als Neunzehnjähriger nahm er 1908 seine Lehrtätigkeit in Torfmoor, dem heutigen Frankenburg auf, kam zwei Jahre später nach Trupermoor und wurde nach dem 1. Weltkrieg Lehrer in Lilienthal, wo er mit seiner Ehefrau bald in deren Bauernhaus einzog und später sogar etwas Landwirtschaft betrieb. Im Gegensatz zu vielen Lehrern, die ihren Unterricht mit der Geige begleiteten, hatten ihm seine Eltern Klavier- und Orgelunterricht ermöglicht, und zwar beim Lilienthaler Organisten Mahnken. Das war eine Kunstfertigkeit, die auch in Lilienthal Seltenheitswert hatte und immer wieder nachgefragt wurde. So übernahm er auch kurz nach seinem Amtsantritt die Leitung des Gesangvereins Trupe-Lilienthal. Zuvor hatte diese Musikausbildung ihn in die Lage versetzt, seinem gleichnamigen Hamburger Onkel bei der Sammlung niederdeutscher Lieder behilflich zu sein. Da hieß es über die Dörfer zu reisen und sich die dort gebräuchlichen Lieder vorsingen zu lassen, um sie in Text und Noten aufzuschreiben („Ut Hartensgrund", Bremen 1908). Nach dem ersten Weltkrieg war es für das Überleben des Chores notwendig, Frauen aufzunehmen. Das erweiterte das Repertoire des jetzt gemischten Chores. Albert Lemmermann pflegte gutnachbarliche Musiziergemeinschaften und studierte erstmals anspruchsvollere Chorsätze wie Schumanns Oratorium „Der Rose Pilgerfahrt" zusammen mit dem Bremer Lehrerorchester ein.

Jahrelang war er als Jugendwart und später als Vorsitzender dem Turnverein Lilienthal verbunden und ab 1950 der zweite Vorsitzende des Heimatvereins. Seine Kollegen wählten den aktiven Mann zum Vorsitzenden des Lehrervereins Lilienthal-Worpswede. Dessen Zweck war „die Förderung der Interessen der Volksschule und des Lehrerstandes. Dieser Zweck soll erreicht werden durch Vorträge aus den Gebieten der Pädagogik, der Wissenschaft und des öffentlichen Lebens sowie durch deren Besprechungen, Lehrproben, Austausch von Meinungen in den Vereinsversammlungen. Politische Erörterungen sind ausgeschlossen."

Die Lehrerausbildung in den Präparandenanstalten und Seminaren war kurz und ergänzungsbedürftig. Wenn man dann bedenkt, dass auch die geistliche Schulaufsicht nach dem 1. Weltkrieg abgeschafft war, leuchtet

Ehepaar Albert und Sophie Lemmermann.

ein, dass das Bedürfnis nach gegenseitiger Unterstützung und Fortbildung dringend gewesen sein muss.

Trotz dieses Engagements für und als Lehrer musste er den Beruf zu seinem großen Bedauern vorzeitig aufgeben. Ein Hörschaden, den er im 1. Weltkrieg bei einer Verschüttung erlitten hat, verschlimmerte sich nach und nach und zwang ihn zu diesem Schritt. Allerdings konnte er 1934 trotz der Behinderung die Nachfolge des damaligen Organisten der Klosterkirche, seines früheren Musiklehrers, antreten. Die Macht der Orgel-Musik auf die Mentalität kriegsgeschädigter Flüchtlinge aus dem Osten erlebten diese in ihrer heilsamen Wirkung, als sie Anfang 1945 in der Kirche Zuflucht fanden und sich Albert Lemmermann mitten in der Nacht an die Orgel setzte, um mit der berühmten d-moll-Toccata von Bach sowie dem Choral „Harre, meine Seele" dem unheimlichen Warten die dunkle Länge zu nehmen. An zwei bedeutenden Ereignissen beteiligte er sich engagiert: beim Festspiel „1813", das den großen Brand darstellte, während der 700-Jahrfeier Lilienthals 1932; und fünf Jahre später zum 1000-jährigen Bestehen von Trupe ermöglichte Lemmermann vor seinem Haus das Festspiel „Een Sack Solt" von Arnold Kessemeier. Nicht vergessen werden soll, dass Albert Lemmermann in der ganzen Region mitreißende Festreden zu Ortsjubiläen gehalten hat – natürlich in seiner so geliebten plattdeutschen Sprache.   JIDG

Karl Lilienthal

* 1890 in Osnabrück   † 1956 in Osnabrück

Chronist aus Leidenschaft

Der bedeutendste Heimathistoriker, Chronist und Schriftsteller Lilienthals war zweifellos der Mann, der denselben Namen trug wie der Ort, in dem er fast 25 Jahre wirkte: Karl Lilienthal. Seine Vorfahren stammten aus Osterholz-Scharmbeck. Die Besuche bei seinen dort wohnenden Großeltern mögen auch ein Grund gewesen sein, dass der am 23. Dezember 1890 in Osnabrück geborene Lehrer sich während seiner Tätigkeit im Lilienthaler Ortsteil Heidberg intensiv mit Landschaft und Geschichte des Teufelsmoores befasste. Dazu trug aber auch sicherlich die feinsinnige Beobachtung der hier ansässigen Bewohner bei, denen er sich besonders verbunden fühlte.

Schon früh beschäftigt sich Karl Lilienthal schriftstellerisch. Während seines ganzen Lebens dokumentiert und kommentiert er akribisch die Geschehnisse, deren Zeuge er wird.

Schon in der Zeit seiner ersten Anstellung im Kreis Grafschaft Bentheim entsteht das „Bentheimer Tagebuch". In Lilienthal und später in Osnabrück führt er ebenfalls Tagebücher, die ein einmalig lebendiges und teilweise bewegendes Zeugnis ablegen von den Auswirkungen der großen politischen Ereignisse auf die Menschen in seiner Nähe. Weil er sensibel und sensitiv ist, hat er stets offene Ohren auch für die „kleinen Leute".

Sein Sinn für das ländliche Leben eröffnet ihm Zugang zu land- und gartenwirtschaftlichen Kenntnissen. Als Dreißigjähriger lernt er seine spätere Ehefrau Änne, geb. Parizot kennen, die er bald darauf heiratet. Mit ihr bezieht er sein Haus in der Heidberger Schweiz, wo er bis zu seinem Wechsel an eine Realschule in Osnabrück im Jahre 1942 wohnt.

In dieser Zeit entstehen die vielen Werke und Beiträge zur Geschichte Lilienthals, des Teufelsmoores, des hiesigen Raumes. Sein Hauptwerk „Jürgen Christian Findorffs Erbe" (wiederaufgelegt 1982 von Heiner Melloh) geht der Moorkolonisation bis ins kleinste Detail nach. Er beschreibt darin das karge Leben der ersten Moorbauern und die mühsamen Anfänge in den Moordörfern. Um Authentizität und Originalquellen bemüht, vertieft er sich dazu leidenschaftlich in das Landschaftsarchiv in Stade, recherchiert in Hannover, Bremen, sogar in Stockholm und wird somit zum Wiederentdecker des Moorkolonisators.

Neben diesem Buch, auf das jeder an der Geschichte der Moorbesiedlung Interessierte zurückgreifen muss, verfasst Karl Lilienthal eine ganze Reihe größerer und kleinerer Schriften und Dorfchroniken, so die von Trupe, Wörpedorf, Neu Sankt Jürgen, Heudorf und Moorhausen. Er überarbeitet die Lilienthaler Chronik von 1887 und ist Festredner bei den Jubiläumsfeierlichkeiten in den Moordörfern. Schauspiele wie „1813" zur 700-Jahrfeier Lilienthals im Jahre 1932 stammen aus seiner Feder. Er dokumentiert sowohl den Bau und die Einweihung der Zionskirche in Worpswede als auch die Entstehung des Findorff-Denkmals auf dem Weyerberg. Mit Heinrich Vogeler schließt er nähere Bekanntschaft und gerät somit indirekt noch ins Umfeld Rilkes. Sein lebhaftes Interesse und seine literarischen Ambitionen verbinden ihn freundschaftlich mit gleichgesinnten Kollegen, besonders mit Arnold Kessemeier, der in Timmersloh unterrichtet, aber auch mit dem Rechtsanwalt Gustav Adolf Gerbrecht in Lilienthal und dem Pastoren und Heimatschriftsteller Diedrich Speckmann aus Fischerhude.

In Lilienthal entsteht eine bis ins kleinste Detail gehende Beschreibung der Geschichte des Amtsgartens, teils von Karl Lilienthal selbst mit dem Spaten hinter der Klosterkirche erforscht. Rückblicke auf wirtschaftlich wichtige Betriebe wie die Einstmannsche Färberei und die Kleebergsche Leimfabrik oder ein Einblick in Vorgänge der „herrschaftlichen Kirchenkapitalkasse" und der Viehversicherungskasse verdeutlichen sein umfassendes Interesse an Vorgängen in seinem Heimatort.

Diesem widmet er auch die „Bilder aus der Geschichte des Klosters und Amtes Lilienthal", in der er die Geschichte des alten Klosterortes von seinen Anfängen im Jahre 1232 bis in die neue Zeit verfolgt.

50 Jahre nach seinem Tode am 24. Dezember 1956 wird die Bedeutung seiner Tagebücher noch einmal gegenwärtig:

Sie sind der Anlass, nach der 1936 in die USA emigrierten mit Karl Lilienthal befreundeten jüdischen Fotografenfamilie Frank zu forschen, sie zu finden und ihr Schicksal in dem Buch „Als die Hoffnung starb ..." zu dokumentieren. *PR*

Heinz Schobeß

* 1916 in Lübben/Spreewald † 1989 in Lilienthal

***Jugend ist Saatzeit,
nutzet sie weislich***

„...man betrachtet die Schulen nur als Nürnberger Trichter, durch welche man dem Kinde so viel einlasse, als hinein wolle; und wolle es oben aus, so nehme man einen Stämpfel und stampfe das Ganze tüchtig zusammen, damit man noch einen Kübel voll hineinschütten könne. Man füttert das Kind halb tot und stumpft in der Schule ihm alle Kräfte ab." *(Jeremias Gotthelf 1797-1854 „Leiden und Freuden eines Schulmeisters" im: Lesebuch für deutsche Lehrerbildungsanstalten a.d. J. 1901).*

Betrachtet man das Schulmuseum nicht in nostalgischer Verklärtheit und aus sicherer Entfernung zur Prügelstrafe, die ja seit einigen Jahren selbst unter Strafe gestellt ist, haben Heinz Schobeß und Erhard Tamm mit ihrem jahrelangen Engagement für ein Schulmuseum in Lilienthal hier einen „außerschulischen Lernort", wie es heute so schön heißt, geschaffen, der es in sich hat.

Als das Museum 1985 eröffnet werden konnte, hatte es mit Rektor Schobeß und danach mit Rektor Tamm leibhaftige Lehrer in seiner Museumsschul-Leitung, die, wie auch heute ihre Nachfolger, Unterricht im „Stil" der 20er Jahre des vergangenen Jahrhunderts erlebbar machen konnten. Als studierten Päda-

Eine Unterrichtsstunde im Schulmuseum bei Lehrer Erhard Tamm.

gogen stand ihnen allerdings bereits eine Methodenvielfalt zur Verfügung, die sich von der oben angedeuteten Paukschule doch erheblich unterschied. Für die Idee „Schulmuseum" und die Ausstattung des Klassenraumes hatte vor allem Heinz Schobeß sieben Jahre lang gesammelt, geordnet und geworben und um die Räumlichkeiten und Finanzierung sogar zäh gekämpft. Obwohl die Idee als solche aus dem friesländischen Ort Zetel bei Oldenburg importiert war – die Nähe zum Universitätsstandort Bremen und die materielle wie ideelle Begleitung der Museumsgründung durch Prof. Dr. Heinz Lemmermanns schulgeschichtliche Kenntnisse war garantiert. Kein Wunder, dass da der Landkreis Begehrlichkeiten durchblicken ließ und das Museum gern in Schwanewedes altem Küsterhaus gesehen hätte. Bis die Räume in der alten Falkenberger Schule zur Verfügung standen, lagerten die öffentlich gesuchten und zusammengetragenen „Schulutensilien" zunächst im Keller von Familie Schobeß, breiteten sich zur ihrer Freude immer mehr in ihrer Wohnung aus und gewöhnten sich schließlich auch auf dem ausgebauten Dachboden der Falkenberger Schule an ihre zukünftige Umgebung. Dann wurde das Klassenzimmer zurückgebaut: die Schallschluckdecke abgenommen, die Holzdielen für den typischen Schulgeruch mit Fußbodenöl getränkt und der Wandsockel mit Ölfarbe gestrichen. Lehrerkatheder und Schüler-Pultbänke mit Tintenfässern konnten aus einer aufgelösten Dorfschule gesichert werden. Rohrstock und Geigenkasten durften nicht fehlen und wurden später um ein Harmonium ergänzt. Viele Requisiten runden das Bild ab. Schulbuchsammlung und pädagogische Fachbücher im Magazin haben sogar schon Lehramtsstudenten gute Dienste geleistet. Der Vollblutlehrer hatte nur noch zwei Jahre Freude an seinem Werk, aber in seinem Mitstreiter und Lehrerkollegen Erhard Tamm fand sich ein kompetenter Amtsnachfolger. Auch dieser hatte die schwierige Gründungsphase samt chaotischer Umzüge im Schulgebäude aushalten müssen und gestaltete seinen Job als historischer Dorfschulmeister auch gern in adäquater Ausstattung.

Nach dem Tod des letzten hauptamtlichen Museums-Lehrers führte die pensionierte Lehrerin Witwe Erika Schobeß durch die hundertjährige Bildungsstätte und durch 200 Jahre Lilienthaler Schulgeschichte.

Welche Fächer gelehrt und wel-

Aus einem reichhaltigen Lehrer-Leben

Die Verbindung von Schule und Kultur war für Heinz Schobeß besonders wichtig. Z.B. führte die als zehntägige Schulwoche mit dichter Programmfolge von Ausflügen, Vorträgen und Autorenlesungen gestaltete 125-Jahr-Feier seiner Trupermoorer Schule 1976 zur Gründung der „Kulturfreunde Trupermoor", deren Vorsitz er bis Anfang der achtziger Jahre inne hatte. Außerdem setzte er viele kulturelle Akzente mit Vorträgen, musisch-literarischen Veranstaltungen und durch die „Lilienblätter", einer Schrift des Heimatvereins Lilienthal, dem er fast elf Jahre lang vorstand.

Zu seinen Aktivitäten gehörten auch Vorlesewettbewerbe, eigene Vortragstätigkeit in überregionalen Bildungseinrichtungen, das Verfassen der Festschrift zur 750-Jahr-Feier Lilienthals und vieles mehr.

che Themen behandelt worden sind, das erschließt sich den Besuchern, wenn sie etwas mehr Zeit als eine „historische Schulstunde" mit Schiefertafel und Rohrstock beim aktuellen Lehrpersonal mitbringen, im kleinen Ausstellungsraum mit den emsig zusammengetragenen Lehrmitteln, Schulheften und Handarbeiten aus der guten (?) alten Zeit, von hier und aus der Region.

JIDG

Horst Vockenroth

* 1933 in Göttingen   † 1992 in Lilienthal

Vater der Volkshochschule

Vielleicht hätte es in Lilienthal auch ohne Horst Vockenroth irgendwann eine Volkshochschule gegeben; aber dass sie ihren Betrieb schon drei Jahre, nachdem er sich in Lilienthal niedergelassen hatte, aufnehmen konnte, haben all die zufriedenen Volkshochschüler der Tatkraft ihres Initiators, Gründungsvaters und sofort zur Verfügung stehenden langjährigen ehrenamtlichen Leiters zu verdanken. Geboren wurde Horst Vockenroth am 5. Oktober 1933 in Göttingen, aufgewachsen ist er in Einbeck. In Göttingen ging er zur Schule und machte dort sein Wirtschaftsabitur. Nach dem Studium der Betriebswirtschaftslehre ließ er sich zum Diplom-Handelslehrer ausbilden und schloss sein Referendariat in Bremen ab. Er wurde Studienrat und Oberstudienrat an einer kaufmännischen Berufsschule, später Oberschulrat in der Bremer Schulaufsicht für hauswirtschaftliche Schulen, das Berufsbildungswerk und eine Kosmetikschule.

Der Sozialdemokrat engagierte sich in der Gewerkschaft Erziehung und Wissenschaft im Landesverband Bremen und auf Bundesebene. Die Beamten vertrat er im Bremer Landespersonalrat.

Sein Engagement für Lilienthal begann gleich 1971 mit dem Umzug seiner Familie von Bremen in die Randgemeinde: 1972 wurde er in den Rat der Gemeinde gewählt und 1974 zum Vorsitzenden der SPD-Fraktion. Da hatte er bereits auf Empfehlung des Schulausschusses einen

Arbeitskreis Erwachsenenbildung zur Planung einer Volkshochschule hervorgerufen, deren Gründung der Rat der Gemeinde im Juli 1973 beschloss.

Im Januar 1974 nahm die junge Bildungseinrichtung unter seiner Leitung mit 14 Kursen ihren Betrieb auf. Im nächsten Semester verdoppelte sich bereits das Angebot. Jährlich große Zuwachsraten bei den Hörern bewiesen das Bedürfnis nach Erwachsenenbildung im ländlichen Raum. So wundert es auch nicht, dass die Gemeinden Lilienthal, Grasberg und Worpswede sich zu einer Volkshochschul-Arbeitsgemeinschaft zusammenschlossen. Auch dieser Prozess fällt in die Zeit Horst Vockenroths, der die stetig wachsende Schule ehrenamtlich führte, bis 1981 endlich mit Harald Paul ein hauptamtlicher VHS-Leiter berufen wurde.

Horst Vockenroth engagierte sich in vielen gesellschaftlichen Bereichen, so im nordwestdeutschen Stenografenverband und in der Lehrerausbildung. Er wurde in den Kirchenvorstand der evangelischen St. Marien-Gemeinde in Lilienthal gewählt und hielt als Prädikant im ganzen Sprengel Stade selbstständig Gottesdienste ab.

In der wenigen Freizeit beschäftigte er sich mit seiner Modelleisenbahn. Er wanderte gern, liebte die See, interessierte sich für Literatur und klassische Musik.

Sein tragischer Tod am 12. Januar 1992 an einer unheilbaren Krankheit löste in Lilienthal und Bremen Betroffenheit und Trauer aus. *HJB*

Iris Wendisch

* 1946 in Celle

„Darf ich dich zu 'ner Möhre einladen?"

Wenn dieser Frage am Schulzentrum Schoofmoor seit über 15 Jahren eine frisch geschrappte Wurzel folgen kann, ist es vor allem der Verdienst von Irisch Wendisch.

Anfang der 90er Jahre wurden die Schulen durch den sogenannten „Müsli-Erlass" über die Ministerialblätter der niedersächsischen Bildungsbehörde aufgefordert, sich an ihren Schulen dem Thema „Gesunde Ernährung" zuzuwenden.

In einer Projektwoche tischten Lehrer und Schüler einander auf, was verbrauchte Energie zurückholen konnte und dabei Zähne und Taschengeld schonte.

Richard Schultz spendiert der Cafeteria eine Microwelle. Hans Ulrich Mohr, Iris Wendisch und der amtierende Schulleiter Norbert Bruder freuen sich mit den Schülern.

Mann – war das lecker!

Für manche Kinder mag es das erste Mal gewesen sein, dass sie überhaupt ein Schulfrühstück kennen lernten. Für einige dürfte es überhaupt das erste Frühstück des Tages gewesen sein, ist sich Iris Wendisch sicher. Ohne Pausenbrot in die Schule geschickt zu werden, war alles andere als ein Einzelfall. Den Verführungen des Supermarktes um die Ecke und des leichter erreichbaren Hausmeister-Kiosks können bekanntlich nur starke oder von Haus aus gut versorgte Kinder etwas entgegensetzen. Kaum war die Projektwoche vorbei, sollten die begeisterten Kinder in Ernährungsfragen wieder sich selbst überlassen sein? Nein! Denn in Elternköpfen wurde weiter gedacht. Einige Zeit später knüpfte man mit einem 2. Probefrühstück an die Erfolge an und wurde durch die Schülerreaktionen bestärkt: Nur subventionierte Schulmilch und Süßigkeiten – das kann's nicht sein! Wir brauchen eine Dauerlösung. Außerdem wollte man dem angespannten Schulklima durch einen zentralen Begegnungspunkt nach dem Motto „Wer miteinander isst, prügelt nicht" etwas Positives entgegensetzen. Es war die Zeit des „Abziehens" von Markenklamotten und Geld, der locker sitzenden Fäuste, der „Streetworker" und „Konfliktlotsen". Und es war die Zeit, in der Klassenzimmer durch Elternhand renoviert wurden, erinnert sich Iris Wendisch, die auch in den Gemeindeelternrat, den Schul- und den Kreiselternrat gewählt wurde.

Ein passender Raum für die geplante Cafeteria wurde genehmigt und ebenfalls in Elternarbeit hergerichtet. Väter zimmerten die Theke und ein ganzes Heer von Müttern opferte unendlich viele Vormittage, um beim allmorgendlichen Brötchenschmieren zu helfen. Eine feste Kraft sollte Kontinuität sicherstellen, was die Gründung des Schulelternvereins erforderlich machte. Und dieser musste organisiert werden. Iris Wendisch will die Gesamtleistung nicht für sich reklamieren. Sie denkt dabei an den handfesten Einsatz von Hans Ulrich Mohr, mit dem sie schon in Kindergartenzeiten ein erfolgreiches Team gebildet hat. Aber ihrem engagierten Einsatz über viele Jahre hinweg ist es zu verdanken, dass diese erste Schul-Cafeteria im Landkreis sich überhaupt etablieren konnte. Und was steht auf der Speisekarte? Roggenbrötchen mit Salatblatt, Käse/Wurst und Gurkenscheibe, Obst der Saison, immer Möhren aber auch Müsli-Riegel oder zu Ostern das obligatorische Osterei. Ferner gibt es Milch, Joghurt, Säfte, Kaffee, Kakao, Tee und einen „Würstchentag".   *JIDG*

Nach wie vor beliebt und belagert: Die Cafeteria im Gymnasium Schoofmoor.

Eleonora Katharina Gräfin zu Hessen-Eschwege
* 1626 im Hause Pfalz-Zweibrücken
† 3. 3. 1692 in Osterholz.
Unter ihr soll die Hexenverbrennung abgeschafft
worden sein. Ganz sicher verdankt Lilienthal ihr,
die abwechselnd hier und im Osterholzer Kloster
residiert hat, seinen ersten Arzt und den ersten Lehrer.
Die Portraitkopie von Mogalle (1973) hängt im
Kreis-Heimatmuseum Osterholz-Scharmbeck.

Kräuter, Kurbad, Krankenhaus

Zum Kloster gehörte der Kräutergarten. Besonders wenn die Krankenversorgung zum Ordensgelübde zählte. Das Wissen über die Heilkraft ebenso wie die Samen der Pflanzen wurde hinter den schützenden Klostermauern gehortet aber auch weitergegeben und untereinander ausgetauscht. Klosterfrauen befanden sich mit ihrer auch niedergeschriebenen Kräuterkunde darüber hinaus gegenüber anderen „weisen Frauen" im Vorteil. Sie mussten nicht sammeln, sondern konnten kultivieren und ihr Wissen, wie die berühmte Hildegard von Bingen, als Eingebung Gottes deklarieren. Viele ihrer „Konkurrentinnen" außerhalb der Mauer wurden für ihre Heilkünste, mit denen sie ja eine Form der Macht über Gesundheit ausübten, als „Hexen" verfolgt, gefoltert und verbrannt. Viele nur mündlich überlieferte Kenntnisse an Töchter, Nichten oder Enkelinnen wurden mit deren Verfolgung und Ermordung gleichfalls vernichtet. Auch städtische Verordnungen über Arbeit und Ausbildung der Hebammen aus dem 14. und 15. Jahrhundert dienten lediglich der Beschränkung und Gängelung. Die neuzeitliche Entwicklung der an immer mehr neu gegründeten Universitäten gelehrten, naturwissenschaftlich begründeten Medizin verdrängte so allmählich die Volksmedizin der Hebammen, die rund 1000 Jahre lang die einzigen Ärztinnen des Volkes gewesen waren. Bis weit ins 20. Jahrhundert hinein waren Frauen vom Universitätsstudium in der Regel sogar ausgeschlossen.

Für Lilienthal wird vermutet, dass bis ins 19. Jahrhundert die im Volk überlieferten Naturheilkenntnisse zur Krankenversorgung herangezogen wurden. Wer von der armen Landbevölkerung hatte denn schon Geld für eine Fahrt zu einem studierten Arzt nach Bremen?

Im Zuge der Säkularisation des Klosters kam während der schwedischen Besatzungszeit die Schwägerin der schwedischen Königin Christine, Eleonora Katharina Gräfin zu Hessen-Eschwege nach Lilienthal. Mit 29 Jahren war die Mutter dreier Töchter bereits verwitwet und regierte noch 37 Jahre lang, wie es heißt, mit Weisheit und Strenge. In ihrer Zeit als erste weltliche Herrscherin und „Landesmutter" hat sie sich energisch für wichtige soziale Veränderungen eingesetzt. Diese Fürsorge brachte ihr in der Bevölkerung von Osterholz und Lilienthal, wo sie abwechselnd residierte, große Sympathien entgegen. Viele Mädchen wurden von dankbaren Eltern auf den bis dahin hier unbekannten Vornamen Eleonore getauft. Warum? Sie muss entgegen ihrer Gesichtszüge eine gütige Herrscherin gewesen sein, die den letzten verbliebenen hochbetagten Nonnen und Bediensteten noch Wohnrecht in den Klostergebäuden und Versorgung gewährte.

Da in einem aufgelösten Kloster auch die Klosterschule nicht mehr funktionierte, erkannte sie auch hier Handlungsbedarf. Die oberste Gerichtsherrin des Fleckens Osterholz, heißt es, setzte der Hexenverfolgung in ihrem Herrschaftsbereich ein Ende und schuf eine Art erste Apotheke in Lilienthal. Sie stellt den ersten Arzt und den ersten Lehrer in ihrem Amt ein. Wenn auch ihr Leichenzug durch Bremen, wo sie im Dom als Schwester des schwedischen Königs einen Kirchenstuhl besaß, als pompös beschrieben wurde, so hat sie testamentarisch bestimmt, dass ihre persönliche Habe an die Armen verteilt werden solle und ihre Bediensteten noch zwölf Wochen „Lohnfortzahlung" erhalten!   *JIDG*

Feldscher und Hofbarbier Krusius

Der älteste, namentlich bekannte Arzt Lilienthals war der „Feldscher" Krusius. Der Feldscher (auch Feldscherer) war früher die unterste Stufe eines Militärarztes. Er wurde schlecht bezahlt und rangierte in der Truppe hinter den Trommlern und Pfeifern. Bis ins 18. Jahrhundert hinein war er auch zum Rasieren der Offiziere verpflichtet, woran man seine berufliche Herkunft deutlich erkennen kann. Seine wesentlichen medizinischen Aufgaben waren neben Aderlass und Schröpfen, das Ausbrennen von Wunden mit einem Glüheisen, das Herausziehen von Kugeln, das Einrenken von Gliedmaßen und das Amputieren.

Über Krusius ist nur wenig bekannt. Ein Lagerbuch von 1692 zählt ihn zum Hofvolk von Eleonora Katharina von Hessen-Eschwege (1626 bis 1692). Die Fürstin sorgte sich sehr um die Gesunderhaltung der Bevölkerung und hatte darum Feldscher Krusius an ihren Hof gerufen.

Doktor Dittmer

Kaum ein Wundarzt, der im 18. Jahrhundert in Lilienthal und Umgebung praktizierte, war Akademiker und hatte Medizin studiert. Fast alle verrichteten nur einfache ärztliche Behandlungen wie Massagen, Aderlässe oder Zähneziehen. Weil viele Akten während der Brandschatzung durch die Franzosen im April 1813 den Flammen zum Opfer fielen, sind die Namen der so genannten „Chirurgen" nicht überliefert.

Eine der wenigen Ausnahmen ist Doktor Dittmer aus Bremen. Er war der erste approbierte Arzt, der im ausgehenden 18. Jahrhundert nach Lilienthal kam, und ein Freund von Johann Hieronymus Schroeter. Der Oberamtmann und Astronom hatte Dittmer überredet, in der Gemeinde zum Wohle der Kranken zu wirken.

Der Arzt bewies beim Angriff der napoleonischen Truppen viel Zivilcourage und zeichnete sich durch mutiges Verhalten aus. Sein beherztes Eingreifen rettete Schroeters Observatorium, damals das größte auf dem Kontinent, vor der Zerstörung.

Die Badeärzte an der Wörpe

Zwischen 1800 und 1804 wirkten zwei Bremer Ärzte in Lilienthal, die Doktoren Falguerolles und Heineken. Sie hatten an der Wörpe das Badehaus errichten lassen und hielten ihre Sprechstunden für die Badegäste ab. Dem moorhaltigen Wörpe-Wasser eilte damals der Ruf voraus, eine geradezu an Wunder grenzende Heilkraft zu besitzen. Selbst der Geheimrat Goethe sollte nach Lilienthal zum Kuren gelockt werden. In diversen Schriften und Zeitungsanzeigen priesen die Doktoren ihre Künste an. Gegen mehr als hundert körperliche Leiden sollten die Laugen und Stoffe wirksam sein. Das böten nicht einmal die großen Bäder im Taunus, am Teutoburger Wald und in Böhmen. Doch die Wasserbottiche blieben bald leer, und die Badegäste blieben zunehmend aus. Schon 1805 ging Dr. Meyer, Nachfolger seiner Bremer Kollegen, mit der Kureinrichtung baden. Die gesamte Einrichtung kam unter den Hammer.

Wundarzt Doktor Knipp

Nach den Befreiungskriegen praktizierte ein approbierter Wundarzt aus Bremen zwei Jahre lang in Lilienthal und Umgebung: Doktor Knipp. Von 1824 an hielt der Arzt im Haus des Tischlers Benthien Sprechstunde ab – montags, mittwochs und samstags, von 10 Uhr bis zum anderen Morgen. Da es damals noch keine Apotheke gab, mischte und mörserte der Arzt die Medizin, die er verordnete, selbst.

Vor allem bei den Bauern in der Umgebung war Knipp beliebt, obwohl ihm gelegentlich der Ruf eines groben „Eisenbart" vorauseilte. Auch wurden Stimmen laut, die Missgriffe bei der Behandlung der Patienten anprangerten. Doch Oberamtmann

Gesundheitswesen

„Zum Badehaus" Butendiek bei Lilienthal   Inh. D. Rohdenburg

Wo ein Jahrhundert später die Bremer im idyllischen Lilienthal Kaffeehäuser und Biergärten mit Livemusik per Pferdewagen oder Jan-Reiners-Bahn ansteuerten und sich auf Torfkähnen wörpeaufwärts staken ließen, boomte früher der Wellness-Betrieb.

Schroeter lieh den Verdächtigungen kein Ohr. Auch einer seiner späteren Nachfolger im Amt, Wilhelm von Hodenberg (1821 bis 1839), weigerte sich, den Amtsapparat gegen Doktor Knipp in Bewegung zu setzen. In einem Schreiben wies er ausdrücklich auf die zuverlässige Arbeit des Wundarztes hin.

Wundarzt Schmidt

Zackig, schneidig und kühn soll er gewesen sein, der Wundarzt Schmidt. Bei der Oldenburger Artillerie hatte der Chirurg das Reiten gelernt. Weil um 1825 durch das Amt Lilienthal kaum fahrbare, feste Wege führten, waren Kutschen zur Herbst- und Winterzeit nutzlos. Als gebürtiger Lilienthaler kannte der Draufgänger Schmidt jeden Tümpel, jeden Weg und Steg im damals noch tückischen Moor. Kein Weg, der ihm zu gefahrvoll erschien. Kein überschwemmter Pfad, der ihn von Patientenbesuchen abhalten konnte.

Am Tag der Heiligen Barbara soll er einmal seinem Pferd Bolzen unter die Hufe geschraubt haben, um hoch zu Ross über das Eis zu galoppieren, weil der Pfarrer im zehn Kilometer entfernten St. Jürgen lebensgefährlich erkrankt war.

Zu Schmidts Patienten zählten u. a. der Hausvogt Rechten, der letzte Unter-Richter, Hermann Seedorf zur Höge, sowie der Moorkommissar Friedrich Findorff, Neffe des großen Kolonisators. Lilienthals Amtmann Wilhelm von Hodenberg lobte den Wundarzt in höchsten Tönen: „Chirurgus Schmidt, Sohn des Heinrich Schmidt aus Lilienthal, übt die Chirurgie und Entbindungskunst schon 6 Jahre mit höherer Concession praktisch aus, ohne Beschwerde zu veranlassen."

Dr. Becker

Anfang 1831 eröffnete ein frisch von der Universität Marburg kommender Mediziner in Lilienthal an der Lake seine Praxis: Dr. Becker. Nach nur sieben Jahren verließ er die Gemeinde wieder.

Dr. med. Zinke

Beckers Nachfolger, Dr. Zinke (1803 bis 1876), war der erste Amtsarzt, der sich in Lilienthal niederließ. Er öffnete seine Praxis 1832 im Zinkehaus (heute Optiker Stallmann) an der Hauptstraße 65, Ecke der nach ihm benannten Zinckestraße, die nur zufällig – und fälschlich – mit „ck" geschrieben wird. Die Stelle des Chirurgats mit dem damit verbundenen Impfgeschäft und den gerichtsärztlichen Obliegenheiten wurde mit 35 Talern besoldet. Die Patientenbesuche führten den Landeschirurgen oft weit ins tiefe Moor bis zur angrenzenden Geest und ins benachbarte Ottersberger Amt. Auch in Worpswede, das zu der Zeit noch ohne Arzt war, warteten Patienten auf Erich Zinke. *TO*

Dr. med. Wilhelm Ruckert

* 1848 in Lippoldsberg/Kassel   † 1915 in Lilienthal

Arzt und Funktionsträger

Mehr als 40 Jahre lang übte der Geheime Sanitätsrat Dr. med. Wilhelm Ruckert in Lilienthal den beschwerlichen Beruf des Landarztes aus.

Nach dem deutsch-französischen Krieg 1870/71, an dem er selbst teilgenommen hatte, erwarb der gebürtige Hesse an der Ecke Klosterstraße/Arpsdamm von der Gastwirt-Familie Frahme ein kleines Waldstück, auf dem er sein Haus errichten ließ. Hier eröffnete Dr. Ruckert 1872 seine Arztpraxis, die bald regen Zuspruch erfuhr.

Im öffentlichen Leben hinterließ der Geheimrat markante Spuren: Über viele Jahre hin engagierte sich Dr. Ruckert als Mitglied in der Ärztekammer der Provinz Hannover. Kaiser Wilhelm II. dekorierte den engagierten Wahl-Lilienthaler mit dem Roten Adlerorden. Mit Kriegsveteranen, die noch an den napoleonischen Befreiungskriegen 1813 bis 1815 teilgenommen hatten, gründete Dr. Ruckert 1882 den Lilienthaler Kriegerverein. Er war ihm bis zum Lebensende ein fürsorglicher Förderer. Nach der Kapitulation 1945 löste sich der Verein auf.

Dr. Ruckert war ein Kind des Biedermeiers: Er wurde am 4. Oktober 1848 in Lippoldsberg bei Kassel geboren. In Gießen und Marburg studierte er Medizin. Seine Ehefrau, die Marburgerin Georgine Enkert, gebar ihm zwei Töchter und zwei Söhne. Sie starb bereits 1913 im frühen Alter von 64 Jahren. Zwei Jahre später folgte ihr der Ehemann. Am 11. Dezember 1915 schloss der Geheimrat, der sich für den Ort und seine Menschen so verdient gemacht hatte, in Lilienthal für immer die Augen.

Dr. Ruckerts Praxis wurde von 1913 bis 1924 vom Berliner Arzt Dr. Hans Schilling weiter geführt. Vor allem die Jugend bewunderte den Doktor von der Spree. Er fuhr als einer der ersten im Ort Motorrad.

TO

Villa Ruckert, von 1872 bis heute ein Ärztehaus.

Dr. Heinrich Hünerhoff

* 1867 in Bielefeld † 1933 in Lilienthal

Auf Heimaturlaub mit Ehefrau Helene.

Mit Dr. Hünerhoff verlor Lilienthal eine Persönlichkeit, die in der Gemeinde und darüber hinaus hohes Ansehen genoss: 15 Jahre lang hatte er als Ratsherr gewirkt. Er war ein aufopfernder Förderer der Jugend. Als Erster Vorsitzender brachte er den brach liegenden Turnverein wieder zur Blüte und spendete das Turnhaus auf der Sportwiese am Konventshof. Mit Gleichgesinnten gründete Dr. Hünerhoff den Verein der Ärzte des Kreises Osterholz. Er leitete den Kriegerverein, hockte als Zugführer auf dem Spritzenwagen der Freiwilligen Feuerwehr und war u.a. aktives Mitglied des Schützen- sowie des Landwirtschaftlichen Vereins. Dr. Hünerhoff war mehr als nur ein typischer Landarzt: Kein Weg war ihm zu weit, kein Wetter zu schlecht, keine Nacht zu dunkel, wenn seine ärztliche Kunst gefragt war – er zog Weisheitszähne, half Kindern auf die Welt, tröstete Kranke, begleitete Sterbende. In der Not operierte

Nicht selten erließ er den Armen die Rechnung

Die Kunde flog von Dorf zu Dorf, eilte von Haus zu Haus: „Us´ Doktor is dood!" Am Nachmittag des 13. Januar 1933 nimmt ganz Lilienthal vom Sanitätsrat Dr. Heinrich Hünerhoff Abschied. Die Kirchenglocken läuten. Dumpfer Trommelwirbel hallt durch das Dorf. Angeführt von einer Blaskapelle, der Freiwilligen Feuerwehr sowie zahlreichen Vereinen mit ihren Fahnen bewegt sich ein langer Leichenzug durch die Gemeinde. Hunderte Menschen folgen der schwarzen Trauerkutsche, die von Fackelträgern eskortiert wird. Viele sind über den plötzlichen Tod „ihres Doktors" erschüttert.

> **Nachruf!**
>
> Nach einem arbeitsreichen aber erfolgreichen Leben starb unerwartet
>
> **Herr Sanitätsrat**
>
> **Dr. Heinrich Hünerhoff**
>
> Tiefbewegt stehen weite Kreise unseres Ortes an der Bahre dieses seltenen, hochgeschätzten Mannes, dessen Leben in weitem Maße unserer Gemeinde galt. 40 Jahre lang hat er durch seine hohe ärztliche Kunst den Leidenden mit einer bewundernswerten Pflichttreue Hilfe gebracht. Trotz seines angestrengten Berufes fand er noch Zeit, hervorragend befruchtend auf das öffentl. Leben zu wirken. 15 Jahre gehörte er dem Gemeindeausschuß zu Lilienthal an. Wir trauern um den frühen Heimgang dieses vortrefflichen Menschen. In seiner Hilfsbereitschaft und Selbstlosigkeit wird er im Gedächtnis der Gemeinde Lilienthal weiterleben.
>
> **Der Gemeinde-Ausschuß der Gemeinde Lilienthal.**

er gelegentlich sogar Tiere. Vielen Menschen spendete er in seiner ruhigen, bescheidenen Art Zuversicht und Trost im Leid; nicht selten erließ er den Armen die Rechnungen.

Seine Hausbesuche führen ihn auf schlechten Wegen bis weit ins dunkle, birkenverhangene Moor. Zunächst zu Pferde, später als einer der ersten Radfahrer Lilienthals, dann mit der Kutsche, ab 1925 auf dem Motorrad und zuletzt mit dem Auto. Oft erst spät in der Nacht kehrte der Sanitätsrat von seinen Visiten zurück. Stets wartete die Ehefrau im Salon, um ihrem Mann noch eine kleine Mahlzeit zu bereiten oder einfach, um ihm nur zuzuhören, wenn er sich seine Sorgen von der Seele reden musste. Heinrich Hünerhoff hatte die Bremer Kaufmannstochter Anna Helene Engeling (1872–1949), die ihm eine Tochter und zwei Söhne gebar, am 22. August 1894 geheiratet.

Der Sanitätsrat war ein gut aussehender, stattlicher Mann mit einem markanten, gelebten Gesicht, das viel Güte ausstrahlte. Er hatte etwas Ritterliches an sich und war ein glänzender Erzähler, der es verstand, seine Zuhörer zu fesseln, ohne sich selbst dabei in den Mittelpunkt zu stellen. Er mochte es nicht, wenn viele Worte um ihn gemacht wurden. Er strahlte Ruhe und Sicherheit aus und bestach durch seinen trockenen Humor. Das machte ihn bei vielen Menschen so beliebt.

1893 hatte es den Westfalen aus Bielefeld in die Bremer Umgebung verschlagen, wo er sich erst einmal mit der Weite und Einsamkeit des Moores und mit den wortkargen Menschen zurechtfinden musste. Im Haus des ersten Lilienthaler Arztes, Dr. Erich Zinke (1803–1876), Ecke Zinckestraße, eröffnete der junge Mediziner seine erste Praxis. Schon ein Jahr später übernahm er die Nachbarsvilla von Bürgermeister Wilshusen an der Hauptstraße Nummer 67. Das Hünerhoffsche Anwesen zählte zu den prächtigsten Liegenschaften Lilienthals. Hohe, grüne Dornenhecken säumten das Anwesen. Dicke, angejahrte Eichen reckten im herrschaftlichen Vorgarten ihre mächtigen Kronen in den Himmel; im Frühsommer tauchten Azaleen das Grundstück in ein Farbenmeer. Umrahmt von Rhododendron, luden Sitzgruppen zum Träumen ein. Hier gab es an Sommernachmittagen Kaffee und Kuchen. Dienstmädchen in schwarzen Kleidern, weißer Schürze und mit weißen Stirnhäubchen eilten mit Kuchenplatten durch den blühenden Garten, servierten Kaffee. Auf einer Wiese, neben Himbeer- und Brombeersträuchern, stand ein alter Ziehbrunnen. Gegenüber sprossen unter Platanen Farne, Buschwindröschen und Maiglöckchen, dazwischen hatte Moos den Boden erobert. Gleich daneben erhob sich ein Gartenhaus aus Palisanderholz. Hier ruhten sich

Im Haus des Sanitätsrates ist jetzt ein Sanitätshaus.

tagsüber die lungenkranken Kinder des Arztes aus.
Auf der Diele des Anbaus warteten drei Kutschen auf ihre Fahrten, darunter ein zweirädriger Dogcart und ein Landauer. Später gehörte eine schwarze Nobelkarosse Marke „Adler" zum Fuhrpark. Im Dachgeschoss über der Remise lebte Friedrich Meyerdierks aus Lilienthal-Moorhausen, ein dorfbekanntes Unikum: Der Kutscher und Gärtner des Sanitätsrats, den viele scherzhaft „Fidi Hünerhoff" riefen, strich abends in seinem Kabuff die Geige. Ihre Töne drangen durch die offenen Fenster bis in den Hinterhof und auf die Hauptstraße. Als Sohn einer beschwingteren Gegend war es Dr. Hünerhoff anfangs nicht leicht gefallen, sich in der Wahlheimat zurechtfinden. Doch je näher er die eher einsilbigen und zugeknöpften Menschen des Moores kennenlernte, desto mehr begann er, sie zu lieben. Als 48-Jähriger Oberstabsarzt des Reserve-Infanterie-Regiments 21 kam Heinrich Hünerhoff 1914 an die Front. Müde und gesundheitlich angeschlagen kehrte er viereinhalb Jahre später heim. Aber es dauerte nicht lange und er war wieder für seine Patienten da – bis ihn selbst das Schicksal traf: Seine drei Kinder starben innerhalb von drei Jahren an Schwindsucht. Unermüdlich im Einsatz opferte Dr. Hünerhoff seine Gesundheit fortan noch mehr für die öffentlichen Dinge und für seine Patienten. Mit 65 Jahren war er bereits ein abgelebter, körperlich verbrauchter Mann. Am 9. Januar 1933 stirbt Dr. Heinrich Hünerhoff nach 14-tägigem Krankenlager. Seine letzten Worte auf dem Sterbebett sollen gewesen sein: „Wir müssen diese – Nacht – noch – nach Meinershausen." Auf dem alten Lilienthaler Friedhof findet der Sanitätsrat seine letzte Ruhe. Bis heute erinnern der Name einer Lilienthaler Straße und die „Dr.-Hünerhoff-Riege" des ortsansässigen Turnvereins an den legendären Moor-Doktor. TO

Arzt und Kunstmäzen

Dr. med. Erich Sasse

* 1884 in Dresden   † 1965 in Lilienthal

Ein reiches, aber schicksalvolles Leben hatte sich vollendet, als Dr. med. Erich Sasse am 29. August 1965 im 81. Lebensjahr verstarb: Viele Lilienthaler trauerten damals um den angesehenen und tüchtigen Mediziner, der 1924 die Schillingsche Praxis an der Ecke Klosterstraße/Arpsdamm übernommen hatte. Sein Patientenkreis war riesig; in Fachkreisen wurde Dr. Sasse wegen seiner treffenden Diagnosen geschätzt.
Der Bäckermeister-Sohn aus Dresden war von sprudelnder Lebendigkeit. Ein burschikoser Ton kennzeichnete seine gute Laune. Als einer der ersten Autofahrer Lilienthals besuchte er bettlägerige Patienten mit dem PKW, auch der Reitsport fesselte ihn.
Von 1905 bis 1910 hatte Erich Sasse an der Medizinischen Fakultät der Universität Leipzig studiert. Bereits mit 24 Jahren arbeitete er als Assistenzarzt am Physiologischen Institut der Hochschule, ein Jahr später war er bereits Hilfsassistent an der Augenklinik. Mit 26 erlangte er die Doktorwürde. Im Ersten Weltkrieg war Dr. Sasse Verbindungsoffizier zur russischen Armee des Zaren. Im Zweiten Weltkrieg leitete er als Oberstabsarzt Feldlazarette.
Als interessierter Kunstmäzen wirkte Dr. Sasse zum Wohle Lilienthals. Der Freund der

Schönen Künste gehörte zu den Förderern des Worpsweder Malers Albert Schiestl-Arding (1883-1937), dem er in seinem Haus Unterkunft und Atelier gewährte.
Auch privat war Dr. Sasse mit einer Muse liiert: Er hatte Claire, die Witwe des Dr. Schilling, eine Berliner Schauspielerin, geb. Philippi, geheiratet. Die Künstlerin trug 1932 wesentlich zum Gelingen der 700-Jahr-Feier Lilienthals bei. Im Mittelpunkt stand damals u. a. das Festspiel „1813" von Karl Lilienthal und Arnold Kessemeier. Claire Sasse-Philippi führte mit Verve und Sachkenntnis Regie.
Ein Reitunfall, bei dem er sich einen Schädelbasisbruch zugezogen hatte, behinderte den Mediziner später ein Leben lang. Dass ihn im Alter wirtschaftliche Nöte plagten, resultierte aus seiner idealistischen Auffassung vom Arztberuf. Wie sein berühmter Lilienthaler Kollege in Weiß, Sanitätsrat Dr. Heinrich Hünerhoff, half auch Dr. Sasse nicht selten mittellosen Kranken, ohne sie zur Kasse zu bitten. Zum finanziellen Kummer gesellte sich schließlich auch noch ein Augenleiden. Eine Operation, die ihn vor völliger Blindheit bewahren sollte, geriet zur Katastrophe: Dr. Sasse sah plötzlich seine Umgebung im wahrsten Sinne des Wortes auf den Kopf gestellt. Zudem plagten ihn Wohnungssorgen. Schließlich konnte ihm die Gemeinde helfen und eine Wohnung in der Einstmannstraße zur Verfügung stellen. Hier verbrachte Dr. Sasse mit seiner Ehefrau die letzten Lebensjahre.

TO

Dr. Oskar Hammel

* 1900 in Essen   † 1986 in Lilienthal

Babystation für Lilienthal

Mehrere tausend Mädchen und Jungen aus Lilienthal und Umgebung erblickten unter seinen Händen das Licht der Welt. Über Jahre hinweg nahm er fast jeden Neuankömmling der Gemeinde persönlich in Empfang: Der praktische Arzt Dr. Oskar Hammel. Bereits 1919, kurz nach dem Ersten Weltkrieg, war der gebürtige Essener mit seiner Familie nach Osterholz-Scharmbeck gezogen. Studiert hatte er an den Universitäten Düsseldorf, Gießen und Kiel. 1925 ließ sich Dr. Hammel, gerade 25 Jahre alt, in Lilienthal nieder.
Der extrovertierte Ruhrpottler gewann bald das Vertrauen der ländlichen Bevölkerung. Er sprach gut Plattdeutsch, was ihm sicher half, die Herzen der wortkargen Moor-Menschen noch schneller zu öffnen. Bei Wind und Wetter fuhr er zu den Kranken, in dringenden Fällen auch nachts. Zunächst mit dem Fahrrad, später mit dem Motorrad und dem Auto.
1950 eröffnete Dr. Hammel im Obergeschoss seines Wohnhauses an der Wörpe im Fritz-Gagelmann-Weg, früher Gartenweg, ein Entbindungsheim, das acht

Frauen gleichzeitig aufnehmen konnte. Innerhalb von zwölf Jahren wurden hier insgesamt 1.862 Kinder geboren.
Zuvor hatte Dr. Hammel den kleinen Erdenbürgern in einer Sanitätsbaracke im Amtsgarten

Gesundheitswesen

Dr. Hammel, inmitten seiner zum Teil freiwilligen Helferinnen, vor der Wöchnerinnen-Station der Wehrmachtsbaracke im Amtsgarten.

den Schritt in die Welt erleichtert. Allein hier kamen mehr als 600 Babys aus Lilienthal und Umgebung auf die Welt. Er führte die Mütterberatung ein und hat viele Jahre Rot-Kreuz-Lehrgänge abgehalten.

1962 gab Dr. Hammel die Babystation auf. Die meisten Frauen entbanden mittlerweile in Bremer Krankenhäusern. Bis ins hohe Alter von 80 Jahren linderte er die Leiden seiner Patienten. 1986 hat Dr. Hammel Lilienthal und die Welt für immer verlassen.

TO

Dr. med. Fritz-Martin Müller

* 1941 in Tübingen

Golfplatz trotz Handicap

Wenn er nicht verunglückt wäre, hätte Lilienthal jetzt vermutlich keinen Golfplatz. Der studierte Psychiater und Psychotherapeut wollte sich mit seinem Schicksal nach einem Skiunfall keineswegs abfinden: als Mittvierziger mit Schädel-Hirn-Trauma und halbseitiger Lähmung sein eigener Patient?

Zu diesem Zeitpunkt war Dr. Müller rund zehn Jahre Chefarzt im Behindertenbereich des evangelischen Hospitals und hatte gerade erst eine Facharztpraxis als Psychiater und Psychotherapeut eröffnet. Er wusste, was Menschen auch mit mehrfacher Behinderung durch Förderung, Therapie, Schulung und natürlich kompetenter und liebevoller Betreuung in ansprechender, die Privatsphäre respektierender Umgebung alles leisten können. In seine Zeit am Hospital fällt die Öffnung der Einrichtung nach außen. Heranwachsende, auf die die Schulpflicht nicht mehr zutraf, fanden in ihm einen Fürsprecher und Antreiber. Nach dem Motto „Hilf mir, es selbst zu tun" erhielten die Bewohner viele unterschiedliche Hilfsmittel zur Vergrößerung ihrer Selbstständigkeit. Zur sicheren Bewegung im öffentlichen Raum, jenseits der Hospitalgrenzen, erhielten sie Verkehrserziehung und zur aktiven Teilnahme am Leben und zur Befriedigung persönlicher Bedürfnisse und Wünsche auch Taschengeld. Aus sterilen Krankenzimmern entwickelten sich freundlich möblierte Räume; es entstanden gemischte Wohngruppen wie in jeder normalen Familie auch und nach einigem Training sogar Außenwohngruppen in Bremen. Im Rahmen ihrer Möglichkeiten sollten und vor allem konnten diese jungen Menschen auch richtig arbeiten. Wer mochte, durfte sich konfirmieren lassen und selbst Eheschließungen wurden ermöglicht. Statt ausgegrenzt zu bleiben, gehörten die Behinderten bald zum Ortsbild und haben es mit dem ihnen eigenen Charme bereichert. Das medizinisch-fachliche Engagement des damals von der Stadtgrenze Bremens bis zur Nordsee einzigen Kinder- und Jugendpsychiaters wurde außerdem durch den von ihm mitgegründeten „Verein für Behinderte e.V." gestützt und auf breitere Füße gestellt.

Dann der tragische Unfall und der wichtigste Anwalt behinderter Menschen in Lilienthal sollte ausfallen!? Mit Energie, der erlernten Geduld aus der Behindertenarbeit und mit unendlicher Unterstützung durch Ehefrau Margot kam er nach zwölf Monaten wieder auf die Beine und nahm etwa ein Jahr später die Arbeit in seiner Praxis wieder auf. Dabei half ihm Krankengymnastik und – Golf, ein Sport, zu dem ihn ein Nachbar mitnahm. Der Mediziner stellte fest, dass die Bewegungsabläufe beim Golfspielen auf dem federnden Boden für die Therapie von Halbseitenlähmung förderlich sind und sah darin nicht nur für sich persönlich eine große Chance.

Allen Vorurteilen dieses innerhalb der Bevölkerung gern als „elitär" bezeichneten Sports der „oberen Zehntausend" zum Trotz wuchs in Dr. Müller den Integrationserfolgen aus seiner Behindertenarbeit entsprechend eine Vision: der behindertengerechte Golfplatz. Dem mitunter geäußerten Halbwissen von Mitbürgern, die Behinderten würden wohl nur eine Alibi-Funktion ausüben, begegnete er konsequent freundlich mit Sachargumenten und war schließlich nicht zuletzt durch seine persönliche Betroffenheit das überzeugendste Beispiel und sein bester Werbeträger.

Rund zehn Jahre nach dem Unfall kam es zur Gründung des europaweit ersten integrativen Golfclubs. Ziel: der behindertenfreundliche Golfplatz. Das Konzept überzeugte das Land Niedersachsen, die Europäische Union, den Landessportbund und einzelne private Förderer und Mäzene, die z.B. die Finanzierung des barrierefrei gestalteten Clubhauses ermöglichten. Sechs Jahre nach der Vereinsgründung konnte das Spiel beginnen. Die Platzpflege schafft rund 20 Arbeitsplätze für die Werkstatt für Behinderte, den Martinshof Bremen und die Lebenshilfe Osterholz. Als nächstes ist in Lilienthal die Einrichtung der Geschäftsstelle des Blinden-Golf-Verbandes geplant. Unter der Bezeichnung „KidSwing" setzt die Deutsche Kinderhilfe Direkt e.V. hier bei kranken und behinderten Kindern Golfen als Therapie ein. Drei Gruppen von behinderten und nichtbehinderten Jugendlichen trainieren inzwischen gemeinsam. Es stehen Spezial-Rollstühle zur Verfügung, die die Spieler zum Schlagen in eine aufrechte Position bringen. Die rehabilitierende Wirkung dieses Sports hat bei einigen gehandicapten Mitgliedern dazu geführt, dass sie ihren Rollstuhl nun nicht mehr benötigen. Und was kann den ersten Vorsitzenden des Golfclubs und Schroeter-Preis-Träger Dr. Fritz-Martin Müller mehr freuen! *JIDG*

Dr. Fritz-Martin Müller (Mitte) auf „seinem" Golfplatz.

Im hellen, freundlichen Laden „Zweiblick" auf dem Krankenhausgelände gehen etliche Behinderte einer befriedigenden und ausfüllenden Tätigkeit nach. Rechts im Bild: Klaus Runge.

Klaus Runge
Seine Hände sind die Füße

Einer, der nahezu sein gesamtes Leben in Lilienthal und einen nicht unerheblichen Teil davon im Weser-Stadion verbringt, ist Klaus. Trotz seiner eigenen schweren Behinderung ist gerade er ein offensiver Botschafter für Behinderte und deren Integration und für die Wichtigkeit von öffentlichen Verkehrsmitteln.

Durch einen Geburtsfehler spastisch gelähmt, fällt ihm das Sprechen schwer und sind Arme und Hände für ihn so gut wie unbrauchbar. Aber über sieben Gummiknöpfe dirigiert er seinen Elektro-Rollstuhl virtuos „zu Fuß": Der geschicktere linke bedient Blinker, Scheinwerfer, Alarmblinkanlage, Lenkung, Gangschaltung und Hupe; der rechte gibt Gas und reguliert die Geschwindigkeit.

Für den sensiblen Zahlenakrobat, der uns damit verblüfft, wie er blitzschnell den Wochentag berechnet, auf den ein x-beliebiges Datum wie ein Geburtstag in Vergangenheit, Gegenwart oder Zukunft fällt, ist Mobilität ein unschätzbares Zeichen für Lebensqualität und Freiheit. Mit seinem „Rolli" kann der 50-Jährige überall selbstständig hin: zu Veranstaltungen, zu Freunden, zur Arbeit. Dort, im von Behinderten geführten Laden „Zweiblick", transportiert er mit Hilfe des fahrbaren Untersatzes Ware hin zu den erforderlichen Stellen. Mit ihm nimmt er Anteil am Leben, das ihm ohnehin in vielem verschlossen bleibt. Kleine Kinder fragt er behutsam, ob sie vielleicht Angst vor ihm haben – und zieht sie schon mal auf ihren Inlinern durch die Straßen. Der wichtigste Kontakt zur Außenwelt aber ist das Ladegerät für den Akku seines Rollis, denn trotz eines gelegentlichen Schnupfens ist Klaus, wie ihn jeder nennen darf, gar nicht krank, doch auf vielfältige Weise – auch durch unsere Gesellschaft – behindert.

JIDG

Zu nebenstehender Abbildung:
Königlicher Besuch am Fuße des großen Fernrohres von Johann Hieronymus Schroeter: Anlässlich der Gründung der Astronomischen Gesellschaft im September 1800 besichtigt Prinz Adolph Friedrich, Herzog vom Cambridge, die Lilienthaler Sternwarte im Amtsgarten „und besah die Anlagen und Einrichtungen dieser Sternwarte mit vieler Theilnahme und Sinn für diese edle Wissenschaft, welche der König so großmütig beschützt und fördert." (zitiert nach Franz von Zach. Gemälde von Heinrich Wolfgang Vogt-Vilseck aus dem Jahre 1988).

Astronomie im Amtsgarten

An der Wende zum 19. Jahrhundert waren Lilienthal und Bremen Zentren der Astronomie von internationaler Bedeutung. Von Johann Hieronymus Schroeter in Lilienthal und Wilhelm Matthias Olbers in Bremen gingen entscheidende Impulse für die Astronomie des 19. Jahrhunderts aus. Schroeter gilt als Begründer der modernen Selenotopografie, also der Wissenschaft zur Erforschung der Mondoberfläche. Mit seinen Planetenbeobachtungen initiierte er eine neue astronomische Disziplin – die teleskopische Planetenerkundung. Die Lilienthaler Sternwarte als größtes Observatorium auf dem europäischen Festland und der Lilienthaler Fernrohrbau galten als ein Synonym für Wissenschaft, Forschung und Technologie.

In Lilienthal wurde Astronomiegeschichte geschrieben. Karl-Ludwig Harding entdeckte den Kleinplaneten JUNO mit einem Fernrohr der Lilienthaler Sternwarte. Friedrich Wilhelm Bessel verbrachte hier seine „Lehrjahre" als Sternwarteninspektor.

Mit der Gründung der Lilienthaler Societät von 1800 zur Entdeckung des vermuteten Planeten zwischen der Mars- und Jupiterbahn wurde hier die erste astronomische Vereinigung mit einer festen Zielsetzung gegründet. Die Zusammenarbeit von 24 Astronomen aus neun europäischen Ländern war im Zeitalter der Kleinstaaterei und der napoleonischen Kriege ein Unternehmen von europäischer Dimension. An einige davon und deren Bedeutung für die Astronomie und Lilienthal erinnern die folgenden Seiten. *HJL*

Johann Hieronymus Schroeter

* 1746 in Erfurt † 1816 in Lilienthal

Nach der Schule studiert Schroeter Theologie in Erfurt, dann Rechtswissenschaften in Göttingen. Dort lernt er G. C. Lichtenberg kennen und hört G. E. Kästners Vorlesungen zur Astronomie. Im Jahre 1770 wird Schroeter als Auditor beim Amte Herzberg im Harz angestellt; 1775 als Amtsschreiber in Polle an der Weser und ab 1777 ist er Kammersekretär in Hannover, wo er die Familie Herschel kennen lernt.

Schroeters ernsthafte Beschäftigung mit der Himmelskunde beginnt 1779, als er einen 3-füßigen Refraktor des bekannten englischen Optikers Dollond erwirbt, um damit Sonnen-, Mond- und Planetenbeobachtungen durchzuführen.

Im Mai 1782 kommt Schroeter als Amtmann nach Lilienthal. Die Erweiterung des Sonnensystems durch den 7. Hauptplaneten und die Fähigkeit, solche Entdeckungen mit selbst gebauten Fernrohren zu ermöglichen, wie Wilhelm Herschel es im März 1781 mit der Entdeckung des Planeten Uranus bewiesen hatte, sind für Schroeter Ansporn, im Jahre 1785 sein erstes Observatorium – Uranienlust – zu bauen. Die kleine Sternwarte ist mit einem 4- und 7-füßigen Herschel-Spiegelteleskop ausgerüstet. Die Spiegel und die mechanischen Teile dazu bezieht er von Herschel, die Stative baut er selbst.

Schroeters Mondbeobachtungen dieser frühen Jahre sind der Grundstock für sein zweibändiges Mondwerk „Selenotopografische Fragmente", das Schroeter als größten Mondforscher der Zeit berühmt macht.

Der Lilienthaler Fernrohrbau erhält seine entscheidenden Impulse durch den ca. einjährigen Aufenthalt des Kieler Professors für Physik und Chemie J. G. F. Schrader. In den Jahren 1792/93 entstehen u.a. mehrere 7-füßige Spiegelteleskope, Schroeters 13-füßiges Teleskop, und der erste von zwei Spiegeln für das 27-füßige Teleskop. Dieses Instrument wird 1793 im Amtsgarten hinter der Klosterkirche St. Marien errichtet und ist das größte Fernrohr auf dem europäischen Kontinent. Es wird als Zweites Observatorium bezeichnet. Nur Wilhelm Herschel verfügt über noch größere Spiegelfernrohre.

Der Amtsgärtner und Sternwartenaufwärter Harm Gefken (1756–1811), geb. in Lilienthal-Trupe, assistiert Schrader bei den Gieß-, Schleif- und Polierarbeiten der Spiegel. Gefken tritt in Schraders Fußstapfen und fertigt in den Folgejahren mehrere Spiegelteleskope an.

Die Lilienthaler Sternwarte gewinnt zunehmend an internationalem Ruf: Von hier kommen immer wieder neue und spektakuläre Mond- und Planetenbeobachtungen. Die Kette der renommierten Besucher und Gastbeobachter nimmt stetig zu. Schroeters Publikationen – an seinem Lebensende sind es mehr als 100 technische Beschreibungen über den Fernrohr- und Gerätebau sowie Abhandlungen über die Sonne, den Mond und die Planeten mit deren Monden – sind inzwischen europaweit verbreitet.

1795 wird die Sternwarte durch den Neubau des sogenannte

Urania-Tempels – auch Drittes Observatorium genannt – erweitert und mit einem 10-füßigen Linsenfernrohr vor allem zur Beobachtung der Planeten Venus und Merkur ausgerüstet.
Im Jahre 1807 erreicht die Lilienthaler Sternwarte mit dem Bau eines frei stehenden 20-füßigen Teleskops ihre größte Ausbauphase. Mindestens zehn unterschiedliche Teleskope stehen den Beobachtern zur Verfügung. Schroeter korrespondiert mit vielen Astronomen. Einige von ihnen wie Gauß, Chladni, von Zach, von Lindenau, von Ende etc. kommen zu Besuch ins Lilienthaler Amtshaus.
Wilhelm Olbers aus Bremen ist oft für Tage und Wochen als Gast und Mitbeobachter auf Schroeters Sternwarte.
Am 15. Juni 1786 wird Schroeters einziges Kind, der Sohn Johann Friedrich aus der – wie in seinem Testament vom Mai 1813 nachzulesen ist – „zeitlebens eingegangener christlichen Ehe" mit Ahlke Lanckenau aus Oberende geboren.
Johann Friedrich entwickelt keine großen astronomischen Ambitionen. Er wird Jurist und stirbt als pensionierter Amtmann im August 1850 in Lilienthal.

Im Jahre 1796 kommt Karl Ludwig Harding als Erzieher des Schroeter-Sohnes nach Lilienthal. Harding hatte bereits in Lauenburg an der Elbe wissenschaftlich fundierte astronomische Beobachtungen gemacht und übernimmt deshalb den Posten des Sternwarten-Inspektors.
Am 21. September 1800 wird auf Initiative des Gothaer Astronomen Franz Xaver von Zach auf seiner Reise nach Bremen und Lilienthal die Astronomische Gesellschaft gegründet, zu deren erstem Präsidenten Schroeter gewählt wird.
Von Zach glaubte fest an die von den Astronomen Titius und Bode aufgestellte Regel, nach der die Bahnabstände der Planeten einer Gesetzmäßigkeit unterliegen. Demnach fehlte zwischen der Mars- und Jupiterbahn ein Himmelskörper.
24 europäische Astronomen hatte von Zach gewonnen, festgelegte Himmelsareale zu beobachten, um den noch unentdeckten Planeten zu finden. Innerhalb von sechs Jahren entdecken Mitglieder der Gesellschaft vier kleine Planeten – auch Planetoiden oder Asteroiden genannt: die CERES durch Piazzi in Palermo; die PALLAS und die VESTA durch Olbers in Bremen und die JUNO durch Harding in Lilienthal.
1805 bekommt Harding einen Ruf als Professor für Astronomie an der neu erbauten Sternwarte in Göttingen. Der Posten des Sternwarten-Inspektors in Lilienthal wird ab 1806 von Friedrich Wilhelm Bessel eingenommen. Bessel beschäftigt sich in seiner Lilienthaler Zeit neben der Beobachtung der kleinen Planeten vornehmlich mit der Berechnung und Analyse von Kometenbahnen. Nach seinem Weggang aus Lilienthal nach Königsberg im Jahre 1810 wird es einsam auf Schroeters Sternwarte.
Dessen letzte Lebensjahre sind ausgefüllt mit dringenden Amtsgeschäften, einer amtslosen Periode, der Herausgabe seiner Merkurbeobachtungen und den vorbereitenden Arbeiten zur Drucklegung der langjährigen Marsbeobachtungen.
Beim Rückzug der französischen Truppen brennt im April 1813 Lilienthal fast vollständig ab. Schroeters Sternwarte bleibt mit Ausnahme einer Plünderung unversehrt.
Der Wiederaufbau des Amtshauses und des Ortes Lilienthal kosten Schroeter sehr viel Kraft und Zeit, so dass die Marsbeobachtungen nicht mehr von ihm publiziert werden können.
Am 29. August 1816, einen Tag vor seinem 70. Geburtstag, stirbt Schroeter nach einem Schlaganfall. Die verbliebenen Fernrohre werden von Harding vertragsgemäß der Sternwarte in Göttingen überstellt. *HJL*

Heinrich Wilhelm Matthias Olbers

* 1758 in Arbergen   † 1840 in Bremen

Schon während seiner Studienzeit zum Arzt in Göttingen stellt Olbers astronomische Studien zu den Kometen an. „Die Kometenastronomie ist immer mein Lieblingsfach gewesen", schreibt er 1791 über seine Passion.
Seit 1782 ist Olbers in Bremen als Arzt tätig. In der Sandstrasse hinter dem Bremer Dom baut er später mit Erkern eine kleine astronomische Beobachtungsstation, die mit transportablen Linsenfernrohren ausgestattet wird. Mit dem November 1789 beginnen seine Lilienthaler Besuche. Sein Verhältnis zu Schroeter ist das eines Freundes, eines ärztlichen Beraters, eines Helfenden und Kritikers bei mathematischen Berechnungen und der Beurteilung von Beobachtungsergebnissen.
Im April 1813 nimmt er den nach dem Lilienthaler Brand flüchtigen Schroeter in seinem Haus auf. Olbers wird Gründungsmitglied der Astronomischen Gesellschaft von 1800 und entdeckt die Planetoiden PALLAS und VESTA in Bremen.
Er gibt wesentliche Denkanstöße für die moderne Kometenastronomie und entwickelt zur Bahnberechnung der Kometen eine neue Methode, die heute noch angewandt wird. Seine umfangreichen Briefkontakte, seine Veröffentlichungen und seine Vortragtätigkeit in der Museumsgesellschaft in Bremen beförderten die intensive, europaweite Zusammenarbeit der Astronomen seiner Zeit. Unter dem Titel „Über die Durchsichtigkeit des Weltraums" formuliert er das kosmologische Phänomen der Dunkelheit des Nachthimmels. Es ging als Olbersches Paradoxon in die Geschichte ein und konnte erst durch die moderne Physik und Astronomie erklärt werden.

HJL

Karl-Ludwig Harding

* 1765 in Hamburg   † 1846 in Göttingen

Harding ist der Sohn eines Predigers in Lauenburg an der Elbe. Ab 1786 studiert er in Göttingen Theologie. Über das freundschaftliche Verhältnis zu G. C. Lichtenberg kommt er zur Astronomie und lernt über ihn auch J. H. Schroeter kennen. Zuerst nur besuchsweise, ab Juli 1796 fest, nimmt Harding die Stelle als Observator und Sternwarteninspektor in Lilienthal an und unterrichtet den Schroetersohn Johann-Friedrich.
Hardings Verhältnis zu Schroeter wird von einem Chronisten als herzlich beschrieben. Schroeters Aufzeichnungen kennzeichnen ihn als unermüdlichen Fernrohrbeobachter. Er wird Gründungs-

mitglied der Astronomischen Gesellschaft von 1800.
Am 1. September 1804 entdeckt Harding den dritten Planetoiden, dem er den Namen JUNO gibt. Selbst entworfene Himmelskarten, welche er 1827 in Göttingen in einem Himmelsatlas „Atlas Novus Coelestis" zusammenfasst, sind bei der Entdeckung wohl eine entscheidende Hilfe gewesen.
Zwölf Abhandlungen über Kometen, Planeten, Planetoiden und geografische Messungen entstehen während Hardings Lilienthaler Zeit.
1805 bekommt Harding einen Ruf als außerordentlicher Professor für Astronomie in Göttingen. Der Bremer Arzt und Astronom Olbers und der Göttinger Astronom und Direktor der dortigen Sternwarte Gauß können Harding dazu bewegen, sein geliebtes Lilienthal zu verlassen. Im Jahre 1812 wird er ordentlicher Professor für Philosophie. Diese Stelle behält er bis zum Lebensende. *HJL*

Friedrich Wilhelm Bessel

* 1784 in Minden   † 1846 in Königsberg

Bessel verlässt bereits zur Untertertia (das entspricht der achten Klasse) das Gymnasium in Minden, weil ihm die lateinische Sprache Schwierigkeiten bereitet. Über Vermittlung bekommt er 1799 eine Lehrstelle zum Kaufmann beim Handelshaus Kulenkamp & Söhne in Bremen. Dort lernt Bessel die englische Sprache und befasst sich in seiner Freizeit an der neu gegründeten Seefahrtsschule mit der Nautik, die ihn zur Astronomie führt.

Bessels Überarbeitung der Beobachtungsdaten des Kometen Halley von 1607 machen auf Wilhelm Olbers, der in Bremen auf dem Zenit seiner Anerkennung als Astronom steht, einen so großen Eindruck, dass Bessel ihm und ab 1804 auch Gauß bei astronomischen Berechnungen zur Seite steht.
Nach der Vakanz der Inspektorenstelle Hardings bei J. H. Schroeter löst Bessel auf Anraten von Olbers im Frühjahr 1806 die gut dotierte Anstellung bei Kulenkamp auf und siedelt in den Amtshof von Lilienthal über. Obwohl die Schroeterschen Instrumente für genaue Messungen nicht geeignet sind, verschafft ihm der Umgang damit schnell Fortschritte in der Beherrschung astronomischer Beobachtungstechniken. Neben den Untersuchungen von Kometenbahnen fixiert Bessel sein Interesse ab 1807 zunehmend auf die Fixsterne. Er fühlt sich in Lilienthal einsam und macht die Jagd zu seiner zweiten Passion.
Nach vierjähriger Tätigkeit nimmt Bessel am 27. März 1810 Abschied von Schroeter und seiner Sternwarte. In Königsberg wird dem Mann ohne Abitur die Professorenstelle für Astronomie und der Neubau einer Sternwarte angeboten. Die Universität in Göttingen verleiht ihm unter C.F. Gauß zuvor noch die Doktorwürde der Philosophie.

Bessels Königsberger Zeit ist von Höhepunkten für die Astronomie gekennzeichnet. Er liefert auch grundlegende Arbeiten über die Taumelbewegung der Erde. *HJL*

Dieter Gerdes

* 1933 in Kiel   † 1998 in Lilienthal

Er brachte uns die Sterne näher

Dieter Gerdes wurde am 19. Juli 1933 in Kiel geboren. Er erlernte den Beruf des Fotokaufmanns und verließ in jungen Jahren Schleswig-Holstein, um in der Hansestadt Bremen zu leben. Gemeinsam mit Ehefrau Meike zog er 1972 nach Lilienthal. Dieter Gerdes war ein historisch interessierter Mensch. Besonders die Geschichte seiner näheren Umgebung lag ihm am Herzen und so trat er nicht nur dem Lilienthaler Heimatverein bei, sondern begann über die Ortsgeschichte zu recherchieren und öffentliche Vorträge zu halten, die auf große Resonanz stießen. Über 20 Jahre engagierte er sich mit seinen Kursen zu Fotografie und Geschichte in der Volkshochschule. 17 Jahre war er Vorsitzender der AG Kultur und von 1989 bis zu seinem plötzlichen Tode Vorsitzender des Heimatvereins. Gerdes' Hauptinteresse galt dem Gebiet der Astronomie. Hier hatte Lilienthals Vergangenheit viel zu bieten. Dieter Gerdes ist es zu verdanken, dass die astronomischen Tätigkeiten des Oberamtmannes Johann Hieronymus Schroeter und dessen Lilienthaler Sternwarte wieder in das öffentliche Bewusstsein der Lilienthaler drangen und sich eine nachhaltige Identifikation des Ortes mit diesem Kapitel seiner Geschichte einstellte. Gerdes knüpfte und unterhielt Kontakte zu sternenkundlich Interessierten in vielen Ländern. Sein Engagement erreichte, dass heutige Mitglieder der Astronomischen Gesellschaft, deren Gründung im Jahre 1800 erfolgt war, zu ihrem 200-jährigen Bestehen im Jahre 2000 in Lilienthal und Bremen tagten. Gerdes, der dieser Vereinigung 1989 beigetreten war, erlebte dieses Ereignis leider nicht mehr. Mit seinen Veröffentlichungen über die Astronomische Gesellschaft und über die Lilienthaler Sternwarte schrieb er jedoch zwei Bücher, die einen besonders aufregenden Abschnitt der Vergangenheit Lilienthals belegen. Dieter Gerdes war voller Wissen und stets bereit, dieses weiterzugeben. Dem Heimatverein und damit der Lilienthaler Bevölkerung hinterließ er ein Schroeter-Archiv, das Sternkundige und Laien begeistern kann.

Modell der Sternwarte im Heimatmuseum Lilienthal.

CVL

Lieselotte Pézsa
* 1935 in Stolp/Pommern

Tulpen, Torfkahn, Teleskope

Eine Frau, deren kreatives Wirken in Lilienthal deutliche Spuren hinterlassen hat, die leider viel zu wenig in der Öffentlichkeit wahrgenommen und gewürdigt wurden:
Lieselotte Pézsa hat nicht nur als Leiterin des damaligen Verkehrsamtes von Januar 1994 bis Juni 2000 der Betreuung von Gästen in der Gemeinde Lilienthal viele positive Impulse gegeben, sondern sie hat Ideen umgesetzt, die zukunftsweisend und gerade heute von wichtiger touristischer Bedeutung sind.
Der „Historische Lilienweg" ist ein solches Projekt, das sie wegen der angespannten Haushaltslage größtenteils durch den Verkauf sogenannter kleiner „Liliensteine" in einer limitierten Auflage einfallsreich finanziert hat.

Sie hat 1997 die „Tulpentage für Kinder" unter dem Motto *Wasser-Himmel-Erde* ins Leben gerufen, an denen einmal im Jahr mehr als 3.000 Schnitttulpen von Kindern in ihren Einrichtungen und von vielen freiwilligen Helfern verkauft werden, wobei der Erlös durch besondere Projekte den Kindern wieder zugute kommt; so das Tulpenlabyrinth: Viele Menschen wissen bis heute nicht, dass nicht nur dieser Irrgarten aus Liguster mit der hölzernen Tulpenskulptur *(Uwe Schloen),* und der Nachbau der Würfelsonnenuhr *(Rainer Jakob)* im Amtsgarten sondern auch die Sternwarten Skulptur in der Klosterstraße *(Bernd Bergkemper)* und der Summstein *(Alex Gattnar-Blank / Holger Arndt)* vor Murkens Hof Initiativen von Lieselotte Pézsa sind.
Im Jahr 1998 gewann sie den von der Kreissparkasse Osterholz ausgelobten Ideenwettbewerb zur Förderung der Region. Ihr Projekt „Die Torfkahnaktie" ... *Brauchtum sichtbar und erlebbar machen* ... wurde mit dem ersten Preis ausgezeichnet. Arbeitsplätze im Torfkahnbau und der Tourismus sollten damit gefördert werden.

Diese, von der Statur her eher als zart zu bezeichnende Frau ist ein wahres Energiebündel.
Sie hatte früh erkannt, dass die Rückbesinnung auf die Astronomiegeschichte Lilienthals von vor gut 200 Jahren, sich prosperierend auf den Tourismus des Ortes auswirken könnte.
Zusammen mit dem Astronomieexperten Hans-Joachim Leue, Hambergen, und dem Lilienthaler Klaus-Dieter Uhden wurde im Jahr 2000 die Astronomische Vereinigung Lilienthal e.V. (AVL) gegründet. Ziel war die Wiederbelebung einer großartigen Astronomiegeschichte, die Lilienthal zum Ausgang des 18. Jahrhunderts weit über Deutschland hinaus bekannt werden ließ. – Nach mehrjähriger Vorstandstätigkeit in der AVL arbeitet Frau Pézsa seit 2004 intensiv im Projektteam TELESCOPIUM-Lilienthal mit.

Für das Jahr der Wissenschaft 2005 Bremen – Bremerhaven entwickelte sie ein Konzept für den **Astro Walk Bremen** ... eine Stadtführung auf den Spuren europäischer Astronomen. In der Kernaussage dieser Stadtführung, dem Monolog eines Schauspielers, wird an die damalige wissenschaftliche Verbindung zwischen Lilienthal und Bremen – H. J. Schroeter und Wilhelm Olbers – sowie die Astronomen jener Zeit erinnert. Lieselotte Pézsa, eine kopf- und herzgebildete Frau, vielsprachig, weltoffen und der „Kultur der Neugier" verschrieben, hat fast unbemerkt von der Öffentlichkeit mit großem bürgerschaftlichen Engagement in und für Lilienthal gewirkt.

Lieselotte Pézsa kam 1960 mit ihrer jungen Familie nach Bremen. Ab 1971 folgten fast 30 Jahre Leben und Arbeiten in Lilienthal; seit dem Jahr 2000 ist sie wieder in Bremen mit vielfältigem bürgerschaftlichen Engagement tätig und wirkt auch weiterhin für Lilienthal.

KDU

Klaus-Dieter Uhden

* 1940 in Frankfurt/Oder

Perpetuum mobile mit Visionen

Die Bemerkung kam ebenso trocken wie überzeugend. „Die Astronomie an sich interessiert mich in diesem Fall weniger. Mir geht es in erster Linie darum, ein nachhaltiges Projekt für die Gemeinde zu realisieren". Dies sagt ausgerechnet ein Mann, den man gemeinhin als Vater der Astronomischen Vereinigung (AVL) in Lilienthal bezeichnet, als er nach seinem Engagement für das TELESCOPIUM-Lilienthal gefragt wurde. Und doch wirft es ein bezeichnendes Licht auf Klaus-Dieter Uhden. Der Lilienthaler versteht sich nicht zuletzt vor seinem beruflichen Hintergrund als ein Mann der Tat. Als Bauingenieur erwartet er, dass am Ende der Arbeit ein sichtbares Ergebnis steht. Von daher erklärt sich auch seine Arbeitsweise: Zielgerichtet und effektiv.

Die Gemeinde Lilienthal hat von den Ideen und dem Engagement des prägnanten Kopfs vielfältig profitiert. Von einem Mann, der beruflich und privat völlig unterschiedlich gestrickt ist. „Mein Elternhaus war immer der Kunst und Kultur zugetan", berichtet der in Schleswig-Holstein aufgewachsene Uhden. Insbesondere die Mutter legte bei der Erziehung ihrer drei Kinder hierauf großen Wert. „Wir lernten schon als Kinder das Theater in Lübeck kennen", erinnert sich Uhden. Sein Geld hat der heute 67-Jährige dagegen in einer anderen Branche verdient. Der studierte Bau- und Schweißfachingenieur machte sich 1987 mit einem Büro selbstständig. Der Hang zur Kultur blieb. Als Ausgleich zum Beruf, wie er erklärt.

Klaus-Dieter Uhden hob 1986 die Freilichtbühne aus der Taufe und stand selbst auf den Brettern im Ortsteil Frankenburg. 13 Jahre lang war er Vorsitzender des Theaters und setzte es unter anderem durch, dass die Bühne in einem Landschaftsschutzgebiet bauen durfte. „Das ging nur, weil ich Freiberufler war und viel Zeit in das Projekt investieren konnte". Als ein neuer Spielleiter ein weniger avantgardistisches Theater verwirklichen wollte, sprang Uhden ab. „Das entsprach nicht mehr meinen Vorstellungen von einem ambitionierten Amateurtheater".

Inzwischen hatte die Astronomie sein Interesse entfacht. Faszinierend fand Uhden nicht nur die kosmischen Gesetze des Himmels. Besonders fasziniert hat ihn die Person des Verwaltungsbeamten Johann Hieronymus Schroeter. Bewundernswert sei es gewesen, dass sich ein Quereinsteiger im frühen 19. Jahrhundert zu großen Taten aufschwang und im Amtsgarten hinter der Klosterkirche die größte Sternwarte auf dem europäischen Kontinent aufbaute. Daran will Uhden erinnern. Die Gemeinde habe geradezu eine Verpflichtung, dieses wichtige Kapitel ihrer eigenen Geschichte wieder bewusst zu machen, sagte sich Uhden und schob gemeinsam mit Mitstreitern die Gründung eines Vereins an. Die Astronomische Vereinigung Lilienthal (AVL) wurde im Jahr 2000 aus der Taufe gehoben, wenig später folgte eine Foundation, die ein ehrgeiziges Ziel und millionenschweres Projekt verfolgt: Den Bau eines Astronomie Science Centers mit dem Namen TELESCOPIUM-Lilienthal, das an die Historie des Ortes anknüpft.

Gleichzeitig setzt sich der Pensionär für die historische Stätte hinter der Kirche ein. Als Vorsitzender des Amtsgartenvereins will er gemeinsam mit anderen Mitstreitern die Kunst und Kultur im Ortszentrum fördern. Darüber hinaus unterstützt er als Rotarier viele gemeindienstliche Projekte ebenso wie die von der Bürgerstiftung gegründete Kinderakademie. Seine Militärzeit hat Uhden übrigens als Fallschirmjäger verbracht. Was ihn in gleich bleibender Intensität zum Engagement für die Gemeinde antreibt? „Ich kann nicht herumsitzen; ich muss etwas Sinnvolles tun", ist die ebenso knappe wie bezeichnende Antwort. Der Lilienthaler ist Träger des Schroeterpreises vom Lions-Club. Bei der Laudatio würdigte der Vorsitzende Jürgen Müller den 66-jährigen Uhden als Unruhegeist.

Das TELESCOPIUM-Lilienthal soll auf einem etwa 8000 Quadratmeter großen Grundstück an der Entlastungsstraße entstehen. Zur Ausstattung gehören neben einem Planetenlehrpfad, auf dem die Entfernungen zwischen den Planeten und deren Größenverhältnisse maßstabsgetreu dargestellt werden, ein modernes Planetarium und ein Astronomie Science Center. Auf dem Gelände entstehen ferner zwei nach historischen Vorbildern wiederhergestellte Observatorien und der Nachbau des berühmten 27- Fuß Spiegelteleskops.

KLG

Am Anfang stand eine Idee. Der Amtsgarten – der gerade mit viel Liebe zum Detail und ansehnlichem Aufwand herausgeputzt worden war – sollte nun auch mit kulturellen Veranstaltungen belebt werden, um diesen historischen Kernbereich Lilienthals möglichst für viele Menschen attraktiv werden zu lassen.

Conrad Naber war nicht nur der Mäzen, der sich für die Neugestaltung und ein erstes Konzert unter freiem Himmel engagierte, sondern er war auch der Ideengeber für die ersten „Sterne der Musik" im alten Amtsgarten.

Das Konzert wurde ein Riesenerfolg. So lag es auf der Hand, dass die Veranstalter über eine Wiederholung nachdachten. Eine Verständigung mit der Freilichtbühne war schnell gefunden. Alle zwei Jahre soll ein Konzert im Amtsgarten und ebenfalls alle zwei Jahre ein Konzert auf der Freilichtbühne stattfinden. *KDU*

Investition in die Zukunft

Blicken wir auf die Entstehungsgeschichte des 775 Jahre alten Lilienthals zurück, stoßen wir schon bei der Gründung des Zisterzienser-Nonnenklosters Vallis liliorum auf eine Stiftung. Der Bremer Erzbischof Gerhard II löste damit ein Gelöbnis ein, das er zur Ehre Gottes und für das Seelenheil seiner Eltern, Geschwister, Freunde und Wohltäter, besonders aber für seinen 1229 im Kampf gegen die Stedinger Bauern erschlagenen Bruders Hermann von der Lippe abgelegt hatte. Und obwohl die Zisterzienseräbte auf ihren jährlichen Generalkapiteln schon seit 1212 über das Anwachsen der Frauenklöster im Orden dermaßen klagten, dass es etwa ab 1220 nur noch in Ausnahmefällen zur festeren Ordenszugehörigkeit, der Inkorporierung, von Nonnenklöstern kam, setzte Gerhard seine Stiftung sogar zwölf Jahre später noch durch und somit eine rund 400 Jahre währende Klosterzeit in Gang. Eine Zeit, in der um das Kloster herum der Ort Lilienthal wuchs. Ob sich Gerhards Stiftungszweck erfüllt hat, wissen wir ebensowenig wie die steuerliche Seite dieses Unterfangens. So gemeinnützig die Klosterstiftung als Altersversorgung für unverheiratete Töchter aus der Bremer Gesellschaft aber auch aus der Landbevölkerung gewesen sein mag – für Gerhard war sie nicht ganz uneigennützig, wenn man an die Hoffnungen denkt, die er an seine Stiftung knüpfte. Auch eine Skulptur oder ein Bildnis des Stifters, wie sie früher in Bau- und Kunstwerke, in Glasfenster oder Schnitzereien mehr oder weniger dezent eingefügt wurden, suchen wir vergeblich. Dennoch: Die Klosterkirche, und damit ein Teil der Stiftung hat das Leben ihres Begründers um ein Vielfaches übertroffen. Und das ist ein wesentlicher Aspekt: Die Stiftung ist eine großherzige auf Dauer angelegte Tat.

> *Des Menschen Wille ist sein Stiftungszweck*
>
> Sie sind mit gewissen politischen Entscheidungen nicht einverstanden? Sie wollen nicht tatenlos zusehen, wie kulturelle Bestände abgebaut werden und ihre Werte „den Bach runtergehen"! Sie wollen eingreifen, verändern, das Ruder herumwerfen, da wo der Ruf nach „Vater Staat" nicht mehr beantwortet wird. Sie wollen Einfluss nehmen und zwar wirkungsvoller als mit dem Stimmzettel – und dauerhaft.
> Die Stiftung nimmt den Willen ihrer Gründer auch in Zukunft unmissverständlich ernst. Anders als bei Körperschaften, deren Ausrichtung den Ansichten ihrer jeweiligen Mitglieder unterworfen ist, bleibt der Stiftungsweck unverändert erhalten. Der Stifterwillen entwickelt eine manchmal geradezu mystische Wirkung und Fernwirkung durch die Jahrhunderte hindurch. Und eben diesem Stifterwillen dient die dafür eingesetzte Vermögensmasse. Sie darf weder zweckentfremdet werden, noch darf sich der Stiftungsvorstand darüber hinwegsetzen. Denn er ist dem Stifterwillen absolut verpflichtet. In Zeiten leerer öffentlicher Kassen heißt stiften mitbestimmen per Scheckheft. Und zwar ein für allemal.
> Besonders reizvoll ist es, die Arbeit „seiner" Stiftung mitzuerleben, wenn nicht gar mitzugestalten, oder als Zustifter sich im Rahmen einer Stiftergemeinschaft mit den daran Beteiligten am Erfolg zu freuen. Welch unglaublich befriedigendes Gefühl, etwas Sinn- und Wertvolles für die Gemeinschaft vollbracht zu haben!

Die Stiftungen, um die es im Folgenden geht, sind in der Gegenwart gegründet worden. Dabei wird von sozialem, karitativem, kulturellem, wissenschaftlichem und bürgerschaftlichem Engagement die Rede sein. *JIDG*

Frieda und Otto Zimmermann

* 1905 in Bremen † 1995 in Lilienthal
* 1904 in Bremen † 1995 in Lilienthal

Der Ort war mit Bedacht gewählt. Lilienthals ehemaliger Bürgermeister Wilhelm Wesselhöft und Gemeindedirektor Detlef Stormer hatten ins Amtmann-Schroeter-Haus an der Hauptstraße zu einer besonderen Ehrung eingeladen. Mit dem Gründer der Kabelfabrik OZET, Otto Zimmermann und seiner Frau Frieda, wurde im März 1994 erstmals einem Ehepaar die Ehrenbürgerschaft der Gemeinde Lilienthal verliehen. Damit wolle man keine besondere Tat der Zimmermanns, sondern deren gesamte Leistung für die Gemeinde würdigen, hieß es in der Begründung des Gemeinderates. Die Namen Otto und Frieda Zimmermann sind eng mit dem Amtmann-Schroeter-Haus verknüpft.

Ihre Verbundenheit mit Lilienthal machte die Familie mit der Gründung dieser Stiftung deutlich. Das Amtmann-Schroeter-Haus sollte ein Ort der Begegnung in Lilienthals Mitte werden. Mit der großzügigen finanziellen Ausstattung dieser Stiftung wurde im Jahr 1992 der Grundstein zu einer in ganz Deutschland beachteten Einrichtung gelegt. Daran beteiligt waren auch Ottonie und Helmut Möhlenbrock, Tochter und Schwiegersohn der Zimmermanns.

Otto und Frieda Zimmermann gehören zu den Unternehmern im besten Sinne. Geschäftsleute, die das Gemeinwohl nie aus den Augen verloren haben und in ihrem Betrieb auf soziale Standards achteten. Otto Zimmermann eröffnete 1928 ein Fahrradgeschäft mit Werkstatt im Bremer Ortsteil Woltmershausen. Unterstützt wurde der junge Unternehmer von seiner Frau, die schon morgens mit ihm Räder gespannt habe, erinnerte er sich später. Er galt als Tüftler, spezialisierte sich auf Fahrradkabel und bot später den Lampenfirmen ganze Kabelsätze an. Ein Patent zur Verlegung von Kabeln brachte ihm Aufträge der

Lebensmotto: „Tu' Gutes

Firma NSU ein, die Fahrräder, Mopeds und später Autos herstellte. Der Einstieg ins Automobilgeschäft war ein Glücksfall für Lilienthal. Die Firma OZET war Spezialist für Kabelbäume in Personen- und Lastwagen und belieferte unter anderem Volkswagen und Mercedes-Benz. Im Jahr 1962 siedelte die Familie gemeinsam mit Tochter Ottonie und Schwiegersohn Helmut Möhlenbrock um. In Moorhausen entstanden acht Hallen, in denen zuletzt 350 Menschen an den Produkten für die Automobilindustrie arbeiteten. 1989 verkaufte Otto Zimmermann seine Firma an das Unternehmen Leonische Drahtwerke.

Das Ehepaar galt als bodenständig. Nach dem Verkauf der Firma erhielten die Mitarbeiter ein Abschiedsgeschenk. Aber auch die Allgemeinheit profitierte. Den Lilienthaler Friedhof unterstützten die gelernte Schneiderin und der Maschinenbauer genauso wie das Lilienthaler Hospital. Darüber hinaus haben Otto und Frieda Zimmermann über Jahrzehnte im Stillen gewirkt, wie der damalige Bürgermeister bei der Verleihung der Ehrenbürgerrechte deutlich machte. Ohne Otto und Frieda Zimmermann würde es das Haus der sozialen Dienste vermutlich nicht geben, wird die Bedeutung der Stiftung auch heute noch deutlich.

KLG

und rede nicht darüber!"

Ottonie und Helmut Möhlenbrock

geb. Zimmermann, * 1929 in Bremen

* 1928 in Bremen

Das 1791 errichtete und älteste Gebäude im Lilienthaler Zentrum ist eng mit dem Namen des Lilienthaler Astronomen und Amtmann Schroeter verbunden. Das Fachwerkhaus weist aber auch auf das große Engagement von Stiftern hin. Neben Otto und Frieda Zimmermann, den Gründern der Kabelfabrik OZET, auch auf die Unterstützung durch Ottonie und Helmut Möhlenbrock. Die Tochter und Schwiegersohn der Zimmermanns haben die Stiftung Amtmann-Schroeter-Haus ins Leben gerufen. Sie folgten einer Idee von Wilhelm Otten, dem damaligen Vorsitzenden des Seniorenbeirates: Der ehemalige Gemeindedirektor wollte ein Haus der Begegnung für Senioren schaffen. Ottonie und Helmut Möhlenbrock unterstützten ihn.

Das Amtmann-Schroeter-Haus hat geschafft, was seine Initiatoren sich vorgenommen hatten. Es ist eine lebendige Einrichtung im modernsten Sinne und aktives Mitglied in der Bundesarbeitsgemeinschaft der Seniorenbüros. Das Haus bietet Raum für Selbsthilfegruppen zu verschiedenen Krankheitsbildern und beherbergt Arbeitsgemeinschaften aus sozialen Bereichen. Der Seniorenbeirat ist hier zu Hause, viele Beratungsangebote werden vorgehalten und eifrig genutzt. Zum Konzept gehören Vorträge zu Fragen der Gesundheit sowie Informationsveranstaltungen zu aktuellen Themen wie die Patientenverfügung, das Betreuungsgesetz, die Pflegeversicherung oder das Erbrecht. An diesem beachteten Modell sind ehrenamtliche und hauptamtliche Mitarbeiter beteiligt. Das Amtmann-Schroeter-Haus war Gewinner des 1997 ausgelobten „Deutschen Seniorenpreis Multimedia". Das Preisgeld von 50 000 Mark war Grundstock für das Internetcafé für Senioren. Hier arbeiten ausschließlich ehrenamtlich tätige Senioren mit, die mit großem Fachwissen sich selbst und Interessierte fortbilden. „Wir sind ein Haus mit und für Menschen – wohl wissend, dass Kommunikation die wichtigste Komponente gesundheitlichen Wohlergehens ist", sagt Geschäftsführer Heiner Haase zum Selbstverständnis. Ottonie und Helmut Möhlenbrock wollen im Hintergrund bleiben. Doch so viel steht fest: Ohne die Stifter würde es das Haus nicht geben. Genauso hat sich das Ehepaar bei der Gründung einer weiteren Stiftung verhalten. Am 17. Juni 1996 wurde die Stiftung Krankenhaus Lilienthal mit einem stattlichen Anfangsvermögen ins Leben gerufen. Die aus diesem Vermögen anfallenden Zinsen werden für die Anschaffung medizinischer Geräte verwendet, sodass das Krankenhaus sich ständig dem technischen Fortschritt anpassen kann. Helmut und Ottonie Möhlenbrock wollen auch die Unterstützung für das Martins-Krankenhaus nicht an die große Glocke hängen. Ihr Motto: Tue Gutes und rede nicht drüber.

KLG

Amtmann-Schroeter-Haus.

Mensingstift – Katharina und Hanna Mensing

Geborgenheit im Alter

Am 8. Juli 1963 verstirbt in Osterholz-Scharmbeck Katharina Mensing, geb. Ullrichs, die Witwe des früheren Landgerichtspräsidenten Johannes Mensing. Ihr letzter Wille, auch im Sinne ihrer schon 1960 verstorbenen einzigen Tochter Hanna, lautet: „Ehepaare und Alleinstehende sollen im Alter Geborgenheit und Ruhe, Ausspannung und Erholung finden."

Erst im Dezember 1962 war das neu erbaute Evangelische Hospital Lilienthal bezogen worden. In der Unterstützung dieser Einrichtung sah Katharina Mensing die Möglichkeit, ihr soziales Anliegen mit ihrem Testament nachhaltig zu fördern. 1964 wird der Erbschein für das Evangelische Hospital Lilienthal ausgestellt, Grundlage für die Planung des „Mensing-Stifts". Der Vorsteher des Hospitals, Pastor Rudolf Schmidt, dem Katharina Mensing ihr Vertrauen geschenkt hatte, nahm die Umsetzung in die Hände.

Im Februar 1947 hatte der „Birkenhof", eine Einrichtung der evangelischen Kirche Hannover, das ehemalige Marinehospital in Neuenkirchen/Farge in kirchliche Trägerschaft übernommen und aus dem Notbehelf der Nachkriegszeit ein Krankenhaus, ein Heim für behinderte Kinder und Wohnraum und Pflegeplätze für alte Menschen geschaffen. Als 1958 die Bundeswehr auf dem Gelände Kasernen bauen will, wird aus der Abfindung das heutige Gelände an der Moorhauser Landstraße in Lilienthal gekauft. Schon während der Aufbauphase wird die Einrichtung als „Evangelisches Hospital Lilienthal" 1961 rechtlich selbstständig. Es entsteht das Säuglings- und Kinderheim, das Kinderpflegeheim, die hauswirtschaftliche Berufsfachschule mit Schülerwohnheim, das Akutkrankenhaus und Alterskrankenhaus und das Altenwohnheim mit insgesamt über 500 Betten. Katharina Mensing wollte mit ihrem Testament diese Aufbauarbeit unterstützen. Durch zusätzliche öffentliche Mittel kann am 8. Juni 1967, beim 20. Jahresfest des Evangelischen Hospitals, der Grundstein für das „Mensing-Stift" gelegt werden. Genau ein Jahr später werden die 30 Senioren-Wohnungen fertiggestellt. Die kleinen Häuser mit Wohneinheiten zwischen 32 und 52 Quadratmeter liegen in einer parkähnlichen Anlage. 1970 wird zusätzlich eine Altentagesstätte eingeweiht – damals noch eine Seltenheit in Niedersachsen. In den 90er Jahren hat sich der immer umfangreicher werdende Komplex in einzelnen Tochtergesellschaften neu organisiert. Das Mensing-Stift ist heute Teil der Diakonischen Altenhilfe GmbH.

JG

Käthe und Wilhelm Dehlwes

* 1922 in Lilienthal-Moorhausen, geb. Kück

* 1910 in Bremen-Borgfeld   † 2006 in Bremen-Borgfeld

Lilienthals Ehrenbürger Wilhelm Dehlwes und Ehefrau Käthe.
Lilienthal verdankt ihm die umfassende Darstellung und Fortschreibung seiner Geschichte – aber er betont auch: „Ein besonderer Dank gebührt meiner Frau, die mir in all den Jahren bei der Erstellung der Lilienthaler Chronik helfend zur Seite stand."

Stifter ohne Stiftung

Bemerkenswertes aufschreiben? Natürlich! Zunächst für sich – aus Interesse. Dann für andere – gegen das Vergessen.
Dazwischen ein langer Weg des Sammelns und Sichtens. Das Ergebnis liegt zwischen Akten- und Buchdeckeln, in Dia-Rahmen und auf Filmrollen. Schon zu Beginn seiner Berufstätigkeit als junger Architekt und Bauunternehmer verbindet Wilhelm Dehlwes gern das Nötige mit dem Zusätzlichen. Wenn er beim Einzug den stolzen Besitzern ihren eigenen Stammbaum übergeben kann, dann nur deshalb, weil er während der Bauaufsicht unauffällig die Familiendaten der Bauherren abfragte. Stets mit Block und Bleistift bewaffnet, führt bereits der Maurergeselle, später der Student Tage-, Fahrten- und Skizzenbuch. Jahrzehntelang bildet sich ein immenses Daten-Material. Familien- und Höfechroniken wachsen straßenweise zu Ortschroniken. Wo es nicht mehr weitergeht, werden Kirchenbücher zu Rate gezogen oder ab 1962 Ehefrau Käthe. Diese bringt tiefgehendes Wissen sozialer Verflechtungen in Lilienthal und Umgebung in die neue Lebensgemeinschaft des Borgfelders. Durch die Verluste aus zwei Weltkriegen wissen beide, dass das, was nicht aufgeschrieben wird, in Vergessenheit gerät. Von früher zu hören, kann schön sein, aber spätere Generationen daran teilhaben zu lassen, erfordert Initiative.
Und die ergreift der Heimatforscher: Erinnerungen an „Gespräche von früher" mit seinem Lieblingsonkel noch im Ohr, stiftet er diesen an, die schon lange notierte Geschichte von dessen Hof in Form zu bringen. Illustrationen, Stammbaum, Vorwort und Vervielfältigung übernimmt der begabte Neffe – fertig ist ein Stück Ortsgeschichte. Parallel dazu motiviert der ambitionierte Herausgeber einen pensionierten Lehrer, die Kirchengeschichte Borgfelds zu recherchieren und dieser kann schon aus Dehlwes' Sammlung schöpfen. Zeichnungen und Fotos machen daraus Buch Nummer zwei. Wieder ein Jahr später (1967) legt er von dem selben Autor sein erstes ganz und gar gedrucktes Buch „Das Dorf Borgfeld und seine Einwohner" vor – mit einem

Vorwort von Bremens Altbürgermeister Wilhelm Kaisen. Dieser wiederum ließ sich dazu anstiften, dem noch anspruchsvolleren Band „Deutsche in Übersee aus dem Raum Weser-Elbe" ein ausführliches Vorwort zu widmen. Der „junge" Verleger hat zu diesem Zeitpunkt seinen alten Beruf bereits an den Nagel gehängt und beschäftigt sich nun Vollzeit mit der publizistischen Auswertung seiner umfangreichen Sammlungen. Der Fundus an Fotos, Filmen, Materialien über die Region, eigenen Ausarbeitungen und dem selbst finanzierten Zeitungsarchiv muss unbedingt geordnet und systematisiert werden. Gut, dass Ehefrau Käthe sich nicht nur darauf versteht: Büroorganisation und Buchhaltung hat sie bei der Kreissparkasse gelernt und bei der Wümme-Zeitung angewendet. Ihre Erfahrung in der Verwaltung beim Theater am Goetheplatz im Umgang mit so sensiblen Wesen wie Künstlern befähigt sie auch bei den Co-Autoren ihres Mannes die rechten Worte zu finden. Durch ihre perfekte Rechtschreibung verhindert sie so manchen Fehler schon im Voraus.

Die ausgewanderten „Plattdeutschen" werden besucht, zu Gegenbesuchen eingeladen, in großen Gruppen auf Rundreisen durch Deutschland begleitet und vor allem durch das Buch „Deutsche in Übersee" mit Geschenken beglückt, die sie an ihre eigenen Wurzeln erinnern. Und das war keine einzelne Aktion. Kontakte zu zig Familien werden jahrzehntelang gepflegt. Unzählige Päckchen und Briefe sind auch Zeichen der Dankbarkeit für die Care-Pakete nach dem Krieg.

Die „Frau an seiner Seite", (nein, nicht die im Hintergrund), die mit der Ehe ihren attraktiven Beruf im geliebten künstlerischen Umfeld aufgegeben hat, war schon in der Schaltzentrale des Unternehmen „Baugeschäft und Heimatforschung" sowohl für das Catering zuständig, als auch für das, was heute Teilbereiche des Controlling sind. Inzwischen macht man sich jenseits der Landesgrenze von Bremen-Borgfeld, nämlich in Lilienthal, Gedanken darüber, die längst vergriffene Ortsgeschichte weiter zu schreiben und neu herauszugeben. Da der dafür eingeplante Redakteur plötzlich ausfällt, springt Wilhelm Dehlwes ein, stellt seine zusammengetragenen Bestände zur Verfügung und viele andere Heimatfreunde helfen durch informative oder Bild-Beiträge mit, dass 1977 das 320 Seiten starke Werk „Lilienthal gestern und heute" unter der Gesamtredaktion der Journalistin Edda Buchwald (verh. Kühn) erscheinen kann.

Zu den gestifteten Film-, Video-, Foto- und Dia-Sammlungen gehört auch ein Leuchtschrank als Dia-Betrachter, der nun im Heimatmuseum benutzt wird.

Vier weitere Jahre und viele Co-Autoren braucht der 100 Seiten stärkere Band 2, „Lilienthal und seine Einwohner", bis er passend zur 750-Jahrfeier in den Buchhandlungen liegt. Beide Bände gelten nach wie vor als Standardwerke für Lilienthals Geschichte. Niedersachsen ehrt den Bremer mit dem Verdienstorden.

Dann wird die 750-Jahrfeier seines Heimatortes mit dem Buch „Borgfeld – Eine alte Landgemeinde" gekrönt und zum 125-jährigen Bestehen des Landwirtschaftlichen Verein Borgfeld im Jahr 1992 lässt der ehemalige Bauernjunge es sich nicht nehmen, eine Dokumentation aus seinen Beständen zusammenzustellen. Und hatte er sich da nicht auch schon längst mit dem Bremer Blockland beschäftigt? Auch die Blocklander wollten ihre Heimatgeschichte weiterschreiben und der inzwischen 85-jährige Bundesverdienstkreuz-Träger lieferte viele Materialien und die Einführung.

Als 1996 der hochbetagte Schriftsteller Heinrich Schmidt-Barrien starb, hatte Dehlwes über ihn bereits eine stattliche Sammlung angelegt. Sie gipfelte in dem Buchprojekt „Heinrich Schmidt-Barrien – Texte und Bilder aus Leben und Werk", dessen Ausführung er jedoch delegierte. Er war damit ausgelastet, seine diversen Sammlungen und Archive vorzubereiten, die er dem Heimatverein Lilienthal stiftet. Mit der Übergabe seiner nicht nur Lilienthal betreffenden Sammlungen, Chroniken, Bücher, Fotos, Dia-Sammlungen und Filme samt dazugehöriger Technik an das noch junge Heimatmuseum fühlte sich zumindest der Heimatverein stellvertretend für alle zukünftigen Nutznießer reich beschenkt und pflanzte zur Erinnerung an den großen Förderer und Hauptspender seiner Archivalien eine Eiche im Amtsgarten.

Gedrängt vom Sammeln, Ordnen und Sichern, besessen davon, das Wissen über die Region zu erhalten, ist es zweitrangig, ob man diese „Schätze" zu

einer Stiftung umfirmiert, wenn man sie nur in guten Händen weiß. Und zwar – da war sich das Ehepaar Dehlwes einig – wo die Dinge hingehören und weiter bearbeitet werden. Auch eine Form der Stiftung, wenigstens indirekt. *JIDG*

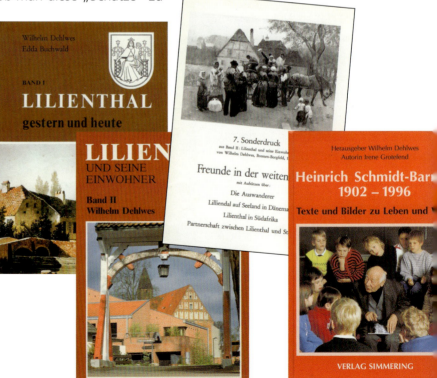

Stifter und Stiftungen 45

Conrad Naber

Tun, was allen nützt

* 1922 in Bremen

Vor dem ehemaligen Bahnhofsgebäude am „Jan-Reiners-Weg" stehen stattliche Kastanien. Auf dem Spielplatz des Kindergartens nebenan toben Kinder. In der oberen Etage werden Schiffe über die Weltmeere dirigiert. Am liebevoll restaurierten Gebäude vorbei steuern Sattelzüge die Fabrikhallen der Firma Nabertherm an. Wenn Conrad Naber wollte, könnte er sich auf eine Bank im Bahnhofsgarten setzen, über ein erfolgreiches Lebenswerk nachdenken und den Augenblick genießen. Falsch gedacht. Der 85-Jährige sitzt an seinem Schreibtisch, telefoniert, spricht mit Menschen und schiebt Projekte an.

Der Pensionär genießt seinen Ruhestand auf seine ureigene Art. Er kümmert sich ebenso zielstrebig wie liebenswürdig um seine Heimatgemeinde.

Ein erfolgreicher Geschäftsmann war der gebürtige Bremer schon immer. In seiner 1947 gegründeten und seit 1954 in Lilienthal ansässigen Fabrik werden Industrieöfen für die Wärmebehandlung von Materialien gefertigt und weltweit vertrieben. Das florierende Geschäft war dem Unruheständler offenbar nie genug. Er ist Ingenieur, Ökonom und vor allem ein Freund der schönen Dinge. Conrad Naber ließ in den 70er Jahren die Werkshallen ausräumen und die „bremer shakespeare company" auftreten. Er organisierte Ausstellungen bedeutender Künstler in der Fabrik und setzte seine ausgeprägten kommunikativen Fähigkeiten hierfür ein. Auf diese Weise brachte er viele Menschen aus verschiedenen Bereichen zusammen.

„Der liebe Herr Naber", wie ihn die ehemalige Lilienthaler Bürgermeisterin Monica Röhr bei offiziellen Anlässen gerne nannte, wurde 1982 vom damaligen Bundeswohnungsbauminister Oscar Schneider für die vorbildliche Einbindung der Fabrikanlagen an der Feldhäuser Straße in Wohnbereiche ausgezeichnet. Die Verschönerung des Friedhofs an der Falkenberger Landstraße geht auf sein Konto. Auch der Umbau und die Neugestaltung der Straße „Am Truper Kirchweg" entlang des Werksgeländes hat Conrad Naber erdacht und finanziert.

Geburtstagsüberraschung: Bürgermeister Willy Hollatz überreicht Conrad Naber (rechts) die Ehrenbürger-Urkunde am 1. Juli 2005.

Der Unterstützer im besten Sinne ist an der Gründung eines Fördervereins für den Bau eines Astronomiecenters beteiligt. Die Umgestaltung des Amtsgartens hinter der Kirche und der Bau einer Eingangspforte gehen auf die Initiative des Fabrikanten im Ruhestand zurück. Ebenso der Amtsgartenverein, der den historischen Ort hinter der Marienkirche mit Veranstaltungen aufwerten und öffnen will.
Das Areal, auf dem im frühen 19. Jahrhundert Amtmann Schroeter die größte Sternwarte auf dem europäischen Kontinent bauen ließ, trägt die Handschrift von Conrad Naber: „Es macht mir große Freude, dazu beizutragen, die Verhältnisse zu verbessern". Gleich mit erledigt wurde dabei eine neue Anbindung an das Heimatmuseum und den Klosterkeller unter dem Rathaus. Die Freilichtbühne kann sich auf die Unterstützung des Förderers ebenso verlassen wie Stiftungen und Vereine. Auf die Frage, was den gebürtigen Bremer zu soviel Engagement für Lilienthal antreibt, antwortet Naber typisch: „Die Gemeinde und die Menschen haben mich und meine Firma 1954 gut aufgenommen und jetzt möchte ich etwas davon zurückgeben".
Seine Verbindung zu Lilienthal ist früh gewachsen. Als kleiner Junge fuhr er mit der Mutter und Schwestern regelmäßig nach Lilienthal. „Wir gingen an der Wörpe bis Kutscher Behrens spazieren". Auch Conrad Nabers Ehefrau stammt von hier. Lotti Naber, geborene Schrader, spielt im Leben des Unternehmers im Übrigen eine besondere Rolle. „Sie hat mich zu vielen Dingen inspiriert". „Wir leben in Harmonie, ich unterstütze die Aktivitäten meines Mannes", stellt die Lilienthalerin fest. Dies ist offenbar das ganz persönliche Fundament, auf dem die Wohltaten Conrad Nabers beruhen.
Als 50-jähriger Unternehmer startete Conrad Naber 1971 ein Ökonomiestudium an der Bremer Universität. Der Internationalen Universität in Bremen-Grohn stiftete er in der Bürgermeister-Smidt-Straße eine Büro-Etage. Hier residierte im Anfangsjahr der Präsident der Internationale Universität Bremen (IUB). Ein erfolgreicher Architekt aus Bremen übernahm die kostenlose Planung für den Umbau. Sein Kommentar: „Was Sie können, kann ich auch". Der Einsatz des Architekten entsprach genau der Philosophie von Naber: Andere zum Stiften zu verleiten. Nachdem die IUB die renovierten Gebäude in Bremen-Grohn bezogen hatte, wurde mit ihr vereinbart, die Räume an das neu gegründete

Die Gratulanten um Lotti und Conrad Naber in ausgewogener Parteienformation.

Stiftungshaus zu vermieten. Hier werden Bremer Stiftungen unter anderem mit Angaben über die Vorstände präsentiert. Die Philosophie von Conrad Naber hierzu: „Wenn jemand überlegt, eine Stiftung zu gründen, ist es gut, zunächst zu schnuppern und sich anregen zu lassen". In der vierten Etage des Hauses an der Bürgermeister-Smidt-Straße finden Treffen und Vorträge statt. „Ein Gedankenaustausch ist immer hilfreich", sagt Conrad Naber. Der rührige Unternehmer im Ruhestand half auch an anderen Stellen; dem Fallturm, der Universität Bremen, sowie nochmals der IUB (der heutigen Jacobs-Universität), weil er von der Wichtigkeit dieses Instituts überzeugt ist und häufig die Bedeutung für Bremen und Deutschland hervor hob. Die Conrad-Naber-Lecture-Hall weist darauf hin.

Der Maschinenbau-Ingenieur und Diplom-Ökonom erhielt 1993 das Bundesverdienstkreuz am Bande und vier Jahre später den Niedersächsischen Verdienstorden. Im selben Jahr wurde er zum „Ehrenbürger" der Universität Bremen ernannt. Am 1. Juli 2005 ernannte ihn Bürgermeister Willy Hollatz zum Ehrenbürger der Gemeinde Lilienthal.

Nicht zuletzt hat sich Conrad Naber als Buchautor einen Namen gemacht. „Das kleine Buch vom lieben Geld" fand bundesweit Beachtung. Darin beweist Naber, dass Ökonomie keine Geheimwissenschaft, sondern ein äußerst logisches Konstrukt ist. Wer ihn nach den Gründen seiner umfangreichen Aktivitäten fragt, erhält eine einfache Antwort, die auch in dem Buch „Nur Faulheit hilft uns weiter" enthalten ist. „Wer gibt, der erhält auch etwas zurück".

Es gibt noch viele Projekte, die Conrad Naber verwirklichen möchte. Nicht nur in Lilienthal, sondern auch in Bremen. „Ich habe Freude daran mitzuwirken, dass es besser wird. Es macht mich glücklich. Und ich habe Hochachtung vor Leuten, die etwas geleistet haben", sagt Naber. Und noch etwas ist typisch für den Menschen Conrad Naber: „Ich hänge nicht am Geld".

An eine Bank zum Ausruhen wird der arbeitsame Ingenieur, Fabrikant und Ökonom übrigens täglich erinnert. Im Wohnhaus an der Warfer Landstraße hängt ein Gemälde der ehemaligen Bremer Bürgermeisterin Annemarie Mevissen. Es zeigt eine weiße Bank. Weil er ständig an neuen Projekten arbeitet und mit vielen Menschen aus der Gemeinde zusammenkommt, bleibt der Platz auf der Bank am „Jan-Reiners-Weg" wohl auch zukünftig leer.

KLG

Conrad Naber fördert schon seit Jahrzehnten Kultur und Wissenschaft, es macht ihm Freude, Anregungen zu geben und mitzugestalten. Damit dieses Anliegen auch nach seinem Tode weitergeführt werden kann, gründete er 2001 die gemeinnützige Conrad-Naber-Stiftung. Sie ist in Bremen registriert und verfolgt das Stiftungsziel: „Förderung von Wissenschaft und Forschung, sowie Kunst und Kultur".

In Lilienthal hat die Stiftung bisher das Amtsgartenkonzert und die Astronomische Gesellschaft gefördert.

Darüber hinaus wirbt Conrad Naber unermüdlich für den Stiftungsgedanken. Von der ersten Idee bis zur Errichtung einer Stiftung ist es oft ein langer Weg, der durch ausführliche Informationen über die Regeln und Instrumente des Stiftens begleitet werden sollte. Die eigene Erfahrung und das Anliegen, dem Stiftungsgedanken ein Schaufenster und eine Anlaufstelle zu geben, veranlassten ihn und Mitstreiter, sich 2003 für die Gründung des Stiftungshaus Bremen e.V. einzusetzen: „Das Stiftungshaus Bremen soll durch Präsentation von Stiftungen und Öffentlichkeitsarbeit Menschen und Institutionen motivieren, Zustiftungen zu leisten oder neue Stiftungen zu gründen" (Conrad Naber).

Der Verein fördert das Stiftungswesen und die Belange von Stiftungen und versteht sich als deren Dachorganisation im Norddeutschen Raum. JG

Hans-Adolf Cordes

* 1939 in Lilienthal-Trupe

Vergangenes bewahren, Gegenwärtiges fördern, Zukünftiges ermöglichen

Ja, als sie noch in ungetrübtem Verhältnis zu Kunstdrucken lebten! Aber dann kam eine märchenhafte Radierung von Heinrich Vogeler und eine stimmungsvolle von Hans am Ende ins Haus. Und beide Geschenke wurden ganz unabsichtlich zum Grundstein einer Bildersammlung, die ganz individuell aber stetig wuchs, bis sich die beiden Kunstliebhaber Monika und Hans-Adolf Cordes entschlossen, etwas systematischer vorzugehen. Bis dahin war aber noch ein weiter Weg. Zunächst holte das Ehepaar nach zwei Jahrzehnten beruflich bedingtem Aufenthalt in München sich die norddeutsche Landschaft ins Haus. Der weite Himmel hatte es ihnen angetan. Und wo gab es mehr davon als in der norddeutschen Tiefebene? Über den lieblichen Flußauen und der großflächigen Marsch- und Moorlandschaft, wo man bis ans Ende der Welt blicken kann und keine Berge im Weg stehen.

Man war inzwischen immerhin schon wieder in Hamburg ansässig und auf der Suche nach den eigenen Wurzeln. Und dort nahmen sie sich die vertrauten

Ehepaar Hans-Adolf und Monika Cordes.

Schauplätze von Torfabbau und triefendnassem Moorboden ins Wohnzimmer. Die klaren Farben bei blankgeputztem Himmel oder die gebrochenen pastelligzarten bei Nebel und Dunst. Persönlicher Bezug, sei es eine vage Erinnerung an eine Situation oder Stimmung, an ein Erlebnis oder eine Begebenheit entschied den Kauf. Sie lebten mit den Bildern, nahmen sie mit in ihren Alltag hinein. War es die Sehnsucht nach Vertrautem aus der Kindheit, die zu den Bildern führte, waren es die Bilder, die den Truper Jung und seine Borgfelderin wieder nach Lilienthal lenkte?

Jedenfalls reichten die Wände bald kaum noch aus und immer noch stieß man auf Motive oder Maler aus der Gegend zwischen Worpswede, Fischerhude und Lilienthal. Immer noch war man sich einig: Das ist unser Bild!

Hier finden wir uns wieder. Damit fühlen wir uns wohl. Das ist unser Zuhause. Waren es zunächst Bilder für den Eigenbedarf, fürs eigene Wohlbehagen, für die Seele, wuchs mit der Sammlung der Sachverstand und der Wunsch, sich einen Querschnitt durch alle Schaffensperioden der hiesigen Maler aufzubauen. Und zwar aus dem Dreieck Lilienthal - Worpswede - Fischerhude. Die Bildersuche verlagerte sich vom zufälligen Finden in kleineren Galerien zum gezielten Besuch von Auktionen. Manchmal befand man sich sogar in der Situation nicht nein sagen zu können, weil es sich um eine einmalige Gelegenheit handelte. So ist über die Jahre eine schöne, wertvolle und vor allem repräsentative Sammlung entstanden.

Der unvorhergesehene Tod von Ehefrau Monika machte Hans-Adolf Cordes nachdenklich. Was passiert, wenn mir etwas passiert? Und da er das nicht dem Zufall überlassen wollte, dachte er an eine Stiftung. Denn eines wollte er auf jeden Fall verhindern, nämlich dass die Sammlung nach seinem Tod auseinanderdividiert wird.

Aber zu wessen Gunsten? Viele Überlegungen resultierten in dem Entschluss, den Menschen etwas zurückzugeben, von denen er so viel Gutes erfahren hat. Geboren 1939 im alten Trupe erinnert sich Cordes dankbar an seine unbeschwerte Kindheit.

Aufgewachsen ist er im Gegensatz zu den Kriegsgenerationen in einem krisenfreien Land. „Was soll ich mein Vermögen auf irgendeiner Südseeinsel verjubeln?" fragte er sich und versteht seine Stiftung als „Dankeschön an die Zeit. Denn wir haben uns unseren Wohlstand ja nicht als Einzelperson selbst erarbeitet," sprach's und möchte auch gar nicht ins Zentrum des öffentlichen Interesses gerückt werden.

Das überlässt er lieber seinen Bildern.

Und für die suchte er einen Raum, der nahezu täglich für alle Lilienthaler öffentlich zugänglich ist.

Schließlich: wo kann man eigentlich hier mit seinen Gästen hingehen, wenn diese nicht unbegrenzt Zeit haben. Die Öffnungszeiten sehenswerter Einrichtungen sind zum Teil auf wenige Stunden begrenzt, überwiegend aufs Wochenende konzentriert und mitunter nur auf Zuruf möglich. Außerdem: ist denn jeder so mobil, dass er mal eben nach Worpswede oder gar nach Fischerhude fahren kann, um einen Eindruck der regionalen Malerei zu gewinnen?

Kurz: die Stiftung steht, die Bilder hängen. Das Geschenk an die Menschen und Steuerzahler der Gemeinde besteht darüber hinaus auch darin, dass die Stiftung ohne öffentliche Mittel auskommen soll. Cordes sammelt unterdessen weiter. Aus den 45 verschiedenen Vertretern vor allem der ersten und zweiten Maler-Generation sollen 60-65 werden. Das erleichtert thematisch akzentuierte Ausstellungen, sozusagen als Kontrapunkt zu der Dauerausstellung und sorgt für frischen Wind.

JIDG

Die Lilienthaler Kunststiftung Monika und Hans-Adolf Cordes
Kulturzentrum Murkens Hof, Klosterstraße 23

Bilder von Künstlern aus der Region: u. a. Otto Modersohn, Hans am Ende, Fritz Mackensen, Fritz Overbeck, Carl Vinnen, Walter Bertelsmann, Karl Krummacher, Udo Peters, Ottilie Reyländer, Albert Schiestl-Arding, Tetjus Tügel, Hermann Angermeyer, Heinrich Breling, Hans Meyboden, Heinrich Rohmeyer, Carl Jörres und Christian Ludwig Bokelmann und als Vertreter der Zeitgenossen Uwe Hässler und Heinrich Schott.

Christa Kolster-Bechmann

* 1945 in Neumünster

Bürger sind wir alle

Jedes Kind ist einzigartig und Kinder sind das wertvollste Gut unserer Gesellschaft. Das Anliegen der Diplom-Psychologin ist, dass Kinder zu selbstbewussten und verantwortungsvollen Menschen heranwachsen. Sie möchte, dass sie ihren Anlagen entsprechend gefördert werden und ihrem Wissensdurst entsprechend kompetente Antworten auf ihre Fragen erhalten, damit sie das Fragen, das Wissenwollen, das Nachhaken und kritische Hinterfragen beibehalten. Und sie will, dass sie gewaltfrei aufwachsen können.

Selbstverständlich ist das ganz und gar nicht, weiß sie aus ihrer Jahrzehnte langen Erfahrung als Diplom-Psychologin in SOS Beratungsstellen. Aber es gibt mehrere Ansatzpunkte, über die viele Kinder erreicht werden können, auch jene, die – aus welchen Gründen auch immer – benachteiligt sind, in Schule und Kindergarten, also so früh wie möglich.

Wer schon vor vielen Jahren für Kinder ohne häusliche Unterstützung einen Hausaufgabenverein auf ABM-Grundlage gegründet hat, der für die Kinder kostenlos ist, weiß, dass man vieles erreichen kann.

Als sensible älteste Schwester von sechs Kindern bekam sie schon bald die Gelegenheit, Verantwortungsgefühl zu entwickeln. Dazu kam das Bedürfnis, Dinge zu verändern und zu bewegen. Und zwar Dinge, die so nicht gut sind oder noch nicht da sind, wo sie hingehören. So veränderte sie selbst ihre Berufsperspektive, indem sie die Beamtenlaufbahn in der Gesundheitsabteilung des Schleswig-Holsteinischen Sozialministeriums beendete und das Psychologiestudium wählte.

Aus der Obdachlosenarbeit weiß sie, wie tief man fallen kann. Als politisch aufmerksame Zeitgenossin schenkt sie auch amnesty international und der „Eine Welt"-Arbeit ihre Zeit und Energie. Und als wachsamer Bürgerin blieb ihr nicht verborgen, dass die ersten Bürgerstiftungen errichtet wurden. Für deren erfolgreiche Arbeit spricht, dass sie ein hohes Ansehen in der Bevölkerung genießen und dass hier ein Betätigungsfeld für jeden Bürger erschlossen werden kann.

Die Helfer warten sozusagen schon und wollen nur gefragt werden. Diesen Eindruck musste sie jedenfalls haben, als sie sich 2001 nach einem Vortrag des Direktors des Kriminologischen Forschungsinstituts Niedersachsen Prof. Dr. Christian Pfeiffer entschloss, mit anderen Bürgern in Lilienthal ebenfalls eine Bürgerstiftung zu gründen, denn es sei nötig, sich als Bürger für sein eigenes Gemeinwohl zu engagieren. „Weil der Staat überschuldet ist und öffentliche Gelder nicht mehr zur Verfügung stehen, zieht sich der Staat aus vielen Bereichen zurück. Ein Weg aus diesem Dilemma", davon ist Christa Kolster-Bechmann überzeugt, „sind Bürgerstiftungen, die ihr Stiftungsziel direkt verfolgen können, ohne Reibungsverlust. Dort, wo Problemlösungen am dringendsten gebraucht werden, setzen Stiftungen mit praxisbezogenen Projekten an. Und es ist zu beobachten, dass der Anspruch in der Bevölkerung wächst, sich an der Gestaltung der eigenen Lebensverhältnisse beteiligen zu wollen."

Zwischen dem ersten Aufruf zur Gründung einer Bürgerstiftung in Lilienthal und ihrer tatsächlichen Gründung im November 2002 lagen eben mal sieben Monate.

Schon lange bereitet es ihr Sorgen, dass immer weniger Kinder Spaß am Lesen haben und immer mehr Schulabgänger Analphabeten sind oder nur mühsam Sätze erlesen können. Darum stand bereits vor der Gründung der Bürgerstiftung fest, ein Leseprojekt zu initiieren. Dieses startete unter dem Motto „Lilienthal liest" im Herbst 2003 als erstes Projekt der jungen Stiftung und machte weit über die Gemeindegrenzen hinaus von sich reden. In Schulen und Kindergärten engagieren sich Lesepaten und -helfer, den Kindern Lust auf Bücher zu machen und sie beim Leselernprozess zu unterstützen: Vorlesen, Mitlesen, Lesehilfen geben. Auch größere Kinder lesen kleineren vor.

Nur sozial kompetente Kinder können selbst- und verantwortungsbewusst sein, Konflikte gewaltfrei lösen und Zivilcourage zeigen. Solche Menschen, weiß die Stiftungsgründerin, braucht unsere Gesellschaft. Deshalb war den Verantwortlichen auch schon vor der Gründung klar, dass sich das zweite Projekt der Bürgerstiftung der Gewaltprävention widmen wird. Das Trainingsprogramm „Faustlos" hat in allen Kindergärten, Grundschulen und in der Förderschule Einzug gehalten und vermittelt Kindern so früh wie möglich Fähigkeiten, Konflikte anders als mit Fußtritten und Boxhieben zu lösen und es vermittelt ihnen Fähigkeiten, die nötig sind, um sich zivilcouragiert verhalten zu können, „Gegen den Strom zu schwimmen" und sich für Menschen einzusetzen, die in Gefahr sind.

Bildung ist der Schlüssel für die Zukunft, das größte Kapital, das wir unseren Kindern mitgeben können. Und deshalb setzte sich die Vorsitzende der Bürgerstiftung dafür ein, dass am 11. März 2006 die Kinderakademie Lilienthal gegründet werden konnte. Bürgerschaftliches Engagement ist das Gebot der Stunde. Und Christa Kolster-Bechmann ist glücklich darüber, dass sich diese junge Institution seit ihrer Gründung im Jahre 2002 auf Erfolgskurs befindet. Die Zustimmung in der Bevölkerung ist groß. Der Zulauf an freiwilligen Mitarbeiterinnen und Mitarbeitern rege

Conrad Naber schenkt der Kinderakademie das Haus Klosterstraße 23.

und den Zuspruch bei Kindern, Eltern und Lehrern hat sie sich genau so gewünscht. Denn die Bürgerstiftung steht und fällt mit dem Engagement von Bürgern: Dem finanziellen, damit die Stiftung auf einer soliden Basis steht; das können Zustiftungen in jeder Größenordnung, freie oder projektgebundene Spen-

den, Testamente oder auch nur Eintrittsgelder sein von Veranstaltungen, die die Bürgerstiftung initiiert. Aber auch das persönliche Engagement ist gern gesehen und dringend erforderlich. Rund 200 Menschen sind mit der Bürgerstiftung verbunden und viele von ihnen engagieren sich bereits aktiv in den Projekten. Angefangen bei den regelmäßig tätigen Lesepaten und -helfern, den Dozenten in der Kinderakademie über sporadische Einsätze bis hin zur Küchen-„Fee" - alles ist möglich, wie zum Beispiel auch Künstler und Vortragskünstler aller Arten, die ihr Honorar der Stiftung zur Verfügung stellen.

Nur dank der Mitarbeit aller freiwillig Tätigen und der finanziellen Unterstützung vieler Bürger und Geschäftsleute kann die Bürgerstiftung zum Wohle aller in Lilienthal wirken. Jeder, der von seiner Zeit oder Kraft etwas abgeben oder sein Wissen weitergeben möchte, ist willkommen, denn – so ein Motto der Bürgerstiftungen: „Gemeinsam Gutes anstiften"

Der Borger borgt sich, was er nicht selbst erarbeitet oder erarbeiten will.

Der Bürger verbürgt sich mit seinem Einsatz für das Ziel, das er erreichen will. *JIDG*

Bürgerstiftung Lilienthal
Aus der Satzung:
Zweck der Stiftung ist die Initiierung und Förderung von Bildung und Erziehung, Kunst und Kultur, Umwelt-, Denkmal- und Naturschutz, Sozialwesen, Sport, öffentlichem Gesundheitswesen, Unterstützung hilfsbedürftiger Personen und Integration gesellschaftliche Randgruppen in der Gemeinde Lilienthal.

Christa Kolster-Bechmann und Professor Dr. Siegfried Boseck.

Prof. Dr. Siegfried Boseck

* 1935 in Gumbinnen/Ostpreußen

„Onkel Siegfried, wieso fährt das Auto?"

Wenn das Baby beim Essen zum Leidwesen der Eltern „aus Spaß" immer wieder den Löffel auf den Steinboden runterfallen lässt – lassen Sie es! Denn es macht gerade ein spannendes Experiment: Einerseits erpicht auf Mamas Aufmerksamkeit, andererseits fasziniert von dem tollen Klang, den es ganz allein so einfach erzeugen kann, lässt es den Löffel los, hört den Aufprall, bekommt eine Ahnung von Zeitdauer und Geschwindigkeit des Falls im Zusammenhang mit der Entfernung von der Hand bis zum Boden und sicher auch in Abhängigkeit vom Material. Denn wie lange dauert es, bis sein Schmusetuch auf den Boden gesegelt ist? Oder gar Mamas Serviette? Und freut es sich nicht am silbrigen Klang des Metalls auf den Fußbodenfliesen? Und über Mama, die wie ein Stehaufmännchen funktioniert? Wie gut, wenn sie dieses für Baby aufregende und anstrengende Lernspiel für sich als „Gymnastik am Arbeitsplatz" nutzt; so haben beide etwas davon. Forschen fängt ganz früh an und jedes Kind ist von Natur aus ein Forscher – wenn es gelassen wird.

Zerlegt es ein paar Jahre später den Wecker in seine Einzelteile, macht es ihn nur deshalb „kaputt", weil die Eltern ihm nicht rechtzeitig ein ausgedientes Exemplar zur Verfügung gestellt haben.

Um es vorwegzunehmen: Das Auto wurde nicht auseinander genommen. Aber „Onkel Siegfried", von Beruf Physik-Professor hat die Fragen der Nichten, Neffen und der Kinder aus der Nachbarschaft ernsthaft beantwortet und ist mit ihnen den Weg vom Dampf über Dampfdruck, Dampfmaschine bis zum Explosionsmotor gegangen. Und er beobachtete jahrelang: „Kinder lesen gern, hören gern, haben einen unbändigen Wissensdurst und sind fantasievoll."

Denn nachdem er mal einen Dia-Projektor erklärt hatte, drückte ein Kind sein Verständnis mit dem Begriff „Bild-an-die-Wand-Werfer" aus. Die Kinderfragen haben ihn angeregt, nach einfachen Antworten zu suchen und er ist nach wie vor fasziniert davon, was sie alles ergründen wollen, wie sie herausfinden, dass die ihnen auffallenden Phänomene ganz bestimmte Ursachen haben und wie sie dabei entdecken, auf welchen Pfaden man Wissen erwerben kann, das einen stolz und seiner selbst sicher macht.

Eines der ersten Projekte der Bürgerstiftung, zu deren Gründungsmitgliedern und Stiftern der Physiker und Ehefrau Ulrike gehören, hieß „Kinder als Naturforscher". Dazu erhielten einige vierte Klassen Besuch von Wissenschaftlern, die kindgerecht-experimentell naturwissenschaftliche Fragen aus Kindermund zu beantworten wussten. An der Grundschule Seebergen gab es chemische Experimente. In den Räumen der Tornée-Schule befasste man sich mit einem Einstieg in die Him-

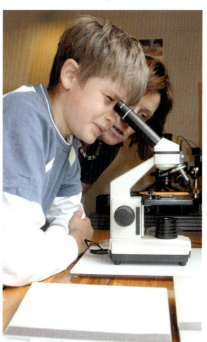

Forschen und fragen: Die Kinderakademie sucht mit den Kindern nach Antworten.

melskunde und einem Besuch der kleinen Sternwarte in Wührden. Einer dieser Naturwissenschaftler ist Prof. Dr. Siegfried Boseck, der in Falkenberg und in der Schroeter-Schule Physik im Sachkundeunterricht lehrt.

Von positiven Erfahrungen und der wachsenden Begeisterung bei Schülern, Lehrern, Eltern und erst recht den Dozenten beflügelt, wuchs die Idee, – nein wurde die Idee endlich ausgesprochen: „Wollen wir denn nicht eine Kinder-Akademie gründen?" – Gesagt, gegründet. Seit März 2006 gibt es sie nun und ein halbes Jahr später gleich noch den Freundeskreis dazu. Dozenten werden gesucht, Ideen entwickelt, Kooperationspartner wie z.B. Universität, Astronomische Vereinigung und sich freiwillig engagierende Wissenschaftler gefunden, Sponsoren werden angesprochen und eine homepage erstellt – extra für Kinder. Hier leitet „Kali-Schlaufuchs" sie durch das Angebot an freien Veranstaltungen. Und wer weiß – bald nistet er sich womöglich in jeder Schule und jedem Kindergarten ein. Denn die Kinderakademie hat sich die frühkindliche Bildung zur Aufgabe gemacht. Sie fördert Kinder als Forscher, Entdecker und Erfinder, pflegt die Kultur des Fragens, greift die angeborene Neugier und Lern-

Küchen-Chemie: Wie entsteht Quark?

fähigkeit der Kinder auf, bevor es zu spät ist. Robotik und Zahlenspiele, die heimische Pflanzen- und Vogelwelt, die Physik des Fußballs und das Geheimnis des Brückenbaus sind nur einige Beispiele aus dem bisherigen Programm. Die Angebote reichen bis hin zur Heimatgeschichte und Kultur, denn Lilienthal besitzt ein großes Reservoir an Bürgern, die mit Bildung zu tun haben.

Dazu zählt Siegfried Boseck, einer der ersten Dozenten an dieser jungen Institution, der mit aller Berechtigung und aus jahrzehntelanger Erfahrung weiß, dass Kinder schon im Kindergarten-Alter Physik vertragen. Und es macht ihm sichtlich Spaß, den Nachwuchs mit auf Entdeckungsreise in die Welt der angewandten Physik zu nehmen.

JIDG

www.kali-schlaufuchs.de

„Lilienthal liest" – auch diese drei Jungen im Haus der Bürgerstiftung.

Der Weg ist das Ziel

Auch Lilienthal brauchte Verkehrswege: Da war zunächst die „Antiqua Sidewendige", ein kleiner Damm, dessen Verlauf etwa der heutigen Hauptstraße entspricht.

Dann die Wörpe, die 200 Jahre tatsächlich Lilienthals Hauptstraße gewesen ist. Abgelöst wurde die Torfschiffahrt durch Pferdefuhrwerke und die Jan-Reiners-Bahnlinie. Die wiederum war 50 Jahre lang zuverlässiges Transportmittel, bis sie vom Kraftfahrzeugverkehr überholt wurde. Automobile und Busse erzwingen Straßen- und Trassenbau. Schiffgräben werden unter Tage kanalisiert, der Straßendamm verbreitert und befestigt. Die allmählich ausgebaute Hauptstraße sollte sich zur am stärksten befahrenen Landesstraße entwickeln. Der Ruf nach einer Umgehungsstraße und Straßenbahn wird laut. Befürworter argumentieren gegen Bedenkenträger – früher wie heute.

Ohne das Gelübde des Bremer Erzbischofs Gerhard II, in dieser Region ein Kloster zu gründen, was er 1232 beurkundete, hätte es kein Lilienthal an der Wörpe gegeben. Das Flüsschen wäre zirka 200 Meter oberhalb des Gasthauses „Kutscher Behrens" seinem natürlichen Lauf in westlicher Richtung gefolgt. Um den Frankenburger Dünenrücken, die Höge und die nicht weit davon liegende prähistorische Wurt, auf der Jahrhunderte später Schriftsteller Heinrich Schmidt-Barrien leben sollte, hätte es einen Bogen gemacht. Es wäre auch dem Sandstreifen von Feldhausen und der langgestreckten breiten Truper Düne mit ihren ehemals 10–15 m hohen Hügeln ausgewichen und hätte statt dessen die „Truper Blänken" mit seinem Geestwasser versorgt. Erst sechs Kilometer von seiner späteren künstlichen Mündung entfernt hätte es sich mit der Wümme vereinigt. Niemand hätte sich hier angesiedelt, noch hätten erholungsuchende Bremer als Ziel ihrer sonntäglichen Kaffeefahrten die liebliche bewaldete Landschaft mit dem idyllischen Flüsschen zu Tausenden aufgesucht, wenn nicht vor fast 775 Jahren durch das Zisterzienserkloster der Fluss angezapft und für die Wasserversorgung des Klosters, seiner Mühle und Fischteiche schließlich ganz umgeleitet worden wäre. Straßenbezeichnungen wie Am Mühlenbach, Fischerteich, Mühlenweg und Mühlendeich erinnern daran.

Die Wörpeabzweigung entwickelt sich zur Hauptverkehrsader. An ihr siedeln sich kleine Handwerksbetriebe an: vom Drechsler über eine Gerberei, vom Schmied bis zum Zigarrenmacher und einer Leimfabrik. Hier wohnen Kleinbauern, die nebenher Torf stechen, es gibt eine Brauerei, ein Zoll- und für wenige Jahre ein beinahe mal von Goethe besuchtes Badehaus, Gastronomie mit Tanz und Tiergarten und Jahrhunderte lang die Klostermühle.

Je stärker aber die Wörpe von der Torfschiffahrt frequentiert wird, um so schwieriger gestaltet sich der Interessenkonflikt zwischen dem Wasserstand, den der Müller braucht und dem, der für den Schiffsverkehr nötig ist. Kompliziert wird das Ganze noch durch den Höhenunterschied, den die Schiffe zu überwinden haben.

Da kommen die Erfindungen „Schütt" und „Klappstau" gerade recht oder gar die Idee, einen Umlaufkanal abzweigen zu lassen, der den Schiffern ein einfacheres Passieren erlaubt.

JIDG

Claus Witte

* 1796 in Stade   † 1861 in Bremervörde

Lilienthals erste Umgehung, der Umlaufkanal mit Klappstau: bedienerfreundlich, wassersparend, individuell und von beiden Seiten passierbar.

Geduld und Beharrlichkeit

„Dat will ick Jo man seggen, den Obertog lat wi us nich nehmen; da hebt us Vorfahren raber tagen, un so wö wi dat ok holen. Denn wenn wi'n eenmal los sund, krieg wi'n min Lew nich wedder!"

Wer sich da so vehement zur Wehr setzte, hatte wohl die Erfahrung gemacht, dass Veränderung gleichbedeutend mit Verschlechterung ist.

Seit 1829 schlägt Moorkommissar Claus Witte, ein Nachfolger von J. Chr. Findorff, den Moorbauern und Torfschiffern den Bau eines Umlaufkanals vor. Damit war nichts weiter gemeint, als dass sie mit ihren vollbeladenen Torfschiffen „nur" einen etwa 500 m langen Umweg mit sechs zu überwindenden Klappstauen machen sollten. Umweg? Ohne sie! Die Fahrten vom Hof nach Bremen dauerten ohnehin je nach Wohnort bis zu drei Tagen. Bei niedrigem Wasserstand wurden sie gar unterbrochen. Und sollte man nicht schon mit den Kosten für den Einbau von Klappstauen oberhalb Lilienthals belastet werden? Auch diese wasserstandsregulierenden Bauwerke hatten die Torfschiffer schon wegen der hohen Kosten abgelehnt und mit der Begründung, man könne sie mit beladenen Schiffen flussaufwärts nicht befahren. Das waren wohl zu viele Baustellen auf einmal. Und nun noch ein Umweg?! War den Hammeschiffern ihre lange Reise nach Bremen 1817–19 nicht durch den St. Jürgens-Kanal sogar verkürzt worden?

Witte stellte seinen Plan, der im Vergleich zu den Vorteilen mit verhältnismäßig geringen Mitteln zu verwirklichen gewesen wäre, vor – und dann erst mal wieder zurück. Nach dem ersten Klappstau in Eickedorf 1840 sollten rund 20 Jahre vergehen, bis alle Schiffgräben mit dieser Technik ausgerüstet waren. Zeit genug, um damit Erfahrung zu sammeln.

Trotzdem war damit das größte Hindernis auf dem Weg durch Lilienthal, das Mühlenwehr, nicht beseitigt. Hier musste ein Höhenunterschied von drei Metern überwunden werden. Das heißt, flussabwärts rutschte jedes einzelne Schiff in einer halsbrecherischen Aktion bergab, auf dem Rückweg wurde es hinaufgezogen: entweder von zwei Pferden gegen einen Obolus oder es mussten „durch Leinenzug und Kette, Mann an Mann aneinandergekoppelt, die gefüllten Fahrzeuge über knirschende Rollen und Lehmwälle schleifen ..." bis 1850.

Witte hatte gesehen, wie die Schiffer oft stunden-, ja tagelang ihre Schiffe, und sich selbst

auch, beim Überziehen über Lehmbänke ruinierten. Und trotzdem hatte es auch hier 20 Jahre gedauert, bis der Umlaufkanal gebaut wurde. „Nach einiger Zeit" lesen wir 1879 „bemächtigte sich der Vertreter der Wörpeschifffahrt doch ein anderer Geist, und sie wandten sich jetzt in Gemeinschaft mit Witte an die Regierung, um die Genehmigung zur Ausführung seines Planes zu erbitten,- allein diese versagte jetzt ihre Einwilligung … Er wußte mit großer Geduld, aber auch mit großer Beharrlichkeit widerstrebende Geister zu bearbeiten, Streitigkeiten auszugleichen, Irrtümer zu berichtigen, und erwarb sich durch seine Kenntniß auf landwirtschaftlichem Gebiete und durch sein gewissenhaftes, ernstes und doch zur rechten Zeit mit gesundem Witz einfallendes Wesen allseitiges Vertrauen …"
Witte war ein Mann des Volkes, dessen Anschauungen er kannte und für dessen sittliche und materielle Wohlfahrt er strebte, was nicht leicht war. Der Widerstand, den die 600 Interessenten der Wörpeschifffahrt dem Umlaufkanal-Projekt entgegenbrachten, kostete sie nach Berechnung von Kanalvogt Claus Müller übrigens 10.000 Thaler. Müller, von einem Nachfahren zitiert, über seinen Kollegen Witte: „Was zu seiner Zeit, in den Jahren von 1827 bis

Johann Nicolaus Christian Witte

verlebte seine Jugend in der Zeit der Franzosenkriege. Begeistert für die Befreiung des Vaterlandes kämpfte er als Offizier bei Waterloo. Dann studierte er einige Jahre und hatte sich vor allem auf dem Gebiet des Wasserbaus hervorragende Kenntnisse angeeignet. Er bemühte sich, Gewässerausbau und Wassererhaltung für die Landwirtschaft aufeinander abzustimmen, wirkte erfolgreich bei der Wümmevertiefung und -begradigung mit, ersetzte Überzüge durch Klappstaue und auch Schleusen. Dabei standen ihm tüchtige Männer zur Seite wie Kanalvogt Claus Müller aus Wörpedorf und der Geometer und Förster Werner aus Lilienthal. 1854 wird Witte als Deichinspektor in Achim bezeichnet. Später ist er in Bremervörde Landes-Oeconomie-Commissair, dazu auch Moorkommissar und erhält schließlich Orden und den Titel Landes-Oeconomie-Rat. Er gründete die Fachkommission für Fischerei der damaligen Landwirtschaftsgesellschaft, der späteren Landwirtschaftskammer. Und dort erinnert man in einem Referat 120 Jahre nach seinem Tod daran, dass er als Erfinder der Klappstaue sich unschätzbare Verdienste erworben habe.

Nach einem Steindruck des von seiner Tochter gemalten Bildes wird Witte hoch von Stirn, mit milden, aber durchdringenden Augen und einem gewaltigen Vollbart beschrieben.

1861, zur Hebung der Torfschifffahrt, des Wiesenbaues und der Landwirtschaft überhaupt im Moore geschehen ist, das ist durch den Moorkommissair Witte hervorgebracht worden und kann vielleicht das Größte während des Bestehens der Moorkolonien genannt werden." JIDG

 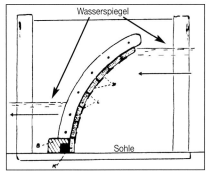

Die elastische Klappe besteht aus Latten, die an der Unterseite mit Lederstreifen verbunden waren. Die untere Latte war am Boden befestigt. An den Seitenwänden wurde die Klappe durch gekrümmte Hölzer gehalten. Bei der Durchfahrt drückte der angeschrägte Bug und der flache Boden des Schiffes die Klappe herunter, danach schnellte sie durch den Wasserdruck von selbst wieder hoch.

Johann (Jan) Reiners

* 1825 in Worpswede   † 1908 in Lilienthal

Die Bahn war sein Ziel

Jan-Reiners-Weg, Jan-Reiners-Schule, Jan-Reiners-Kindergarten, Jan-Reiners-Bahn … Wer war dieser Jan Reiners, dessen Name sich durch ganz Lilienthal zieht? Bei vielen älteren Leuten weckt er sofort Erinnerungen an die Kleinbahn, die vor 53 Jahren 54 Jahre lang zwischen Bremen, Lilienthal und Tarmstedt verkehrte.

Was der Volksmund zu „Jan" verkürzte, prangte als „Johann Reiners" auf einem großen Messingschild an der ersten Lokomotive, mit der die Bremisch-Hannoversche Kleinbahngesellschaft im Oktober 1900 ihren Dienst aufgenommen hatte.

1825 in Worpswede als Bauernsohn geboren, kam der 55jährige Reiners, nachdem er seinen Hof abgegeben hatte, erst durch seine 2. Ehe mit der Lilienthalerin Metta Schlötelborg 1880 nach Lilienthal, wo er bis zu seinem Tod in der Klosterstraße 7 wohnte.

Die Beharrlichkeit, mit der er Probleme anpackte und zu lösen verstand, seine Redegewandtheit und sein sicheres Auftreten hatten ihn bereits 1876 zum 1. Vorsitzenden des Landwirtschaftlichen Vereins Lilienthal qualifiziert und damit zum Wegbereiter vieler gemeinnütziger Einrichtungen. Dazu gehörte auch das Großprojekt Eisenbahn, mit dem abgelegene Ortschaften an das wachsende Eisenbahnnetz des Reiches angeschlossen werden sollten. Eine unkomplizierte und preiswerte Lösung versprach man sich auf der Generalversammlung des Landwirtschaftlichen Vereins 1891 von einer Schmalspurbahn, um so die strengen Richtlinien und die umfangreichen Genehmigungsverfahren einer Vollbahn zu umgehen. Diese Nebenbahn sollte von Bremen über Lilienthal durchs Moor bis an die Geest gebaut werden. Der Vorschlag fand reges Interesse und drei Monate später war der 67-jährige Johann Reiners Vorsitzender des Eisenbahn-Vereins Bremen/Horn – Lilienthal – Zeven – Harsefeld – Unterelbebahn.

Nun begann die Zeit der Versammlungen und Verhandlungen mit den unterschiedlichsten Institutionen. Unermüdlich prüfte Reiners mit Fachleuten die Details des Bahnprojekts. Einzeichnungslisten für die finanzielle Beteiligung wurden an Interessenten verschickt und Gemeindevorsteher aufgefordert, den zu erwartenden Anteil an Personen- und Güterverkehr zu ermitteln. Es galt sowohl die königliche Regierung in Stade mit Fakten über Nutzen und Notwendigkeit der Eisenbahnlinie zu überzeugen als auch die Hansestadt Bremen. Während die Handelskammer der Hanseaten dem Anliegen des Eisenbahn-Vereins wohlwollend gegenüberstand, riet der für Eisenbahnangelegenheiten zuständige Senator sogar von einer Beteiligung Bremens an dem Bahnprojekt ab. Und bei der Landbevölkerung gab es Stimmen, die außer Umweltverschmutzung für die Reetdachhäuser eine erhebliche Brandgefahr durch den Funkenflug der Dampflokomotive und eine Gesundheitsgefährdung des Viehs durch die rasenden Züge befürchteten. Johann Reiners leistete an vielen Fronten große Überzeugungsarbeit. Auch Land- und Regierungsräte mussten fortlaufend informiert werden. Ende April 1893 lagen die ersten Baupläne beim preußischen Ministerium in Berlin. Mit der unerwarteten Vorabgenehmigung zum Bau einer Bahn mit Normalspurweite war der Finanzrahmen jedoch weit überschritten. Also weiterverhandeln. Auch über die Streckenführung und daraus entstehende Grundstücksenteignungen. Sechs Jahre später waren die Probleme weitgehend gelöst und die Trasse von Tarmstedt beginnend über Lilienthal nach Bremen festgelegt. Im Juni 1898 lag für das preußische Gebiet die endgültige Genehmigung zum Bau und Betrieb einer dampfgetriebenen Kleinbahn mit einer Schmalspurweite von einem Meter und einer Höchstgeschwindigkeit von maximal 30 km/Stunde für eine Nutzungsdauer von 99 Jahren vor, einen Monat später auch die des Bremer Senats. Damit war eine 7-jährige Planungsphase endlich beendet, Johann Reiners inzwischen 73 Jahre und der Bahnbau hätte beginnen können. Doch nun mussten die Baupläne, die Pläne der Streckenführung sowie der Zugänglichkeit zu den Grundstücken noch landespolizeilich geprüft und genehmigt werden. Dazu kam eine Verzögerung durch die Proteste der Bevölkerung wegen Benachteiligungen und noch zu erwartender Belästigungen durch den späteren Bahnbetrieb. Also immer noch Arbeit für Reiners.

Der erste Spatenstich am Borgfelder Deich beendete die Planungsphase am 29. September und Johann Reiners konnte sich nun etwas zurücksetzen, denn die Hauptarbeit war getan. Als sich am 4. Oktober 1900 der erste Zug mit der Lokomotive Nr. 1, einem Gepäckwagen mit Postabteil und den typischen vier Personenwagen pünktlich um 8.40 Uhr ab Parkbahnhof Bremen in Richtung Lilienthal/Tarmstedt in Bewegung setzte, wurde er überall auf den neuen, festlich geschmückten Bahnhöfen von Menschenmengen mit großem Hallo empfangen. An der Lokomotive das blanke Messingschild „Johann Reiners", das die Eisenbahngesellschaft zu Ehren des Wegbereiters hatte anbringen lassen. Und er selbst wurde im Dezember 1901 wegen seiner vielen Verdienste in Berlin mit dem Titel Ökonomierat ausgezeichnet. An diesem Titel, aber vor allem an der Blütezeit der Bahn, die Lilienthal an manchen Wochenenden Tausende von Ausflugsgästen bescherte, konnte sich Johann Reiners bis zum 9. September 1908 erfreuen. *RK*

Der Bahnhof in Lilienthal beherbergte nicht nur eine Gaststätte, sondern hier konnte auch die Lokomotive nachtanken.

Wolfgang Wenzel

* 1943 in Hamm

Einsatz ist alles

Eigentlich stand die Entscheidung fest. Der junge aufstrebende Maschinenbau-Ingenieur wollte ins Ausland gehen. Nach Indien. Auf eine Baustelle, auf der erlerntes Wissen und Zupacken gleichermaßen gefordert sind. Ein Konsortium suchte für ein Staudammprojekt einen Mitarbeiter, der dafür sorgen sollte, dass sich die Räder und Reifen der riesigen Baumaschinen auch im härtesten Einsatz drehen. Daraus wurde im letzten Moment nichts, blickt Wolfgang Wenzel zurück. Die Entscheidung fiel für die Familie und die Kinder aus. Gut für Lilienthal. Der Mann aus dem Ruhrpott baute aus kleinen Anfängen 1973 an der Hauptstraße ein Unternehmen auf, das heute rund 50 Mitarbeiter beschäftigt und einen Umsatz von etwa zwölf Millionen Euro macht. Gut auch für den Wirtschafts-Interessenring (WIR), der sich seit seiner Gründung im Jahr 1977 als Teil des Gemeindelebens begreift und erfolgreich Werbung in eigener Sache und für den Standort macht. Lobbyarbeit ist wichtig, insbesondere wenn es um die Entwicklung der Gemeinde geht, bekennt der langjährige Vorsitzende Wolfgang Wenzel. Dabei sind die kleinen und großen Geschäftsleute ebenso ein Teil des Ganzen wie die in Lilienthal wohnenden Menschen. Deshalb hat sich Wenzel für den Standort eingesetzt. Er machte mit seinen Mitstreitern erfolgreich Werbung für Messen wie die Lilienthaler Familienausstellungen LiFa und die Gewerbeschau Moorhausen, die Weihnachtsmärkte oder die für Lilienthal typischen verkaufsoffenen Sonntage. Solche zusätzlichen Aktivitäten haben zwar Kraft und Energie gekostet, aber auch die Wohn- und Aufenthaltsqualität entscheidend beeinflusst, erinnert Wenzel.

Dass der 64-Jährige nicht dem Ruf ins Ausland gefolgt ist, ist auch gut für den TC Lilienthal. Dank eines beträchtlichen Engagements des Vorstands und seines Vorsitzenden ist an der Entlastungsstraße eine der größten Tennis-Anlagen Norddeutschlands entstanden. Dabei schreckt der durchaus streitbare Macher auch vor Konfrontationen nicht zurück. Beim CDU-Generalsekretär McAllister mahnte er mehrfach die im Verlauf einer Festansprache versprochene finanzielle Unterstützung an. Gut auch für Sportvereine wie den TV Lilienthal, in dem Wenzel in seiner aktiven Zeit Handball gespielt und in dem er Verantwortung übernommen hat. „Ich muss was machen, das wurde mir im Elternhaus so mitgegeben", sagt der Geschäftsmann. Jede Stunde im Sport und in der Gemeinschaft trage dazu bei, dass die Jugendlichen ihre Freizeit gesund und sinnvoll verbringen. Zusammenhalt hat der im westfälischen Hamm Geborene früh kennen gelernt. In den Zechen unter Tage ist einer allein nichts wert, heißt es im Pott. Handfest auch seine Ausbildung: Er war Betriebsschlosser und Gießer, bevor er seine berufliche Karriere startete. Antrieb für zusätzliche Aufgaben war immer vorhanden. „Man muss aktiv sein und sich einsetzen, das wurde mir früh vorgelebt".

KLG

Martin Schüppel

* 1954 in Würzburg

Vorfahrt für Fische

Wie kommt ein im fränkischen Würzburg Geborener dazu, sich für Gewässer in der norddeutschen Tiefebene einzusetzen? Ganz einfach: „Mein Großvater war Fischer in der Wesermarsch und hat mich als Junge häufig mitgenommen", sagt Martin Schüppel, der sich seit rund 30 Jahren in Lilienthal und Umgebung für den ökologischen Umbau von Flüssen und Bächen einsetzt. Dabei hat er sich unter anderem auch mit Verbänden und Landwirten angelegt.
Bei der Renaturierung der Wörpe hat Schüppel, gleichzeitig Vorsitzender im Fischerei- und Gewässerschutzverein Lilienthal, Pionierarbeit geleistet. Das Programm zur Wiederansiedlung der Meerforelle hat ein landesweites Echo erzeugt. Der niedersächsische Umweltminister Hans-Heinrich Sander ist Pate des Wanderfischprogramms. Schüppel hat sich darüber hinaus im Landessportfischerverband Bremen und in der Ausbildung von Anglern engagiert. Ein von ihm initiiertes Projekt an der Lilienthaler Tornéeschule wurde mit dem Umweltpreis des Landkreises Osterholz ausgezeichnet.

Gibt den Fischen ihre Wörpe zurück

Martin Schüppel versteht sich als Lobbyarbeiter für naturnahe Flüsse mit reicher Fischpopulation. Er hat am Gewässerentwicklungsplan Wörpe mitgearbeitet, war am Bau eines Bruthauses für Fische an der Wörpe beteiligt und wirbt in der Politik beständig um Unterstützung. Er galt lange Zeit als Querdenker und weist auch heute noch auf weiteren Bedarf bei der naturnahen Umgestaltung der Wörpe und anderen Flüssen hin.
Der Gewässerschützer hat sich früh für Zusammenhänge interessiert. Als Besitzer eines Meerwasseraquariums beschäftigte er sich intensiv mit der Gewässerchemie. Dies war der Einstieg in den Gewässerschutz und gleichzeitig die Basis seiner weiteren Arbeit: „Man muss die Ökosysteme ganzheitlich sehen. Das fängt im Kleinen wie am Beispiel der Wörpe an", ist Schüppel überzeugt.

KLG

Die Wörpe: Nun wieder Hauptstraße für Fische

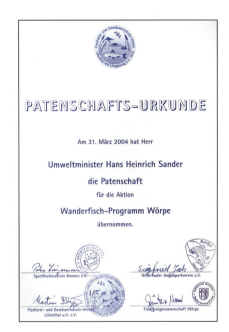

Ute Warnken-Dawedeit

* 1958 in Waakhausen

Kindergarten, Kreativbüro, Kühlschiffe

Der Bahnhof soll abgerissen werden und ein Neubau an seine Stelle treten? Womöglich noch so ein gesichtsloser Klotz, wie viele andere Bürohäuser. Die Mutter war entsetzt. Ein historisches Gebäude mit fast hundertjähriger Geschichte, wenn das erzählen könnte! Ja, sieht der Besitzer denn nicht, was für ein Juwel unter der renovierungsbedürftigen Bahnhofsfassade schlummert? Und wo sollen die Kinder hin, die hier seit fast zwanzig Jahren einen privaten Kindergarten vorfinden, zu zugegeben sehr günstiger Miete. Ein Unmensch kann dieser Eigentümer ja dann nicht sein. Ob er nicht nur ein Herz für Kinder, sondern auch eins für alte Gemäuer hat? Hatte er. Hatte er ja sogar schon an einigen alten Gebäuden im Schnoor und Worpswede bewiesen. Und auch ihm gingen schon seit geraumer Zeit Kinder und Bahnhof nicht mehr aus dem Kopf. Der Besitzer des alten Bahnhofsgebäudes hatte wegen der durch zunehmenden LKW-Verkehr seiner expandierenden Firma gefährdeten Kindergarten-

Neu gestalteter Bahnhofsvorplatz. Kindergarten jetzt hinten rechts im sicheren Bereich.

Einst von Elternhand liebevoll bemalt, wurde der alte Bahnhof umgestaltet ...

Kinder schon bei der Gemeindeverwaltung um Abhilfe gebeten. Die Hilfe kam in Gestalt dieser ebenso besorgten wie patenten Mutter, die nicht nur ihre Söhne in besagtem Kindergarten hatte - sie war auch Architektin.

Es war gar nicht so schwer, ihn zu überzeugen ...

Mit dieser Kompetenz ausgestattet und dem beruflichen Anspruch, bei alten Gebäuden das Schöne herauszustellen, entwickelte sie eine geniale Lösung für das Problem: Sie überzeugte den Eigentümer davon, dass sein Bahnhof ein Schmuckstück für den Ort werden könne und dass die Kinder in den der Straße abgelegenen Teil umziehen sollten, zu dem auch ein Garten gehöre. Sogar für die etwa 10-monatige Umbau- und Restaurierungsphase war schnell ein Ausweichquartier gefunden. Und das Resultat lässt sich außen wie innen sehen. Es strahlt in hellem Glanz. Glanz auch in den Augen des großherzigen Bauherrn, der

... und als die Kinder aus ihrem vorübergehenden Truper Asyl in ihr altes Haus zurückkamen, fanden sie sich in einer frischen, hellen Umgebung wieder. Der engagierten Architektin verdanken sie klare Farben, freundliches Mobiliar und sogar eine Kinderküche. Hausherr Conrad Naber freut sich über klare Strukturen in seinen neuen Büros.

Mit der NTH-Schiffsgruppe ist Lilienthal global.

der jungen Architektin aufgrund ihres klugen Konzeptes vertraute und freie Hand ließ. So erhielten die Kinder eine sehr schöne Umgebung, der Investor eine neue Ratgeberin und Lilienthal seinen wunderbar restaurierten Bahnhof zurück, der an die gute alte Zeit erinnert, als die Jan-Reiners-Lok noch durch den Ort schnaufte. Der Bahnhof selbst wurde für seinen Besitzer zur neuen Inspirationsquelle. Doch das ist wieder eine ganz andere Geschichte.

Allerdings sollten das noch nicht die kompletten Umnutzungswünsche des Bauherrn gewesen sein. Langfristig brauchte dieser nämlich für sich und seine kreativen Ideen ein Büro und repräsentative Räumlichkeiten für die Schiffe. Die Ideenschmiede gestaltete Ute Warnken-Dawedeit inspirierend und ohne Ablenkung. Aber Schiffe im Bahnhof? Ohne dem historischen Gebäude für Schienenfahrzeuge mit maritimen Elementen Gewalt anzutun? Dass dies beispielhaft gelungen ist, davon kann man sich überzeugen. Und was es mit der Seefahrt auf sich hat?

Dass der alte Jan-Reiners-Bahnhof schon vor hundert Jahren etwas mit Verkehr zu tun hatte, wissen viele Lilienthaler. Seit einem halben Jahrhundert stillgelegt und zweckentfremdet, wurde er Anfang der 90er Jahre aus seinem Dornröschenschlaf geweckt und runderneuert. Dass aber das wunderschön renovierte alte Bahnhofsgebäude seitdem wieder mit Transport und Verkehr zu tun hat, und zwar weltweit, dürfte wohl vielen unbekannt sein. Natürlich geht es jetzt nicht mehr um Eisenbahnen, sondern um Schiffe und nicht um Torfkähne, sondern um Container- und Kühlschiffe. Und natürlich werden dort keine Seeleute angeheuert oder Techniker geschult und auch keine Befrachtungsmakler beschäftigt. Aber hier werden die Entscheidungen über Kauf und Verkauf von Seeschiffen getroffen und die Finanzierung organisiert. Im Laufe von gut 25 Jahren wurden von den hier ansässigen Schifffahrtsgesellschaften mehr als 30 Schiffe gekauft bzw. in Auftrag gegeben. Und von hier aus werden rund fünfhundert Kommanditisten, die ihr Geld in den Schiffsfonds angelegt haben, betreut.

So ist aus dem Jan-Reiners- nicht etwa ein Wörpe-Bahnhof entstanden, sondern die hier beherbergte Reederei hat Lilienthal sogar zu einem Standort für Seeschiffe gemacht.

MS Wilstedt, MS Tarmstedt, MS Borgfeld und MS Lilienthal haben Namen regionaler Ortschaften in die Welt hinausgetragen. Den ersten Neubau der Gesellschaft, die MS Lilienthal, stellte die Gemeinde, die mit über 500 Gästen inklusive zwei Blaskapellen zu Taufe und Stapellauf nach Bremerhaven zur Rickmers-Werft angereist kam, anlässlich ihrer 750-Jahrfeier 1982 „unter ihre Fürsorge und ihren besonderen Schutz."

JIDG

Dr. Andreas D. Boldt

* 1974 in Bremen

Null-Bock-Generation?

Jugend habe nur ihr Vergnügen im Kopf, denke nur an sich, an shoppen, kiffen, Disko und Spaß, aber bei Schule – Fehlanzeige? Auch wenn Jugend wagt, selbstständig zu denken und zu handeln, geht es mitunter unbequem zu – für alle Beteiligten. Zum Beispiel Unterschriften sammeln: Das bedeutet erst mal viel Vorbereitung und Überzeugungsarbeit bei Geschäftsinhabern, auf deren Tresen die Listen ausliegen sollen. Außerdem macht man sich mit öffentlichen Aktionen nicht bei jedem beliebt. Vor allem, wenn sie nicht in die Zielvorgaben von Gemeindepolitik passen, gegen allgemeine Denkmuster verstoßen oder einfach zu intelligent sind. Als Jugendlicher steht man da häufig auf verlorenem Posten. Das erfordert Stehvermögen und gute Argumente, denn mit Trotzhaltung kommt man nicht weit. Auch gute Freunde sind hilfreich und natürlich Erwachsene, die an einen glauben.

Andreas Boldt hat sich auf dieses öffentliche Terrain gewagt. Mit seinem gesunden Menschenverstand, einer ausgeprägten Sensibilität für Umwelt, Geschichte und Ästhetik des Ortsbildes gepaart mit fast unerschöpflichem Forscherdrang hat der Gymnasiast in den 90er Jahren einige heiße Eisen angepackt.

Mühlendeich 22

Unter dieser Adresse rückte damals ein Fachwerkhaus ins öffentliche Interesse. Es hätte drei Zweifamilienhäusern Platz machen sollen und dabei wäre auch eine rund 150 Jahre alte Kastanie, einer der schönsten Bäume des Ortes, gefällt worden. Bremer Studenten besetzten das gefährdete Gebäude, dessen Giebelinschrift als Datum des Richtfestes „den 5. Mai 1850" auswies. Die behördliche Auskunftsfreude dem „neugierigen Schüler" gegenüber hielt sich in Grenzen. Trotzdem ergaben Akten- und Kartenforschungen des mehrfachen „Jugendforscht"-Preisträgers, dass dieses Haus bereits 1770 errichtet wurde. Man vermutete hier das älteste Haus des Ortes, das 1850 lediglich um zwei Gefache verlängert wurde. Seiner daraufhin initiierten Unterschriften- und Postkartenaktion, flankiert von einer dreimonatigen „Presseschlacht", gelang es, Denkanstöße zu geben. Die Politiker der Gemeinde reagierten, wenn auch widerwillig, wie aus gut informierten Kreisen berichtet wird, schließlich mit dem Erlass einer Erhaltungssatzung für das Haus und die Gemeinde erwarb es sogar. Gerettet und unter Denkmalschutz gestellt, fanden sich Interessenten, die es fachgerecht renovierten und selbst in der ursprünglichen Raumaufteilung als eines der letzten geschichtlichen Zeugnisse alter Wohnkultur an der alten Handels- und Wasserstraße Lilienthals (jetzt Nr. 37) erhalten. Was dem „Pennäler" vorher verschlossen war, nämlich Archive, Karten, Türen, öffnete sich dem Abiturient mit seinem Hinweis auf die Teilnahme am bundesweit ausgeschriebenen Wettbewerb des Bundespräsidenten zum Thema „Denkmal: Erinnerung – Mahnung – Ärgernis". Die 170 Seiten starke Schülerarbeit, eine Dokumentation der erfolgreichen Rettungsaktion, wurde prämiert.

Wümmedeich

Wenn seit 2003 am Wümmedeich große Erdbewegungen zu beobachten sind, kann sich in Irland der jetzt promovierte Dr.

Andreas Boldt auf die Schulter klopfen. Was nun amtlicherseits als dringend erforderliches Großprojekt für die nächsten 15 Jahre Anwohner und Naherholungsuchende gelegentlich zu Umwegen zwingt, hat er schon acht Jahre vorher festgestellt: „Haltbarkeitsdatum abgelaufen". In drei ebenfalls prämierten „Jugend forscht"-Arbeiten befasste sich der angehende Student mit dem Teufelsmoor und der Situation der Deiche in Lilienthal und dem Großraum Bremen. Während die Hansestadt Schwachstellen innerhalb von zwei Jahren ausbesserte, wurde der „dumme Schüler" in seinem Heimatort abgewiesen. Das renommierte Alfred-Wegener-Institut belohnte den Jungwissenschaftler mit Praktika. Längst hat er sein Geographie-Diplom und den Magister für Geschichte und Kultur-Wissenschaften in der Tasche, ist er Jury-Mitglied bei „Jugend forscht" in der Sparte Geo- und Raumwissenschaften und fördert selbst den Wissensdurst einer neuen Generation. Obwohl er als „Prophet im eigenen Lande" nichts galt, erinnert er sich dankbar um so mehr an Menschen wie Dieter Gerdes und Wilhelm Dehlwes, die ihn konstant ermutigten. Von Lilienthal hat sich der als „bester aussichtsreicher Nachwuchshistoriker in Irland" bezeichnete Akademiker, der eine „neue Generation von zusammenführenden Historikern darstellt", dennoch nicht abgewandt: Er wird die Kinder-Akademie unterstützen, „weil ich von so etwas nicht profitieren konnte. Und ich hoffe, heutige interessierte Kinder werden es leichter haben, ihren Wissensdurst zu stillen, und sie werden vielleicht auch ernster genommen."

JIDG

Hinrich Gefken – Däumlingsdorf

* 1939 in Bremen-Aumund   † 2004 in Lilienthal

Herzlich willkommen! 20 Jahre lang durften wildfremde Menschen kostenlos durch seinen Garten schlendern: Hier ein Fachwerkhaus, da die St. Jürgens-Kirche, dort der Jan-Reiners-Bahnhof und sogar eine richtige kleine Eisenbahn, eine Windmühle und weitere markante Lilienthaler Gebäude baute Hinrich Gefken teils für sich, teils für Kinder und Enkelkinder, teils für fremde Menschen. Zum Angebot für Besucher von nah und fern gehörte auch eine Sitzgruppe zum Picknicken und ein Spielplatz. Als der „Bürgermeister" sein Werkzeug plötzlich in höhere Hände legen musste, regierte Ehefrau Elke noch zwei Jahre bis zu seinem Wunschjubiläum das „Däumlingsdorf" weiter. Die erwachsenen Kinder halfen vor der Wiedereröffnung im Frühjahr bei der Gebäudesanierung, im Straßenbau und bei der Pflege der Grünanlagen. Inzwischen kehrte wieder Ruhe in den Lüninghauser Garten ein. Und von dem lebendigen Treiben berichten nur noch ein eigener Prospekt und viele Fotos in privaten Alben.

JIDG

Lilienthal wächst – wächst Lilienthal mit?

Kommunale Selbstverwaltung und Politik wäre nicht möglich ohne die Bereitschaft von Menschen, einen großen Teil ihrer Freizeit – und wie oft geht das zu Lasten der Familie – dem Allgemeinwohl zur Verfügung zu stellen.

Der prominenteste Repräsentant des Ortes dürfte Amtmann Schroeter gewesen sein – und das nicht nur wegen seiner astronomischen Forschungen. Über seine eigentliche Tätigkeit als „oberster Bürger" im Ort lesen wir nach seiner Rückkehr ins ausgebrannte Lilienthal mit Blick auf seine zerstörte und geplünderte Sternwarte Bezeichnendes:

Schroeter setzte sich damals vor allem für den Wiederaufbau Lilienthals ein. Er beschaffte den Einwohnern großzügige Kredite, um ihnen das Wiedereinrichten von Haus und Hof zu ermöglichen. Dass Lilienthal schließlich aus Schutt und Asche neu erstand, ist nicht zuletzt auf das hervorragende Wirken des Amtmanns zurückzuführen. Da in dieser Zeit seine beruflichen Pflichten im zerstörten Lilienthal seine ganze Kraft in Anspruch nahmen, fehlten Schroeter Mut und Hoffnung, die Sternwarte wieder neu aufzubauen. Die Verbindung mit den Bremer Freunden war durch die Zerstörung der Wümmebrücke am 26. November 1813 fast ganz unterbrochen …

Nach dem 2. Weltkrieg war es nicht viel anders. Not herrschte, tatkräftige Menschen waren gefragt – und prägten sich mit ihrem Ideenreichtum und Durchhaltevermögen ins kollektive Gedächtnis.

Viele Flüchtlinge aus dem Osten und ausgebombte Bremer finden hier ein neues Zuhause. Siedlergemeinschaften entstehen. Bauland wird ausgewiesen. Landwirte sind zu Verkäufen bereit. Der Ort wächst und wächst. Der „Oase am Stadtrand" von Bremen gelingt es nicht nur, stiefmütterlich abgewiesenen Betrieben aus der Hansestadt Wachstumsmöglichkeiten zu erschließen (17 Betriebe wandern in der Zeit von 1951 und 1974 zu), sondern auch die Bevölkerungszahlen entwickeln sich steil nach oben. Waren es 1914 noch rund 1000 Einwohner, wurden es 1937 durch den Zusammenschluss von Lilienthal/Butendiek, Trupe/Feldhausen, Moorhausen, Falkenberg und Trupermoor/Klostermoor zur Großgemeinde 5000 Menschen. Gut 35 Jahre später sollte die Gemeinde sich mehr als verdoppeln (11 414 Einwohner). Und nach der Gebietsreform 1974, die St. Jürgen, Worphausen, Heidberg und Seebergen in die Gemeinde eingliedern, sind es schon mehr als 15 600.

Aber noch 1970 gab es:
– keinen Kindergarten
– keine weiterführenden Schulen
– keine Schule für Behinderte
– kein Schwimmbad
– keine Volkshochschule
– keinen Facharzt
– keinen kommunalen Friedhof
– keinen Wochenmarkt
– keine Tennisanlagen

Da waren Politik und Verwaltung gefordert, Initiative gefragt, Engagement erforderlich, um die „Oase" zum Blühen zu bringen.

JIDG

Ehrenamtliche Bürgermeister der Orte Heidberg, St. Jürgen, Seebergen und Worphausen vor deren Eingemeindung

Im Zuge der Gebietsreform von 1974 werden die Gemeinden Heidberg (ohne Grasdorf), St. Jürgen, Seebergen und Worphausen Lilienthal angegliedert. Um das Zusammenwachsen der neuen Ortsteile mit der Gemeinde Lilienthal zu erleichtern, setzt man Ortsvorsteher ein, die als Vermittler dienen. Im Oktober 1982 wird dieses Ehrenamt dann gestrichen. Der Integrationsprozess gilt als abgeschlossen.

Vor der Eingemeindung haben sich Bürgermeister, ebenfalls im Ehrenamt, sehr für ihre Orte engagiert. Einige sollen hier kurz vorgestellt werden.

Heidberg
Hermann Böttjer (1903–1984)

Hermann Böttjer ist als Ratsherr und Bürgermeister mehr als 22 Jahre in der Heidberger Kommunalpolitik aktiv.

Viele Jahre nimmt er zudem im Wasserversorgungsamt „Ost" und im Wasser- und Bodenverband Teufelsmoor verantwortliche Positionen ein und gilt bei alledem als geschickter und uneigennütziger Verhandlungspartner. Verschiedenen Vereinen, etwa dem Schützenverein Heidberg-Falkenberg, gehört er als beliebtes und geehrtes Mitglied an.

Im März 1974 wird Böttjer Mitglied im Interimsverwaltungsausschuss in Grasberg, stellt seine kommunalpolitischen Aktivitäten aber noch im selben Jahr ein. Der Gemeinderat Heidberg verleiht ihm in Anerkennung seiner Verdienste die Ehrenbürgerrechte. Auch die Gemeinde Grasberg ernennt Hermann Böttjer zum Ehrenbürger.

Für die selbstständige Gemeinde Heidberg erweist sich die Gebietsreform als besonders problematisch. Heidberg und Grasdorf sind erst 1929 zusammengeschlossen worden und inzwischen miteinander verschmolzen, als sie 1974 wieder getrennt werden. Grasdorf wird Grasberg angegliedert, Heidberg kommt zu Lilienthal.

Gemeinde St. Jürgen
Lüder Cyriacks (1896–1966)

Lüder Cyriacks übernimmt 1946 das Amt des Bürgermeisters von St. Jürgen. Die ersten Amtsjahre gestalten sich schwierig: die kleine Gemeinde ist mit Vertriebenen überbelegt, die Schulräume reichen nicht aus – es schlägt die Stunde der Improvisation.

In den folgenden Jahren wird ein Lehrerhaus gebaut, ein Feuerwehrhaus errichtet und die freiwillige Feuerwehr mit modernen Geräten ausgerüstet. Auch Ausbau und Pflasterung der Dorfstraße in Kleinmoor fallen in Cyriacks Amtszeit. Eine wichtige Verkehrsanbindung erhält St. Jürgen, als der Weg „Klosterweide" von der Kreisstraße bis zur Gemeinde Lilienthal ausgebaut wird.

Nach 18 Jahren scheidet Lüder Cyriacks aus Gesundheitsgründen aus dem Amt.

Wilhelm Krentzel (1909–1993)

Wilhelm Krentzel wird 1964 als Nachfolger von Lüder Cyriacks zum Bürgermeister der Gemeinde Sankt Jürgen gewählt. Ein Vierteljahrhundert lang ist er dort zunächst Ratsherr, dann Bürgermeister und Gemeindedirektor mit dem Amt des Standesbeamten und nach 1974 Ortsvorsteher. Er führt die Aufbauarbeit seines Vorgängers fort: Weitere Straßen werden ausgebaut, Straßenbeleuchtung angeschafft und eine Turnhalle errichtet.

Krentzel ist engagierter Landwirt, der in jungen Jahren – nach dem Tod des Vaters im Ersten Weltkrieg – schon früh Verantwortung auf dem elterlichen Hof in Frankenburg übernommen hat. 1940 ist er selbst eingezogen worden und erst 1946 aus amerikanischer Kriegsgefangenschaft zurückgekehrt. Über Jahrzehnte fungiert er als Vertrauensmann des Niedersächsischen Landvolks und arbeitet zudem ehrenamtlich in zahlreichen Organisationen wie dem Deich- und Sielverband für das Sankt Jürgensfeld mit.

Mit Auflösung der Gemeinde in der Gebietsreform entfällt auch seine Funktion im Wasserversorgungsverband Osterholz-Ost. Bis zur endgültigen Verwaltungsregelung 1982 arbeitet Wilhelm Krentzel als Ortsvorsteher und Verwaltungsstellenleiter des neuen Lilienthaler Ortsteils St. Jürgen.

Seebergen
Hinrich Haltermann (1907–1998)

Hinrich Haltermann – von vielen nur „Onkel Hinni" genannt, ein Seeberger mit Leib und Seele – wird auf dem Hof Seebergen Nr. 21 geboren, der sich mit seinem 1758 erbauten Bauernhaus seit 1823 bis in die heutigen Tage im Besitz der Familie befindet. Haltermann arbeitet bis 1978 im eigenen landwirtschaftlichen Betrieb. Daneben ist er eingebunden in Vereinsarbeit, Jahrzehnte lang Mitglied der von ihm mitgegründeten freiwilligen Feuerwehr Seebergen und spielt begeistert im Posaunenchor der Kirchengemeinde Lilienthal.

Im Zweiten Weltkrieg wird Hinrich Haltermann noch Weihnachten 1944 zur Wehrmacht eingezogen, gerät in russische Kriegsgefangenschaft, hat jedoch viel Glück und kann sich unter abenteuerlichen Umständen vom Gefangenentransport absetzen und alleine nach Seebergen durchschlagen.

Bereits 1946 wird Haltermann in den Gemeinderat gewählt und im Jahr darauf erstmalig zum Bürgermeister ernannt, ein Amt, das er mit einer Unterbrechung bis 1974 ausfüllt. In seine Zeit fällt der Bau der Seeberger Schule und der Ausbau der Straßen. Nach der Gebietsreform vertritt er die Belange der Seeberger noch acht Jahre lang als Ortsvorsteher.

Hinrich Haltermann beschäftigte sich mit der Aufarbeitung der Dorfgeschichte und machte sich auch als Familienforscher und Chronist einen Namen, vor allem als Mitautor des Buches „Von Cortenmoor bis Seebergen". Seine Familiengeschichte ist eng mit der Seebergens verbunden: Als erster urkundlich nachgewiesener Siedler kam 1622 während des 30-jährigen Krieges ein Haltermann ins Teufelsmoor.

Worphausen
Diedrich Kück (1910–1994)

Diedrich Kück bestimmt 36 Jahre lang als Kommunalpolitiker die Geschicke seines Geburtsortes Worphausen mit und hilft intensiv dabei, Tradition und moderne Entwicklung zu verbinden.

Der Sohn einer großen Bauernfamilie aus Neumooringen ist ebenfalls durch die Kriegsjahre geprägt. Nach sechs Jahren Kriegsdienst und Gefangenschaft kehrt er zunächst wieder in seinen erlernten Beruf als Bäcker zurück; später arbeitet er in der Metzgerei seiner Schwiegereltern. Er engagiert sich in vielen Ehrenämtern und Vereinen und ist Mitbegründer des Schützen- und des Sportvereins. Doch er will bei der Entwicklung seiner Gemeinde mehr Verantwortung übernehmen. 1952 glückt ihm auf Anhieb der Einstieg in den Gemeinderat von Worphausen. Als Ratsmitglied und später als Bürgermeister und Gemeindedirektor verwirklicht Kück etliche Baumaßnahmen: Es entstehen neue Straßen, die Grundschule in Lüninghausen, ein Kindergarten, eine Sporthalle und ein Verwaltungsgebäude mit Unterkunft für die Feuerwehr. Diedrich Kück hat nicht nur ein offenes Ohr für die Anliegen der Bürger, er nimmt sich dieser Anliegen auch persönlich an. Er gründet das Wasserversorgungsamt, ist lange Kirchenvorstand, betätigt sich als Schöffe im Amtsgericht Lilienthal und Osterholz und als Geschworener im Landgericht Verden. Die Gemeindereform beendet die 19-jährige „Regierungszeit" des Diedrich Kück in Worphausen. „Die Eingemeindung erschien uns damals als echte Vergewaltigung. Wir hatten bisher eigentlich keine Probleme gehabt, die den Anschluss an eine größere Gemeinde erforderlich gemacht hätten", erinnert sich Kück an seinem 80. Geburtstag. Nachträglich erkennt der Träger des niedersächsischen Verdienstkreuzes am Bande aber auch die Vorteile der Eingemeindung in Lilienthal. Diedrich Kück engagiert sich weitere acht Jahre als Ortsvorsteher für Worphausen. Er bleibt Kreistagsabgeordneter und avanciert unter Friedrich-Wilhelm Raasch zum stellvertretenden Bürgermeister der Großgemeinde Lilienthal.

JG

Diedrich Murken

* 1877 in Lilienthal † 1972 in Lilienthal

Zimmermann mit Herz für Bäume

Diedrich Murken gehörte dem Rat über einen Zeitraum von 40 Jahren an, und er war rund 28 Jahre lang Bürgermeister der Gemeinde Lilienthal. Im Jahr 1957 wurde ihm der Ehrenbürgerbrief übergeben. Er galt als bodenständiger Mensch, der sich der Einwohnerschaft verbunden fühlte. Sein Wirken für L ist in erster Linie mit seinem Amt verbunden. Wenig bekannt ist dabei, dass Murken als der Vater der beiden Lilienthaler Gehölze gilt. Der Bürgermeister erwarb die beiden Flächen im Jahr 1929 zu einem „günstigen Preis". In der Bahnhofstraße und in der Einstmannstraße wurden gemeindeeigene Häuser gebaut. Gemeinsam mit seiner Frau Ida machte sich Murken um den Aufbau des Deutschen Roten Kreuzes in der Gemeinde Lilienthal verdient. Die Feuerwehr verlieh dem langjährigen Bürgermeister für dessen Engagement für das Feuerwehrwesen das Ehrenzeichen in Gold.
Diedrich Murken wurde am 27. August 1877 in Lilienthal geboren. Er besuchte das Technikum und arbeitete für das Unternehmen AEG in Berlin und Braunschweig. Der Zimmerermeister und Mühlenbesitzer war von 1926 bis 1945 und von 1949 bis 1956 Bürgermeister der Gemeinde Lilienthal. Diedrich Murken starb am 29. Juli 1972 in Lilienthal.

KLG

Georg Bellmann

* 1898 in Heidberg † 1971 in Lilienthal

40 Jahre im Dienste der Kommune

Nach Friedrich Neuling, Diedrich Murken und Hinrich Winters wurde der damals 66-jährige parteilose Georg Bellmann von 1964-68 zum Bürgermeister gewählt.

Bellmann, ältester Sohn einer kleinen Bauernstelle in Heidberg, war eigentlich als Nachfolger vorgesehen, verzichtete aber auf sein Erbe und durfte wegen seiner unverkennbaren Begabung in Bremen eine höhere Schule besuchen und die Verwaltungslaufbahn einschlagen.

Als junger Familienvater betätigte er sich von 1930 bis 33 als Gemeindevorsteher in Falkenberg und trat danach die Stelle als Leiter des Bremer Standesamtes an.

Tochter Gisela erinnert sich daran, dass ihre Mutter Grete abends öfter allein war als ihr lieb. Sie las viel und musste ihr und dem fünf Jahre jüngeren Bruder häufig den Vater ersetzen. „Dennoch, ein guter Vater sei er gewesen," sagt sie rückblickend, „nur viel zu viel unterwegs." Und sie hatten eine schöne Kindheit in Falkenberg. Die Eltern ermöglichten beiden eine höhere Schulbildung.

Nach Rückkehr aus der Kriegsgefangenschaft Ende 45 und anschließender Entnazifizierung mit zeitweiligem Berufsverbot sei der ehemalige „Stahlhelmer" Bellmann nie wieder einer Partei oder einem Verein beigetreten, betont die Tochter. Die Eltern haben die Familie in der Zeit mit Gemüseanbau und -verkauf über Wasser gehalten.

Er konnte schlecht „nein" sagen, war immer für andere da und habe seine verwaltungstechnischen Kenntnisse sofort als Gemeindedirektor zur Verfügung gestellt (1947-1953).

Von 1954 bis zum Ruhestand war er als Geschäftsstellenleiter der bremischen Verwaltungsgerichte eingesetzt. Seinen Ort vertrat er anschließend für vier Jahre als Bürgermeister. Außerdem engagierte er sich jahrelang im Kirchenvorstand.

Als er im 72. Lebensjahr stehend nach kurzer Krankheit nicht wieder für einen Ratssitz kandidieren wollte, beschloss der Rat einmütig, Bellmann aufgrund seiner gelebten Loyalität, des besonders guten Verhältnisses untereinander trotz unterschiedlichem politischen Standort und weil man ihn als „Demokrat, wie er im Buche steht" empfand, zum zweiten Lilienthaler Ehrenbürger zu erklären.

JIDG

Hinrich Winters

* 1898 in Lilienthal-Trupe † 1978 in Lilienthal-Trupe

Unbequem für Ämter und Behörden

Hinrich Winters widmete seit 1924 einen wesentlichen Teil seiner Arbeitszeit dem Deich- und Sielverband des St. Jürgensfeldes. 1934 war er mit dabei, als durch Zusammenlegung von fünf Wasser- und Bodenverbänden ein Kreis gebildet wurde, der dann effektiver die notwendige Deicherhöhung betreiben konnte und 700 Menschen Arbeit bot. Seit 1949 stand Winters dem Verband als „Deichgräfe" vor. Eine Fülle von Maßnahmen, die den Landwirten heute zu Gute kommen, sind auf seine Initiative zurückzuführen. Mit großer Durchsetzungskraft hat er die Deichsicherungsprojekte und die Erschließung des St. Jürgenslandes für die Landwirtschaft vorangetrieben und abgeschlossen: Unbequem für Ämter und Behörden. Später wurde jedoch seine Arbeit als beispielhaft für die Aufgaben des Küstenplans anerkannt.

Hinrich Winters wird 1898 auf dem elterlichen Hof in Trupe geboren. Nach der Landwirtschaftsschule in Bremen übernimmt er die Aufgaben seines verstorbenen Vaters. Nach dem 1. Weltkrieg kommt er erst 1921 aus dem Lazarett zurück. Zunächst arbeitet er als Sparkassenprüfer, steigt aber wieder als Vollbauer in die Landwirtschaft ein. Er steht selbst noch am Pflug, doch der Hof hatte mit 80–120 Morgen zu wenig Ackerland um rentabel zu sein; so widmet er sich vorwiegend der Viehzucht.

In Vereinigungen der Viehzucht und im Milchkontrollverein Falkenberg wird er aktiv, übernimmt den Vorsitz des Landwirtschaftlichen Vereins Lilienthal und setzt sich jahrzehntelang auch bei der Grünlandlehranstalt und Marschversuchsstation ein. Da der Hoferbe im 2. Weltkrieg fällt, gibt Winters seinen landwirtschaftlichen Betrieb im Alter auf. Der Winters-Hof wird nach seinem Tod 1978 verkauft.

Hinrich Winters war als Ratsherr und als Bürgermeister (1959 – 1964) von Lilienthal mit viel Umsichtigkeit und Toleranz über Jahrzehnte ehrenamtlich tätig und hat entscheidend zu der positiven Entwicklung der Gemeinde beigetragen. Als Kreistagsabgeordneter, Mitglied des Kreisausschusses und Landrat (1964 – 1968) des Kreises Osterholz, trieb er den Aufschwung des Kreisgebietes voran. Und er stand im öffentlichen Leben Lilienthals, war im Schützenverein, förderte die Entwicklung des Pferdesports als Vorstandsmitglied des früheren Rennvereins Lilienthal. Er engagierte sich ehrenamtlich mit großer Sachkenntnis als Mitglied des Kirchenvorstandes der Ev.-luth. Kirchengemeinde Lilienthal und des „Evangelischen Hospital Lilienthal e.V.", bei dessen Aufbauarbeit er als Mitglied des Kuratoriums mitwirkte.

1969 hat sein langjähriges öffentliches Wirken durch die Verleihung des Bundesverdienstkreuzes 1. Klasse auch auf Bundesebene Anerkennung gefunden. 1972 ernannte ihn die Gemeinde zum Ehrenbürger. Winters schöpfte aus großer Gelassenheit und Lebenserfahrung und der Klugheit dessen, der Land und Leute kennt. Gerne betonte er, dass die Wurzel seiner Arbeitskraft und der Ansporn für sein politisches und ehrenamtliches Engagement in der Verbundenheit zur angestammten Heimat gelegen hat. *JG*

Heinrich Viebrock

*1905 in Lilienthal   †1981 in Lilienthal

Erst der Bürger, dann die Partei

Heinrich Viebrock war 24 Jahre lang ununterbrochen Ratsmitglied, acht Jahre Kreistagsabgeordneter, davon vier Jahre Bürgermeister – und welche vier Jahre: 1968-1972. Für den damals 63-Jährigen war es die Zeit des Umbruchs, der Neuansiedlungen „in der es galt die Weichen für die künftige Entwicklung der Gemeinde zu stellen," hieß es vier Jahre später bei der Verleihung der Ehrenbürger-Urkunde an den nun stellvertretenden Bürgermeister vom amtierenden. „Für mich," schloss Friedrich-Wilhelm Raasch seine Laudatio, „sind und bleiben Sie stets ein Vorbild." Wir wissen nicht, ob Raasch dabei auch an das couragierte Verhalten Viebrocks 40 Jahre zuvor gedacht hat. Denn die größte Achtung dürfte die für ihn lebensgefährliche Nacht- und Nebelaktion vom 8. auf den 9. Juni 1936 verdienen, als er den jüdischen Freund und Fotografenmeister Julius Frank mit seinem Kraftwagen in den Hamburger Hafen fuhr und ihm damit zur Flucht nach New York verhalf.

Der Geehrte indes bezeichnete seine langjährige politische Verantwortung als eine „angenehme Pflicht ... Wenn ich die Zeit zurückschrauben könnte – ich würde das Gleiche noch einmal tun," bekannte er spontan und gerührt.
Das Gleiche – das bedeutet kommunalpolitisches Engagement neben seiner beruflichen Tätigkeit als Bäcker- und Müllermeister der Dampfmühle mitten im Ort, da wo später der Penny-Supermarkt entstehen sollte, am Stadskanaal. Er investierte einen großen Teil seiner Zeit in die politische Arbeit, in, wie es hieß „hartes aber faires Ringen um die bessere Lösung", das seiner Meinung nach die politische Arbeit in den Räten bestimmen sollte. Rückblickend stellte das Gründungsmitglied der Lilienthaler CDU einmal fest: „Ich meine, man braucht, um vernünftige Politik machen zu können, Freunde auf beiden Seiten des Ratstisches, denn Mehrheiten können sich oft sehr schnell ändern."
Und so wehrte er sich auch gegen stures Parteidenken um jeden Preis zu Gunsten der sachlichen Entscheidung: „Für mich stand im Vordergrund meiner Entscheidung stets der Bürger und erst in zweiter Linie die Partei."
Diese integrative Fähigkeit verhalf ihm auch in seinem Amt als „Unparteiischer", nämlich als Schiedsmann, zu dem notwendigen Respekt.
Der Obermeister der Bäcker- und Müller-Innung hatte neben all seinen Belastungen noch Zeit für Ehefrau Elisabeth und die beiden Kinder Helgard und Heiner, den Turnverein Lilienthal, den Motorsportclub sowie den Schützenverein, Betätigungsfelder, auf denen er sich ebenfalls große Verdienste erwarb.
Auch nach seinem Rückzug aus der aktiven Ratsarbeit verlor er nie den Kontakt zur Gemeindepolitik sondern verfolgte interessiert die Ratsdebatten von den Zuschauerplätzen aus und stand seinen politischen Freunden als Berater zur Verfügung.

JIDG

Wilhelm Ahrens

* 1905 in Bremen † 1989 in Lilienthal-Trupe

Bauer, Maler und Poet aus Leidenschaft

Wilhelm Ahrens gehört zu den Männern, die in der Nachkriegszeit tatkräftig und verantwortungsvoll zugepackt haben. Als „Mann der ersten Stunde" war er im Kreis Osterholz Vorsitzender des Kreistages und des Kreisausschusses und von 1946–48 der erste jemals in geheimer Abstimmung frei gewählte Landrat. Dieser musste jährlich vom Kreistag neu gewählt und von der Britischen Besatzungsmacht bestätigt und vereidigt werden. Als Kommunalpolitiker will er dann nicht den Mangel verwalten, sondern einen neuen Anfang wagen. Um das notwendige Material für den Wiederaufbau z.B. der Straßen und der Infrastruktur zu beschaffen, verhandelt Wilhelm Ahrens zäh und hart mit den Engländern. Er führt sein Amt mit einer selbstbewussten Gelassenheit, die er sicher auch durch die Meisterung seines eigenen Schicksals in den Kriegs- und Vorkriegsjahren erworben hat. Er kümmert sich um eine gerechte Verteilung der Lebensmittelmarken und anderer Bezugsscheine. Er organisiert Unterkünfte für die vielen Flüchtlinge und Ausgebombten und muss mit Durchsetzungskraft und Umsicht häufig Streit schlichten unter den Bauern, die keine Flüchtlinge aufnehmen wollen. Er sorgt dafür, dass jede dieser Familien eine Kochstelle, Heizmaterial und ein Stück Garten bekommt. Neben der Selbstversorgung pflanzen die Leute Tabak an, legen Salzheringe ein, brennen Schnaps – beste Tauschware.

Wilhelm Ahrens wurde 1905 in Bremen geboren und absolvierte nach der Reifeprüfung die Landwirtschaftsschule in Verden. Mitte der 30er Jahre ließ er sich in Trupe als Landwirt nieder und übernahm den Hof von kinderlosen Verwandten. Mitten im Aufbau seiner neuen Landwirtschaft wird er schon 1939 als einer der ersten zum Kriegsdienst eingezogen. Jeden Heimaturlaub nutzt er, um für seine mit dem ersten Kind hochschwangere Frau das angefangene Haus fertig zu bauen. Er wird in Königsberg schwer verwundet und kommt im Januar 1945 auf seinen Hof zurück. Er versucht seinen Mann da zu stehen, „wo Gott mich hingestellt hat". In der ersten Nachkriegszeit kann er viel bewegen und helfend eingreifen. Doch politisches Abwägen als Richtungsvorgabe für das Entscheiden kommunaler Sachfragen ist ihm fremd und zuwider und Wilhelm Ahrens zieht sich aus seinen Ämtern zurück. Die Frei-

W. Ahrens: Truper Blänken 1979.

heit, die er in seinem Beruf findet, ist ihm wichtiger als öffentlicher Rang und öffentliche Würden. In erster Linie fühlt er sich als Bauer. Ab 1959 beliefert er von seiner eigenen Hofmolkerei immer mehr Kunden wie Schulen und Krankenhäuser mit Vorzugsmilch und baut den Familienbetrieb „Milch-Ahrens" auf. Auch als leidenschaftlicher Organisator mit immer neuen Ideen, der Feste organisierte, sang, Klavier und Akkordeon spielte, ist Wilhelm Ahrens sicher noch einigen älteren Bürgern in Erinnerung geblieben. Seine künstlerische Begabung war ihm selbstverständlich. Seit seiner frühesten Kindheit zeichnete und malte er und schrieb Gedichte. „Man muss doch einfach Gedichte machen, Sie etwa nicht?" Aus Interesse an Familien- und Heimatgeschichte betrieb er Ahnenforschung und erstellte und gestaltete den Stammbaum der Familie Ahrens von 1636–1953. Seine Aufzeichnungen „Die alte Zeit" beschäftigen sich mit der Historie und Entwicklung des Ahrens-Hofes „Wittenburg" aber auch allgemein mit der von Trupe. JG

Friedrich Schmuch

* 1907 in Bremen †1977 in Lilienthal

Lediglich meine Pflicht getan

„Damals", schwärmte er, „waren wir zwölf Ratsherren, die sich aus der Gruppe der Unabhängigen, den Vertriebenen und Sozialdemokraten zusammensetzten". Damals, das war 1945, als die Amerikaner den Nicht-Nationalsozialisten Friedrich Schmuch in die Gemeinderatsarbeit holten. Der 38-Jährige war da schon lange SPD-Mitglied. Zusammen mit seiner Frau Gesine ist er bereits 1927 dieser Partei beigetreten. Heinz Lemmermann über den Parteifreund: „...lange Jahre hat er als 1. Vors. des Ortsvereins verlässlich und stets einsatzbereit zum Wohle der Partei gewirkt. Kein Weg war ihm zu beschwerlich, in mühsamer Kleinarbeit auch in den Moordörfern Freunde für die SPD zu gewinnen..."
Und als Hausschlachter kam er in viele Haushalte. Auch die ersten seiner zwölfjährigen Mitgliedschaft im Kreistag Osterholz (1956-68) waren für den dreifachen Familienvater sicher nicht leicht. „Damals musstet ihr mit dem Fahrrad in die Kreisstadt radeln, um an den politischen Entscheidungen mitzuwirken", erinnerte Altbürgermeister Peter Sonnenschein Jahrzehnte später an die harte Anfangszeit in der Kommunalpolitik. Da gehörten auch die zwar bequemeren aber über zwei Stunden dauernden Anfahrtswege pro Strecke mit Bus und Bahn von Lilienthal über Bremen nach Osterholz-Scharmbeck schon lange der Vergangenheit an. Anlass für diese Erinnerungen bot die Verleihung der Ehrenbürger-Urkunde durch Bürgermeister Friedrich-Wilhelm Raasch an Schmuch, der 24 Jahre lang als Schaffner auf der Kleinbahn „Jan Reiners" gefahren war. Er charakterisierte ihn als „Mann der ersten Stunde" und betonte „die schweren Aufgaben der Nachkriegszeit, wo Schmuch dem Wohnungsausschuss und dem Flüchtlingsrat angehörte. Weitere Aufgabengebiete waren der Straßenbau und die Arbeit im Sozialhilfeausschuss."
„Damals habt ihr euch über die Vergabe einer Unterhose so lange

unterhalten, wie es die Ratsmitglieder heute bei einem Millionenbetrag tun" illustrierte Sonnenschein diese vom Geehrten als am schwierigsten empfundene Aufgabe im Vergabeausschuss für Bezugsscheine. Dieser ergänzte, er habe immer nach einem gerechten Ausgleich gesucht. Folgerichtig wurde er einer der Mitbegründer der Lilienthaler Arbeiterwohlfahrt (AWO) und bewältigte dort zwei Jahrzehnte Vorstandsarbeit. „Ohne meine Frau, die immer gut für mich gesorgt hat, wäre das alles nicht möglich gewesen" wusste Schmuch und meinte, dass das in allen Politikerfamilien so wäre. Die Reaktion des Ehrenbürgers Nr. 5 folgte in der ihm eigenen Bescheidenheit „Etwas Besonderes habe ich doch gar nicht geleistet, sondern lediglich meine Pflicht getan." – Ein Pflichtgefühl, das heute wohl nicht mehr so verbreitet ist, aber auch damals sicher nicht einmalig war; für Schmuch jedoch ganz selbstverständlich. Er war wohl über ein Vierteljahrhundert Mitglied des Rates aber im Gegensatz zu den vier Ehrenbürgern vor und den zwei nach ihm weder Bürgermeister, Ortsvorsteher, Gemeindedirektor oder Landrat. Nach der Verleihung im Krankenzimmer konnte Schmuch sich über seine Auszeichnung nur noch sieben Wochen freuen. *JIDG*

Hinrich Meyerdierks
* 1913 in Lilienthal †1992 in Lilienthal

Mehr als nur ein Original

In Trupe lebte bis 1992 ein knapp zwei Meter großer Landwirt, von dem die Nachbarschaft sagte: „Hinni is so lang: Wenn he Ostern natte Fööt krigg, hett he eers to Pingssen den Snööf!". Aber auch der „Lange Hinni" hatte einen Lieblingsschnack: „Dat geiht nich? Gifft nich!" – Diese Lebenseinstellung half dem jungen Soldaten im 2. Weltkrieg in Stalingrad, im Kaukasus, in Rumänien und Ungarn und sicher auch bei der Flucht aus der Gefangenschaft, wo er sich von Österreich aus bis Trupe durchschlug. Und sie half dem Gemeinderatsmitglied auch dabei, als es viele Flüchtlinge und Heimatvertriebene unterzubringen galt.

Erst nach 38 Jahren legte er sein Amt als Ratsherr nieder. In dieser Zeit hatte er sich 18 Jahre lang als „Deichgräfe" aus vollem Herzen um die Sicherheit eines 5.300 Hektar großen Gebietes gekümmert. Er förderte aber auch den Reitverein Lilienthal, die Jagdgenossenschaft Trupe und die Jägerschaft Osterholz. Auch die Feuerwehr Lilienthal wählte ihn zu seinem Leiter. Hinni hatte viele Jahre darauf gewartet Schützenkönig zu werden. Dafür wollte er sogar eine Kuh schlachten. 1981 war es dann so weit – aber als Schützenkönig hatte er sein Versprechen nicht einlösen können; dafür richtete er auf seinem Hof ein großes Fest aus. So redselig er war und so sehr er mit originellen Redebeiträgen glänzte, so diskret konnte er sein. Und er hatte stillen Kummer mit seinen großen abstehenden Ohren. Auch das Problem schaffte er aus der Welt. Dr. Habben vom Hospital operierte ihn. Als man ihn fragte: „Hinni, wat hest denn betohlt?" Antwort: „Eck? Eenen Fuder Mist!"

Tatkraft und Sensibilität wurden 1991 durch das Bundesverdienstkreuz am Bande belohnt. Der Volksmund behält seine Döntjes im Gedächtnis. *MS/JIDG*

Peter Sonnenschein

* 1914 in Wattenscheid   † 1986 in Lilienthal

Bodenständig, kommunikativ und fröhlich

Die örtliche Politik konnte sich am Ende doch nicht durchringen. Dabei hätte sein Name trefflich zur neuen und bunten Falkenberger Grundschule gepasst. So bleibt Peter Sonnenschein, der 1972 zum ersten sozialdemokratischen Bürgermeister der Gemeinde Lilienthal gewählt wurde, die späte Anerkennung als Namensgeber einer Schule versagt. Seine Amtszeit war kurz, die Wahl in der bis dahin christdemokratisch geprägten Kommune so etwas wie ein Signal. 30 Jahre lang wirkte Sonnenschein in der Kommunalpolitik und zog nach den Kommunalwahlen erstmals 1961 in den Gemeinderat ein. Der Justizangestellte am Bremer Amtsgericht war acht Jahre lang stellvertretender Bürgermeister und stand von 1972 bis zur Gebietsreform 1974 an der Spitze der Kommune.

Dabei wird auch deutlich – die Themen haben sich in den vergangenen Jahren kaum geändert. Die Politiker stritten schon damals über Schulen, Baugebiete und die Entlastungsstraße. Neben seinen Aufgaben in der Politik widmete sich der 1986 im Alter von 72 Jahren gestorbene Peter Sonnenschein auch um den Aufbau der Arbeiterwohlfahrt. Er gehört 1966 zu den Gründern des Verbands AWO und arbeitete 15 Jahre lang im Vorstand mit.

„Mein Vater war ein bodenständiger Mensch, der sehr kommunikativ und fröhlich war und auf die Menschen zugegangen ist", erinnert auch Sohn Arno Sonnenschein. „Wenn jemand ein Anliegen hatte, konnte er sich darauf verlassen, dass Peter sich wirklich um die Angelegenheit kümmert", stellte auch die langjährige politische Weggefährtin Ingeborg Bräuninger fest. Eine wichtige Rolle spielte auch Ehefrau Hermine, die dem aufstrebenden Kommunalpolitiker und späteren Bürgermeister den Rücken freigehalten hat. Im Neubaugebiet an der Ossenhöfe, ganz in der Nähe der neuen Falkenberger Grundschule, ist eine Straße nach dem SPD-Mann benannt. Die Gemeinde wollte Peter Sonnenschein die Ehrenbürgerschaft verleihen – eine Woche vorher starb der aus einer Bergarbeiterfamilie stammende erste sozialdemokratische Bürgermeister Lilienthals am 15. November 1986 nach kurzer schwerer Krankheit.

KLG

Peter Sonnenschein mit Regenschirm.

Wilhelm Otten

* 1923 in Falkenberg † 2002 in Lilienthal

Visionen fürs Alter

An manche Politiker und Verwaltungsmitarbeiter erinnert man sich nur kurz. Einige wenige haben deutliche Spuren hinterlassen. Wie Wilhelm Otten, der neben seiner beruflichen Tätigkeit als Gemeindedirektor auch viele Dinge angeschoben hat, die bis heute wirken. Dazu gehört neben einer vorbildlichen Seniorenarbeit in der Gemeinde Lilienthal auch die seit vielen Jahren bestehende Städtepartnerschaft mit dem holländischen Stadskanaal. Otten gilt als Initiator und Motor der freundschaftlichen Bande zur Partnergemeinde. Auch weit darüber hinaus hat sich Otten engagiert.

„Die Mitarbeiter in einer großen Verwaltung bearbeiten Akten, kümmern sich um Gebühren, sorgen dafür, dass im Gemeinwesen alles seine Ordnung hat und fallen nicht weiter durch eigenes Engagement auf". Dieses früher weit verbreitete Bild traf auf Otten nicht zu. Der gebürtige Lilienthaler trat nach dem zweiten Weltkrieg in das Deutsche Rote Kreuz ein und leitete die Einrichtung über einen Zeitraum von rund 40 Jahren. Begegnungsstätten entstanden auf seine Initiative hin. Der drohenden Isolation und Vereinsamung im Alter wirkten ebenso die Seniorentreffen und organisierte Seniorenreisen der Gemeinde entgegen. Auch an der Umgestaltung des ehemaligen Gasthofs Murken zum Kommunikationszentrum im Mai 1975 hat Otten mitgewirkt. Die Einrichtungen für die Allgemeinheit kurbelte ein Mann an, der nach außen einen ganz anderen Eindruck vermittelte. Man beschrieb den ehemaligen Gemeindedirektor und späteren Politiker als einen eher kantigen und manchmal impulsiven Mann.

Der im Ortsteil Falkenberg geborene Verwaltungsmann Wilhelm Otten ging 1986 nach 33 Dienstjahren in den Ruhestand. Ruhe gegeben hat er deshalb aber noch lange nicht. Im Gegenteil – der Senior verstärkte sein Engagement, wechselte in die Politik und zog sowohl in den Gemeinderat als auch in den Kreistag ein. Otten gehört zu den Gründern des im Juli 1989 aus der Taufe gehobenen Lilienthaler Seniorenbeirats und war bis zu seinem Tode im Jahre 2002 Vorsitzender der Stiftung Amtmann-Schroeter-Haus.

Es sei fast unmöglich, alle Initiativen und Aktivitäten zu erwähnen, hieß es zu seinem Tod. Der im Alter von 79 Jahren Verstorbene war geschätzt. „Er hat sich für Zusammenhänge interessiert und für die Zusammengehörigkeit der Menschen in der Gemeinde eingesetzt", erinnerte die Pastorin Christina Norzel-Weiß bei der Trauerfeier im März 2002 in der Klosterkirche an einen „großen Lilienthaler". Otten wurde 1979 mit dem Bundesverdienstkreuz ausgezeichnet. 2001 erhielt er die Niedersächsische Medaille für vorbildliche Verdienste um den Nächsten. „Sein Wirken war zeitlebens eine Lehrstück dafür, wie man trotz unterschiedlicher Positionen zu fruchtbaren Ergebnissen kommt", schätzte auch der Sozialdemokrat Till Hase-Bergen den politischen Widersacher. *KLG*

Friedrich-Wilhelm Raasch

* 1938 in Hildesheim   † 1997 in Tübingen

„Wir müssen bestrebt sein, nicht gegeneinander, sondern miteinander zu arbeiten", sagte Friedrich-Wilhelm Raasch am 2. Juli 1974 nach seiner ersten Wahl zum ehrenamtlichen Bürgermeister Lilienthals zu den 31 Ratsmitgliedern. Auch unterschiedliche Meinungen könnten eine Basis für fruchtbare Zusammenarbeit sein, denn im Mittelpunkt stehe für ihn immer der Bürger.

1974 war gerade die Gebietsreform durchgeführt worden, und die Eingemeindung von Worphausen, Heidberg, Seebergen und Sankt Jürgen wurde zunächst von der Bevölkerung sehr skeptisch und vorsichtig aufgenommen. Raasch hat mit seiner verbindlichen und sehr repräsentativen Art verstanden, das Thema den Menschen näher zu bringen und ihr Vertrauen zu gewinnen. Er konnte sie überzeugen, dass Rat und Verwaltung alles tun werden, die natürlichen Strukturen der neu hinzugekommenen Ortsteile zu erhalten, einer Zerstörung des Landschaftsbildes und einer Zersiedelung entgegenzuwirken und die Identität der Gemeinde trotz Großstadtnähe zu bewahren. Friedrich-Wilhelm Raasch war 1962 als Rechtspfleger zum damaligen Amtsgericht Lilienthal gekommen. Er engagierte sich bald in der Regionalpolitik und wurde schon 1968 für die CDU in den Gemeinderat und zum stellvertretenden Bürgermeister gewählt. Nach seiner Zeit als Geschäftsführer des Amtsgerichts Verden (1971–1973) und dem Wechsel an das Amtsgericht Osterholz-Scharmbeck, konnte er von 1974 bis 1990 viermal hintereinander im Lilienthaler Rat die absolute Mehrheit als ehrenamtlicher Bürgermeister erzielen. Er genoss aufgrund seiner positiven Lebenseinstellung, seines Engagements und seiner Loyalität innerhalb und außerhalb der Gemeinde Lilienthal großes Ansehen. Als CDU-Abgeordneter im niedersächsischen Landtag (1978–1990) konnte er auch dort zur Gesamtentwicklung Lilienthals beitragen.

In seiner Amtszeit als Bürgermeister hat er die Einrichtung von Sozialstationen und Verbesserungen beim Evangelischen Hospital vorangetrieben. Das Angebot aller Schulformen, die beachtliche Sportstättenplanung, die positive Entwicklung im kulturellen Bereich und die Ansiedlung ausschließlich „sauberen" Gewerbes, sei eine Leistung über die er sich freue, sagte er im Januar 1990 in seiner Abschiedsrede. Obwohl für ihn Politik bedeutete, sich um Menschen und deren Belange zu kümmern, reizte ihn nun die geforderte Kreativität und der Umgang mit den Medien als Geschäftsführer des Landesrundfunkrates Niedersachsen in Hannover.

1984 wurde Friedrich-Wilhelm Raasch das Bundesverdienstkeuz am Bande verliehen. In der Begründung heißt es: „Es sind die Gemeindeparlamente und ihre Verwaltung, die die vom Staat gemachten Gesetze in die Praxis umsetzen." Deshalb müsse der Staat auf die kommunale Selbstverwaltung und ihre vom Bürger gewählten Vertreter vertrauen können. Raasch habe es mit seiner ehrenamtlichen Arbeit geschafft, dass sich die Gemeinde Lilienthal zehn Jahre nach der Gebietsreform als eine harmonische Einheit darstelle.

JG

Wilhelm Wesselhöft

* 1951 in Lilienthal

seit 1964
   evangelische Jugend- und Pfadfinder-Arbeit
seit 1971
   politische Betätigung besonders auch in der Partnerschaft mit der niederländischen Gemeinde Stadskanaal
seit 1972
   in den Gemeinderat gewählt
   davon 12 Jahre Fraktionsvorsitzender der SPD
seit 1974
   in der Arbeiter Wohlfahrt (AWO) tätig dort Aufgaben in der Kinder-, Jugend- und Altenarbeit
   über 25 Jahre Vorsitzender der AWO Lilienthal
   davon 10 Jahre als Kreisvorsitzender
seit 1981
   Mitglied im Kreistag

1989
   Mitbegründer des Seniorenbeirates
1991 – 1996
   Bürgermeister der Gemeinde Lilienthal
   Einführung des „Neujahrsempfanges"
   Einführung des „Tages der Ehrenamtlichen"
1996 – 2001
   stellvertretender Bürgermeister
   Vorsitz der Freiwilligenagentur

Schneller – höher – weiter

Sport –
private Körperertüchtigung

Sport –
Risikofaktor für die Krankenversicherung

Sport –
Integrationschance für Randgruppen

Sport –
Möglichkeit Leistung mit Werbung zu verknüpfen

Sport –
bedeutender Wirtschaftsfaktor

Sport –
Gelegenheit der beruflichen oder ehrenamtlichen Betätigung

Sport –
infrastrukturelle Aufgabe in der Ortsplanung

Sport –
Plattform des Leistungswettbewerbs und der Selbstdarstellung

Sport –
Bühne für aktive Spieler und passive Zuschauer

Sport –
Katalysator im sozialen Gefüge

Sport –
Weg zur Volksgesundheit

Sport –
Rekreation der Arbeitskraft

Sport –
Übungsfeld für Teamfähigkeit und Mannschaftsgeist

Sport –
Trainingsart für Körper, Geist und Seele

Sport –
medizinische Prävention

Sport hat in Lilienthal eine lange Tradition. Schon die Menge der Vereine spricht eine deutliche Sprache. Das besondere Engagement einzelner Lilienthaler kommt an manchen Stellen in diesem Buch zur Sprache. Als eine der schönsten Nebensachen der Welt durchzieht der Sport fast alle gesellschaftlichen Bereiche, wird positiv eingeschätzt und seine Organisationen in der Regel als gemeinnützig anerkannt. Daraus könnte man ableiten, dass alle auf diesem Gebiet Aktiven mehr oder weniger dem Gemeinwohl dienen.

Sport in all seinen Ausprägungen und Organisationsformen bietet Betätigungsfelder aller Arten, haupt- und nebenberuflich, ehrenamtlich und aktiv ausübend. Ob auf dem Siegertreppchen, in der Vereinsverwaltung, in der Organisation hinter den Kulissen. Und zwar in allen Altersklassen.

Aus dem breiten Spektrum, das ohnehin in der Berichterstattung alles andere als zu kurz kommt, sind mit zwei Menschen, stellvertretend für viele andere, die extremen Pole markiert, zwischen denen sportliche Aktivität sich ereignet. Bei dem einen stehen Ehrgeiz und Leistung im Mittelpunkt – bei der anderen Spiel, Spaß, Freude, Freizeit, Gemeinschaft, Vergnügen, Entspannung …

JIDG

Inge Winter

* 1937 in Angerapp/Ostpr.

Leistung?
             Nein danke! – Oder?

Wer jahrelang den bettlägerigen Vater pflegt – arbeitet.
Wer zwei Kinder erzieht – arbeitet.
Und wer sich intensiv um die Enkel kümmert – der arbeitet auch.
Was ist Arbeit? Geld verdienen, also etwas für sich tun? Oder „nur" etwas für andere? Und was ist Leistung?
Als Inge Winter mit 55 Jahren ihre berufliche Tätigkeit mit Hilfe einer Abfindung an den Nagel hängt, arbeitet sie ununterbrochen weiter. Immer noch für andere. Immer noch begeistert. Und auch immer noch für die schönste Nebensache der Welt – die Freizeit. Schließlich: Warum sollte Arbeit deshalb keine Arbeit sein, nur weil sie Spaß macht? Oder weil sie nicht bezahlt wird? Natürlich arbeitet sie ehren„amt"lich. Denn:
Als Ende der 70er Jahre beschlossen wurde, in Seebergen eine Turnhalle zu bauen, beratschlagten einige Seeberger, wie sie ihre Lust an Bewegung und ihre Abneigung gegen Wettkämpfe unter einen Hut bzw. unter das Dach eben dieser Turnhalle bekommen. Der frühere Fußballer Dieter wünschte sich spielerische Angebote ohne Verletzungsgefahr, die den Familien das Wochenende erhielten. Leistungsdruck, Punkte sammeln, besser sein müssen? Handwerksmeister Werner wollte sich im Sport ohne Konkurrenz und Auslese sozial für Jugendliche engagieren. Für ein Ehepaar waren günstige Erreichbarkeit, Zeit und Kosten wichtig. Einer wollte in neue Sportarten hineinschnuppern. Die Angestellte Inge hätte gern in lockerer Form mit alt und jung Gymnastik getrieben aber ohne Klatsch und Tratsch. Alle Gründer des „etwas anderen Sportvereins" verabschiedeten sich bewusst vom Trend zum Schneller-Höher-Weiter. Denn warum sollte es ausgerechnet in der Freizeit Verlierer geben? Gerade hier könnten die Menschen doch aufgebaut werden! „Freizeit-Sport-Gemeinschaft" war der gemeinsame Nenner dieser Bedürfnisse und hatte mit Prof. Dr. Hans-Jürgen Schulke sogar einen Sportlehrer von der Bremer Universität an seiner Spitze; er suchte einen kinder- und familienfreundlichen Verein und wollte die Wertschätzung des Breitensportlers gewahrt wissen. Und in dieser sollte sich Inge Winter, nachdem das eine Kapitel „Arbeit" (siehe oben)

Volleyballgruppe der Freizeit-Sport-Gemeinschaft ohne Trikot-Werbung (vorne Mitte: Inge Winter).

abgearbeitet war, zusehends engagieren. Der unkonventionelle Verein baute auf die solidarische Hilfsbereitschaft und Selbstorganisation durch seine Mitglieder und argumentierte sich trotz ausdrücklicher Absage an Wettkämpfe in den Landessportbund Niedersachsen bzw. den Niedersächsischen Turnerbund.

Und nicht nur das: knapp vor der 10-Jahres-Feier wurde mit seinem „aktiverleben"-Tag unter 18.000 beteiligten Sportvereinen ein Konzept mit dem 1. Preis geadelt, an dessen Vielseitigkeit Inge Winter großen Anteil hatte und das auch 25 Jahre später noch zieht.

Um für ihre aus vielen Neubürgern, jungen Familien, bestehende Dorfgemeinschaft etwas in Bewegung zu bringen, ist Inge Winter nicht nur 17 Jahre lang als 2. Vorsitzende „Motor" der Gruppe, sondern sie erwirbt sogar noch die Übungsleiterlizenz und freut sich über jedes neue Gesicht, sei es nun das Einjährige im Mutter-und-Kind-Turnen oder die 85-Jährige bei der Stuhlgymnastik. Und sie freut sich darüber, dass über den Spaß an der gemeinsamen Bewegung, am Spiel, an ihren fantasievollen Ferienspaß-Aktionen wie Nachtwanderungen bei Vollmond mit Himmelsbeobachtungen, bei der Radtour für Familien oder beim Fahrrad-Geschicklichkeits-Parcours für die Schulkinder, beim Bumerangwerfen, Zeltager und Stockbrotbacken die Dorfgemeinschaft zusammenwächst. Der Sport reißt nicht durch mit Wettkämpfen vollgestopfte Wochenenden die Familien auseinander – dafür sorgt Sportwart Dieter – sondern Turniere sind für alle da und gehen schließlich in Gesellschaftsspiele, Eis essen oder Grillen über. Statt aufwändiger Pokale gibt es Schleifchen an den Tennisschläger. Dabei sein ist alles. Ausflüge oder eine Winterwanderung gehören ebenso dazu wie spontane Aktivitäten, die ruckzuck ohne Organisationskomitee aus dem Stegreif auf die Beine gestellt werden. Etwa ein Fünftel der Bewohner dieses Ortsteils amüsiert sich schon bald in dieser Gemeinschaft fitwärts, dazu kommen noch etliche Mitglieder aus umliegenden Ortschaften und sogar aus Bremen, um bei diesem „Spiel ohne Grenzen" dabeizusein.

JIDG

Herbert Meyer

* 1939 in Bremen

Der mit den Pferden springt

Der Name der Gemeinde Lilienthal ist auch mit olympischem Gold verbunden. Dieses vermutlich einmalige Ereignis ist dem Trainer der deutschen Springreitermannschaft zu verdanken. Er war maßgeblich dafür verantwortlich, dass die Reiter bei den olympischen Spielen 2000 in Sydney die Konkurrenz hinter sich ließen. Die Anerkennung für Herbert Meyer folgte im Januar 2001. Die damalige Bürgermeisterin Monica Röhr und der Gemeindedirektor Detlef Stormer überreichten dem Frankenburger die Ehrenbürgerurkunde. Eine weitere Auszeichnung wurde dem gebürtigen Bremer im gleichen Jahr in Hannover verliehen. Niedersachsens Innenminister Heiner Bartling heftete dem Reittrainer in Hannover das Bundesverdienstkreuz ans Revers.

Dass der 1939 geborene Meyer mit Pferden zu tun haben würde, war schon früh vorgezeichnet. Schon auf dem elterlichen Hof kam er mit ihnen in Berührung. Er lernte Landwirt, qualifizierte sich zum Pferdewirtschaftsmeister und wurde 1985 Bundestrainer der Springreiter. Er nahm an den Olympiaden in Seoul, Barcelona, Atlanta und Sydney teil und holte als Trainer mit seiner Mannschaft jeweils Gold. Das Reiten lernte er übrigens von seinem Vater, Josef Meyer, einem ehemaligen Kavalleristen und Zollbeamten. Herbert Meyer ritt anfangs für den RV Werderland Bremen und später für den RV Sankt Jürgen. Der Lilienthaler gilt als der erfolgreichste deutsche Reiter-Bundestrainer aller Zeiten und lebt auf einem Hof in Frankenburg. Was weniger bekannt ist: Herbert Meyer beherrscht auch die weißen und schwarzen Tasten virtuos. In jungen Jahren war der langjährige Boss der deutschen Springreiter dazu ein begeisterter Leichtathlet. Meyer war Bremer Jugendmeister über 60 Meter in der Halle.

UL

Gold – Silber – Bronze: die Edelmetalle von Herbert Meyer

Jahr	Veranstaltung	Medaillen
1988	Olympische Spiele Seoul:	Mannschaftsgold und Einzelbronze
1990	Weltreiterspiele Stockholm:	Mannschaftssilber
1992	Olympische Spiele Barcelona:	Einzelgold
1994	Weltreiterspiele Den Haag:	Mannschaftsgold, Einzelgold u. Einzelbronze
1996	Olympische Spiele Atlanta:	Mannschaftsgold u. Einzelgold
1997	Europameisterschaft Mannheim:	Mannschaftsgold u. Einzelgold
1998	Weltreiterspiele Rom:	Mannschaftsgold u. Einzelbronze
1999	Europameisterschaft Hickstead:	Mannschaftsgold
2000	Olympische Spiele Sydney:	Mannschaftsgold

Hilf mir, es selbst zu tun

Im Kapitel Politik fanden sich viele Hinweise auf die wachsende Nachfrage und Bedeutung sozialer Einrichtungen in Lilienthals Geschichte. Ein weiterer Indikator für den hohen Stellenwert sozialen Engagements auch und vor allem auf bürgerschaftlicher Seite besteht in der öffentlichen Wertschätzung von Einzelpersonen und Gruppen, von Selbsthilfegruppen und Sozialsponsoring, von gemeinnützigem Engagement in Verbänden und Vereinen und in ehrenamtlichen Tätigkeiten beispielsweise über die Freiwilligenagentur.

Der Einsatz für die Gemeinschaft setzt nicht nur Idealismus, Kraft und Durchhaltevermögen voraus, sondern fordert häufig die Menschen bis an ihre Belastungsgrenze. Häufig gesellen sich zu dem persönlichen und zeitlichen Aufwand wie selbstverständlich private Mittel, die trotz Aufwandsentschädigung und öffentlicher Anerkennung durchaus als zusätzliche Leistung – auch der dahinter stehenden oder dahinter zurückstehende Familie – gewertet werden dürfen.

Unter diesem Aspekt ist es beeindruckend und anrührend, immer wieder zu erleben, dass auch gerade Menschen aus eigener Betroffenheit heraus sich für andere engagieren: Aus einem bewältigten Problem heraus, einer überstandenen schweren Krankheit oder einer überwundenen Abhängigkeit von seinen Tiefs und Erfahrungen abzugeben, Hilfestellung zu leisten, oder einfach verständnisvoll und kompetent zuhören zu können. Großen Respekt fordert es, wenn Menschen trotz krankheitsbedingter Berufsunfähigkeit ihr Mitgefühl, ihre verbliebene Kraft, ihre Ideen und ihren Idealismus in den Dienst anderer gehandicapter Zeitgenossen stellen. Und wie phantasievoll sie dabei vorgehen, wie geduldig, beharrlich, konsequent und erfolgreich.

Lilienthal darf sich glücklich schätzen, über ein derart großes Potential von sozial sensiblen und aktiven Mitmenschen zu verfügen.

JIDG

Käte Dankwardt

*1929 in Lilienthal † 1999 in Lilienthal

Gutes tun durch stille Aufmerksamkeit

Das sei nicht der Rede wert? Das kann doch jeder! – Wirklich? Möglicherweise ist es aber doch eine Gabe, die von sich selbst ablenkt und dem anderen etwas gibt – und zwar das, was dieser gerade benötigt: Etwa den „Notgroschen", damit die Kinder zu Hause anrufen können. Die warme Suppe oder den Tee, wenn eines viel zu spät heimkommt. Und das offene Ohr, um sich die Sorgen und Nöte anzuhören, die Begeisterung, den Grund für die Verspätung – ohne Schimpfen, nie laut, ohne Strafe – nur einfach dasein und teilnehmen an dem was war, verständnisvoll, geduldig. In sich ruhend und voller Selbstvertrauen. „Kind, geht's dir gut, dann geht's mir auch gut." – Ob ihre Kinder Mutters Anteilnahme als Kontrolle oder erdrückend empfunden haben? Energisches Nein! Mit Problemen seien sie immer zuerst zu ihr gegangen. Und im Alter haben dann sie täglich nach Mutters Wohlergehen gefragt. „Mutter war immer der Mittelpunkt und sie fehlt uns noch heute. Aber es ist, als ob sie hier überall wäre ..." sagen die erwachsenen Kinder, längst selbst Eltern, übereinstimmend. Das Gespräch mit zwei Töchtern aus der vierköpfigen Kinderschar ist schon am Telefon herzerwärmend, wieviel mehr noch, als wir zusammensitzen und sie die Fotos herausholen; die Gedichte auf Käte und Ehemann Bruno, in denen ihre nachbarschaftliche Hilfsbereitschaft und Güte in viele, viele Strophen gebracht wird; und die Anzeigen – Gedächtnisanzeigen, alle Jahre wieder.

Sie erinnern sich gern und oft gegenseitig an die Mutter. „Was hätte Mutter dazu wohl gesagt?" fragen sie häufig. Mutter hätte wie immer bloß einen Vorschlag gemacht, denn „du musst deine Erfahrungen selber sammeln, irgendwann sind wir nicht mehr da." – „Mama hat uns nicht ‚erzogen', sondern wachsen lassen", sagen sie dankbar. Sicher haben sie sich an ihrem Vorbild orientiert: Die drei Töchter sind in sozialen Berufen tätig, der Sohn hat mit Fahrzeugen zu tun und hilft wo er kann - wie der Vater.

Den Wohnraum ihrer frühen Kindheit haben sie als sehr bescheiden und eng aber nicht einengend in Erinnerung, draußen war ja genug Platz. Die Eltern haben immer gearbeitet. Vater war anfangs viel unterwegs, aber sie war immer für uns da und „hat uns die kleinen, unscheinbaren Dinge nahegebracht: den aufgehenden Stern am Abendhimmel." – Sie konnte ganz unaufdringlich eine Atmosphäre des Vertrauens schaffen. Sie konnte geben, ohne eine Gegenleistung dafür zu erwarten oder gar zu fordern. „Sie hat immer gegeben und sich still gefreut," erinnern sich die Kinder an Mutters Einstellung, dem anderen solle es gut gehen. „Mutter hat nie nein gesagt", aber sich dabei nicht etwa ‚aufgeopfert', sie pflegte durchaus ihre privaten Kreise. Ist doch klar, dass man mit Kindern liebevoll umgeht. Aber mit Sachen? Mit unscheinbaren Glasperlen, die auf den Fußboden gefallen und weggerollt sind. Her mit dem Staubsauger, weg auf den Müll, unsere Wohlstandsgesellschaft will das so? Was im Trubel des Kindergartentags übersehen und danach vergessen wurde, hob sie mittags und abends auf und sortierte es wieder zurück. Wer wusch die Fingerfarbe aus den Margarinetöpfen und sorgte sogar für Nachschub? Wer sorgte dafür, dass das Altpapier dem DRK zugute kam? Nicht der Rede wert? Also nichts wert? Käte Dankwardt war im Kindergarten Ostlandstraße 15 Jahre lang für die Pflege des Fußbodens zuständig. Und an was erinnern sich die Erzieherinnen?

„Auf Tagesausflügen hat sie uns begleitet, um uns mit ihrer stillen und hilfsbereiten Art zu unterstützen." Oder „… ist mir als absolut freundlicher, hilfsbereiter und zufriedener Mensch in Erinnerung. Obwohl es ihr bestimmt oft nicht gut ging, hat sie ihre Arbeit nie vernachlässigt oder sich ‚krankschreiben' lassen." Oder „Die Kinder haben sie geliebt. Bei den Ausflügen haben sie sich immer an sie gewandt." Oder: „Sie hat viel mehr gemacht als sie musste und auch mal eben im Vorbeigehen Unkraut gezupft …"
Bei ihrer Beerdigung war die Kirche brechend voll.
Käte Dankwardt steht exemplarisch „für viele alte treue Mitarbeiter mit hoher Arbeitsmoral".

Im Nachruf der Gemeinde Lilienthal heißt es:
„Am 13. Juni 1999 verstarb im Alter von 69 Jahren Frau Käte Dankwardt. Die Verstorbene … blieb auch nach ihrem Ruhestand noch auf vielfältige Weise dem Kindergarten verbunden. Frau Dankwardt war durch ihre Gewissenhaftigkeit, Freundlichkeit und ihr sympathisches Wesen eine allseits beliebte und geschätzte Kollegin und Mitarbeiterin …" die sich auch nach ihrem Ausscheiden aus dem Dienst Jahr über Jahr bei den Tagesausflügen als liebevoller und geliebter Kuschelplatz für müde Dreikäsehochs zur Verfügung stellte. Danke, Frau Dankwardt!
JIDG

Herbert Rüßmeyer

* 1936 Osterholz-Scharmbeck

Mitarbeiterschulung mit Schlips und Kragen in den 60er Jahren
(v.l.n.r.: Karl-Heinz Sammy, Hans-Hermann Teller und Herbert Rüßmeyer).

Jugendheim als Schule der Demokratie

Wenn man heute mit Menschen spricht, die ihre Jugend in Lilienthal verbracht haben, taucht fast immer das Jugendheim Falkenberg und der Name Rüßmeyer auf. Der Ort wuchs enorm und in Falkenberg sollte ein neues Gemeindezentrum samt Kirche entstehen.
1964 wurde das Evangelische Jugendheim Falkenberg eröffnet.

So etwas hatte es hier vorher noch nicht gegeben. Und mit dem 28-jährigen gelernten Industriekaufmann Herbert Rüßmeyer als Heimleiter erwartete ein junger Mann Aufgaben, die er zuvor viele Jahre ehrenamtlich in der kirchlichen Jugendarbeit und in der christlichen Pfadfinderschaft seiner Heimatstadt Osterholz-Scharmbeck trainieren konnte. Und die er hier fast 25 Jahre fortsetzte. Während zunächst vor allem kirchliche Gruppenarbeit, besonders die der traditionsreichen Pfadfinder, im Mittelpunkt standen, sprach sich dieser funkelnagelneue Treffpunkt schnell herum. Innerhalb kurzer Zeit schaffte Rüßmeyer es, mit viel Idealismus und mit Hilfe einiger bereits mit Leitungsaufgaben vertrauter Jugendlicher eine gruppenbezogene Jugendarbeit aufzubauen. Dem Zeitgeist entsprechend hatten sie gesellige oder thematisch orientierte Programme. Dazu gehörten auch Wochenendfreizeiten, Zeltlager und Sommerfahrten. Dem wachsenden Bedürfnis nach nicht so bindenden Zusammenkünften kam bald die Idee „Offene-Tür"-Bereiche zu schaffen entgegen. Neben ungezwungenem Tischtennisspielen trafen sich Kinder, Jugendliche oder junge Erwachsene bei Beat-Veranstaltungen, Hobbykursen, Diskussionen, Filmvorführungen oder einfach zum Reden. Und zwar in einem Haus, das an sechs Tagen in der Woche von nachmittags bis abends geöffnet war. So konnten in den ersten zehn Jahren ca. 250.000 Besucher gezählt werden.

Ende der 60er Jahre sorgten die allgemeinen Jugendunruhen für einen Wandel von der etwas strafferen Führung zu mehr Lockerheit. Vorbei die Zeit, wo vor Tanzveranstaltungen die Türkontrolle bei den jungen Männern auf Krawatten und bei den jungen Damen auf Röcke zu achten hatte.

Heimleiter Rüßmeyer setzte sich mit diesen Veränderungen auseinander und er verstand es, diesen Umbruch zu meistern. Sein Führungsstil konnte durchaus als engagierte und kritische Aufklärung bezeichnet werden. Durch seine integre Persönlichkeit gelang es ihm auch, verschiedene Konflikte, die durch diese gesellschaftlichen Veränderungen entstanden, zu lösen. Für viele Jugendliche war er fast so etwas wie ein Ersatzvater. Es wird erzählt, dass er immer zu sprechen war. Selbst nachts, da er oben im Jugendheim wohnte. Nicht selten krabbelte ein Schäfchen bei Rüßmeyers unter. Am nächsten Morgen ging Herbert dann als Geleitschutz mit zu den Eltern und konnte manches zerstörte Vertrauensverhältnis zwischen Eltern und Sprössling wieder aufbauen helfen. Wegen seiner konsequenten Parteinahme für die Jugend wurde seine Arbeit von der Politik auch kritisch betrachtet. Dennoch: Das Erlernen von Demokratie und Toleranz hatte bei ihm einen hohen Stellenwert. Die jungen Lilienthaler

30 Jahre später bei einer England-Freizeit.

Ratsmitglieder kamen fast ausnahmslos aus Rüßmeyers „Schule".

Geprägt durch die Arbeit im Jugendheim, durch Zeltlager und Jugendbegegnungen in den Ostblockstaaten, aber auch beispielsweise in Holland und England entstanden lebenslange Freundschaften. Als Initiator des Ortsjugendringes in Lilienthal und mit Hilfe dieses Dachverbandes und des Landes- und Bundesjugendrings schuf er die Voraussetzungen für diese Reisen und war maßgeblich an den ersten Kontakten mit der niederländischen Gemeinde Stadskanaal beteiligt. Auch die Kontakte zur polnischen Partner-Gemeinde Bielsko-Biala und dem in der Nähe von Leipzig gelegenen Baalsdorf-Mölkau hat er in die Wege geleitet.

KHS

Margrit Lindemann
* 1938 in Lilienthal   † 1998 in Lilienthal

Landfrau mit Geschichtsbewußtsein und Kamera

Nach außen sieht es für Uninformierte eher so aus, als ob „die Landfrauen" ein Bastel- und Häkelclub oder auch für die kulinarische Seite des Neujahrsempfangs des Bürgermeisters zuständig sind.

Als Elisabeth Böhm vor gut 100 Jahren in Ostpreußen den ersten Landwirtschaftlichen Hausfrauenbund ins Leben gerufen hatte, wollte sie damit den bäuerlichen Familien helfen, ihre Erzeugnisse besser zu vermarkten, um damit ihre Not zu lindern. Außer einem erfolgreicheren Marketing wollte sie mehr und bessere Ausbildungsmöglichkeiten für die Frauen in der Landbevölkerung schaffen. Auch die 34 Gründungsmitglieder des St. Jürgener Landfrauenvereins um Annegret Lohmann etwa ein dreiviertel Jahrhundert später waren alle in der Landwirtschaft tätig. Der Bus fuhr selten und der Trend zum Zweitauto war hier noch sehr zurückhaltend. Was lag näher, als sich zusammenzutun. Und zwar zu einem Zeitpunkt, als in der Region noch keine Volkshochschule präsent war. Fortbildung ist eine der wesentlichen Zielsetzungen der Landfrauen und reichte von Kindererziehung und Generationenkonflikten über Höfeordnung, Rechts- und Wirtschaftsfragen bis zu Existenzfragen des Berufsstandes überhaupt. Die Bereiche Sozialpolitik, Gesundheit, Medizin und Allgemeinbildung gehörten ebenso dazu wie Kreatives Schaffen, Nahrungszubereitung, Schönheitspflege. Außerdem ist da kaum eine kunsthandwerkliche Technik, die in den jetzt fast 40 Jahren nicht erlernt werden konnte. Aber schon 25 Jahre nach Gründung stammen viele Mitglieder bereits aus anderen Berufen. „Landfrauen" sind nun eine Bildungsgemeinschaft von und für Frauen, die auf dem Land leben. Was sie eint, ist der Wohnort, die Nachbarschaft, auf dem Land in verkehrstechnisch durchaus isolierter Lage, das Bedürfnis nach sozialem Kontakt auch für die Kinder und nach Anregungen über den eigenen Haushalt und Beruf hinaus – also Kultur und Weiterbildung. All diese Bereiche deckt das Veranstaltungsprogramm der Landfrauen ab und noch viel mehr.

Eine Landfrau der ersten Stunde ist Margrit Lindemann – und zwar eine besondere.

Sie ist nicht nur Hoferbin, sondern dokumentiert schon als Kind das Leben auf dem Lande mit Kamera und Schulfüller. In pieksauberer Handschrift hält dann die Berufsschülerin Margrit Dehlwes zu heimatkundlichen Themen, alles, was sie in Erfahrung bringen konnte, fest; illustriert es mit eigenen oder erbetenen Fotos; bewahrt es zunächst in einer Mappe, dann in Ordnern, später in ihrem Büro auf. Fragen nach dem Elternhaus, kann sie in „Was weiß ich von der Geschichte unseres Hofes?" nachblättern. Das geht übers Hofbuch bis hin zu einem Plan des allerersten Schornsteins zurück in die Vergangenheit. Für Heimatforscher eine Fundgrube. Für sie – eine Selbstverständlichkeit. Auslöser waren Foto-Alben, die bei Familienfesten kreisten und Geschichte lebendig machten. Das will sie auch. Für die zukünftigen Generationen: Familie, Flüchtlingskinder, Kühe, Pferde, die Großmutter, das dörfliche Leben. Sie fotografiert, klebt und kommentiert. Sie protokolliert auch die Aktivitäten der Landfrauen mit dem Objektiv. Lehrreiche Dokumentationen entstehen. Eine erhält 1985 den ersten Platz des Kulturförderpreises. Thema: „100 Jahre Landkreis."

Daneben gab es das „richtige" Leben, das gelebt und nicht fotografiert sein will. Und das wartet zunächst mit harter Arbeit auf die gelernte Hauswirtschafterin. Sie heiratet, aber der Ehemann bringt seinen eigenen Hof mit. Das heißt zwischen Frankenburg und Wührden pendeln und beide bewirtschaften. Drei Kinder großziehen, vier Eltern pflegen. Dazu der große Bauerngarten mit seinem Gemüse und Obst zur Selbstversorgung, der Tannenbaumverkauf, die Pferdezucht, die „Sauerei und Ferkelei", der Kuhhandel und die Milchwirtschaft und über 25 Jahre die Vorstandsarbeit im Landfrauenverein. 25 Jahre, davon 14 Jahre als Stellvertretende Vorsitzende. Mit den Worten „Ich finde, dass es an der Zeit ist, die nächste Generation stärker einzubeziehen," schaffte sie Tatsachen und macht prompt den Weg frei. Natürlich zieht sie sich nicht aus der aktiven Arbeit zurück, aber die Stafette wird an die Zukunft weitergegeben. Doch dass sie ihre Kamera wenige Jahre später endgültig aus der Hand legen muss, war sowohl für die Landfrauen als auch für ihre Familie viel zu früh.

JIDG

Karla Pfingsten

* 1941 in Bremen

Nur tote Fische schwimmen mit dem Strom

Sie hat in Lilienthal vieles angestoßen: Manches davon aus persönlichem Interesse, manches aus politischem Willen, manches aus kulturellem Bedürfnis und vieles davon vor allem für andere. Manche lieben sie, andere wiederum beißen sich an ihr die Zähne aus. Dabei ist sie einfach nur eine engagierte, soziale und damit zwangsläufig politisch denkende Zeitgenossin, die bei all ihren Aktionen ihre studierte Kompetenz gleichzeitig mit eigener leidvoller Erfahrung als persönlich Betroffener unterfüttern kann und das ohne weinerlichen Unterton, sondern kraftvoll und selbstbestimmt – jedenfalls teilweise: Immer wieder zeigt der Körper ihr seine Grenzen. Selbst durch Kinderlähmung seit 55 Jahren gehandicapt stellt sie sich dennoch auf die Seite von Schwachen und Behinderten, also Menschen ohne Sprachrohr wie besonders auch Kinder. „Für das Kind ist der heutige Tag von Wert und heute muss es glücklich sein." Die das so nachdrücklich ausspricht, als sei es ihr Lebensmotto, war fünf Jahre Lehrerin auf der Krebsstation.

Als die junge Familie 1970 wie viele andere nach Lilienthal zog, stellte sie fest, dass der Ort sehr entwicklungsbedürftig war. „Lilienthal hat eine Größe, da kann der einzelne Mensch noch was bewirken," fand sie und durchsuchte die Partei-Programme danach, was sie über „Kindergärten" schrieben. Und in der einzigen Partei mit konkreten Aussagen zu dem Thema wollte sie mitarbeiten. Betreuung für die Kinder vieler berufstätiger Mütter schaffen.

1976 zieht die junge Lehrerin für Sprachbehindertenpädagogik erstmalig in den Rat der Gemeinde ein. Zehn Jahre später bewirbt sie sich um das Amt der Bürgermeisterin, kann den beliebten Friedrich-Wilhelm Raasch aber nicht verdrängen. Sie bleibt zehn weitere Jahre und geht später auch in den Kreistag. Und wenn sie jetzt nach insgesamt 30 Jahren aktiver Politik und fünf Jahren Fraktionsvorsitz Lilienthal „nur noch" im Kreistag vertritt, kann sie viele Erfolge für Lilienthal und seine Einwohner verbuchen; beispielsweise den der Kreisbehindertenbeauftragten oder der Fortbildung von Selbsthilfegruppen.

Noch eine Beobachtung ließ sie nicht ruhen: Mit dem „Evangelischen Hospital" hat Lilienthal die größte Behinderteneinrichtung Niedersachsens. Die Bewohner werden versorgt, mehr nicht. Menschen zweiter Klasse? Ausgegrenzt, weggesperrt? Ihr eigener Sohn geht zur Schule, der aus dem „Johannishag" herausgeholte Pflegesohn ebenfalls. Aber was ist mit der Schulpflicht, nein mit dem Recht auf Förderung und Bildung bei den geistig und mehrfach körperlich Behinderten? Und wozu gibt es 1978 einen Kongress in der naheliegenden Hansestadt zu diesem Thema, wenn nicht, um einige Koryphäen zu einer Podiumsdiskussion ins „Deutsche Haus" zu bitten. Der übervolle Saal beweist, dass sie viele Menschen aufgerüttelt haben muss. Der „Verein für Behinderte" gründet sich und es sollte sich vieles ändern: Da sich die Antwort auf ihr hartnäckiges Fragen nach Bildung für Behinderte als ein Rechtsproblem herausstellte, wurde für diesen besonderen Fall in Hannover das „Lex Lilienthal" kreiert, eine Ausnahmeregelung für über 18-jährige Behinderte, die bis dahin nicht beschult worden waren: Die „Jan-Reiners-Schule" für Menschen mit geistiger Behinderung wurde gebaut. Auch zum ganz gewöhnlichen Alltag im Hospital, wo derzeit 370 Menschen mit Behinderung untergebracht waren, leistete der Verein viele Beiträge: Lehrerin Karla weiß durch eigene Betreuertätigkeit, dass gerade die Wochenenden für die Bewohner immer so lang sind, weil die tagesstrukturierenden Maßnahmen und Freizeitaktivitäten wie Mal- oder die vom Verein finanzierten Alphabetisierungskurse der Volkshochschule fortfallen.

Inzwischen unterstützt der Verein den Behinderten-Stammtisch, die Theatergruppe und u.a. auch die Schule am Klosterplatz in Osterholz-Scharmbeck. Angestoßen hat die erste und bisher einzige Behindertenbeauftragte Lilienthals, die immer wieder einstimmig vom Gemeinderat im Amt bestätigt wurde, in Lilienthal einiges: Viele Gebäude sind zugänglicher, viele Straßen sind für Rollstuhlfahrer besser passierbar und manche Ampelübergänge für Blinde haben ihre Gefahr eingebüßt. Ihre Vision: ein beispielhaftes barrierefreies Haus in Lilienthal. Aber das ist noch nicht alles: Auch dem Lilienthaler „Ferienspaß" hat die aktive Mutter auf die Sprünge geholfen: Nachdem der vom Schulelternrat im Schulausschuss gestellte „Ferienspaß"-Antrag abgelehnt worden war, hatte er im zweiten Anlauf als Antrag eines SPD-Gemeinderatsmitglieds dann doch Erfolg. Zum Programm, mit dem vier Studentinnen ihr Praktikum absolvierten, gehörten unter anderem Ballspiele, Flöße bauen, ein Ausflug nach Bremerhaven, Weben zwischen Wäscheleinen und das Aufschreiben einer Friedensgeschichte auf Zeitungsrollen.

Ihre seit zehn Jahren zum Null-Tarif angebotenen Englisch-Kurse im Amtmann-Schroeter-

Haus versteht sie als Dank an die Gesellschaft, denn „Ich hätte ohne das System, in dem wir hier leben, nie Abitur machen können".

Das Ehepaar Pfingsten hat nicht nur ein Jahr lang einen Obdachlosen beherbergt, sondern sein Haus der Kunst geöffnet und durch aushäusige Veranstaltungen mit Literaten, Musikanten und anderen Künstlern die kulturelle Arbeit im Ort belebt: Zum Beispiel 1986 der „Feldhäuser Kulturherbst" mit der „Widerspenstigen Zähmung" durch die „bremer shakespeare company", einer Paula- und einer Frida Kahlo-Lesung.

Wie bei vielen erfolgreichen Frauen, steht mit Ehemann Werner Pfingsten auch hier ein solidarischer Mann dahinter, der die Aktivitäten aus Überzeugung unterstützt. Der ehemalige Fachleiter für Technik an einer Bremer Gesamtschule begründet sein Engagement wie folgt: „Es kommt so unendlich viel zurück - Du lebst nur einmal, und wenn du keine Spur hinterlässt, bist du nichts gewesen."

JIDG

Gertrud Schibilla

* 1942 in Bielefeld

Nein kann man auch freundlich sagen.
(Türkisches Sprichwort)

Lilienthal 1991: In der Gemeinde leben 245 ausländische Mitbürger, die überwiegend aus Kriegs- und Krisengebieten, dem Kosovo, Ostanatolien und dem Libanon stammen und Angst haben, in ihre Heimatländer zurückzukehren. Doch deren Mentalität verunsichert die einheimische Bevölkerung: Die Männer treten meist in Gruppen auf und die Heranwachsenden ziehen oft lautstark durch die Straßen. „Wenn man doch nur wüsste, was sie sprechen?" denkt es auf beiden Seiten. Dabei sind sie eher unentschlossen, verstört durch den Kulturschock und gereizt durch die sich so frei bewegenden jungen Mädchen hier.

Welch ein Gegensatz zu ihrer so ganz anderen Rolle den eigenen Schwestern gegenüber. Herausgerissen aus der Sicherheit des heimatlichen Dorfes und hineingeraten in eine anonyme, halbstädtische Gesellschaft, untergebracht in vom Sozialamt angemieteten Wohnungen, nicht wissend, wie lange sie bleiben werden, voller Furcht, dass ihr Asylantrag abgelehnt wird, sind sie irritiert. Ortswechsel für Verwandtenbesuch? Nur mit behördlichem Passierschein. Will man sie hier überhaupt haben? Schulen und Behörden haben große Probleme mit den patriarchalischen Familienstrukturen. Viele Lilienthaler sind ebenfalls irritiert. Und schließlich fliegen Steine durch die Fenster in zwei kurdische Wohnungen.

„Das hatten wir doch schon einmal?!" fragt sich entsetzt Gertrud Schibilla und sucht nach Auswegen. Schnell finden sich 70–80 empörte Bürger, um als „Ausländerinitiative" Zeichen zu setzen: gegen Rechtsradikalismus, gegen Ausländerfeindlichkeit – über die in der ganzen Bundesrepublik und auch an Weser und Wörpe initiierten

Demonstrationen in Form von Lichterketten hinaus.

Die Aufgabe lautet: Fremde brauchen Freunde. Sie sucht sich „ihre Ausländer" in ihrem Wohngebiet, geht hin und besucht auch die von den Steinwürfen betroffenen Familien. Leistet praktische erste Hilfe. Sie sieht in den Flüchtlingen gedemütigte Menschen und ihr Ziel ist es, deren Würde wieder herzustellen.

Sie hört zu, fragt und übersetzt Amtsdeutsch in verständliche Umgangssprache. Sie erklärt Anwaltsbriefe, begleitet bei Behördengängen, leistet Hausaufgabenhilfe im Evangelischen Jugendheim Falkenberg. Sie führt Gespräche mit LehrerInnen und findet bei Altenkreisen durch deren Kriegs- und Fluchterfahrung Verständnis. Mit Info-Ständen wendet sich die Initiative an die Öffentlichkeit.

Das kostet viel Zeit. Die gelernte Kindergärtnerin und Hortnerin ist in Geduld geübt. Die braucht sie auch, wenn die Rat Suchenden kurz vorm Weggehen einen Merkzettel aus der Hosentasche ziehen. Noch eine Hilfestellung ist erforderlich, um Not abzuwenden, Missverständnisse zu klären und die Bedingungen unserer Gesellschaft zu verdeutlichen. Ein Fulltimejob für eine Ausländerbeauftragtenstelle.

Aber die wird nicht geschaffen. Ebensowenig wie ein Treffpunkt für Migranten und Deutsche. So übernimmt die Initiative die Verantwortung für ihre Mitbürger und mit finanzieller Unterstützung einiger Lilienthaler können kleinere Ausgaben finanziert werden.

Nachdem die schlimmste äußere Not gelindert ist, bleibt für die harte Arbeit mit der Ausländerbehörde der harte Kern der Ausländerinitiative, zu der auch Ehemann Diether und ein Pastor der Sankt-Marien Kirchengemeinde gehören. Die Sprecherin erinnert sich gern an die gute, effektive und professionelle Kooperation, als sie das Kirchenasyl für eine siebenköpfige kurdische Familie alevitischen Glaubens vorbereiteten. Selbst wenn es durch erfolgreiche Verhandlungen mit den Behörden nicht in Anspruch genommen wurde. Inzwischen benötigen die hiergebliebenen Migranten Gertrud Schibillas Hilfe nur noch selten.

Was hat ihr bei dieser selbstgewählten Aufgabe geholfen? Zunächst das Buch „Der unheilige Krieg" von Gerhard Konzelmann. Und dann las sie sich nach und nach mit Sachliteratur, Reportagen und besonders durch Berichte arabischer Frauen in die geschichtlichen Hintergründe der uns fremden Kulturen und Wertesysteme ein. Hilfreich beim ersten Kontakt war jedoch eine Erfahrung, die sie als junge Aussteigerin nach Besuch des altsprachlichen Gymnasiums in Griechenland gemacht hatte:

„Ja" und „Nein" werden von einem völlig anderen Minenspiel begleitet als bei uns.

Um die Verständigung zu fördern, standen auf ihrer Wunschliste folgerichtig: Alphabetisierungskurse, Deutsch für Ausländer, speziell für die meist isolierten Frauen, aber auch muttersprachlicher Unterricht in der Schule. Und damit die Menschen zur Ruhe kommen: menschenwürdiges Wohnen, Vermeidung von verordneten Umzügen mit zwangsläufigem Schulwechsel der ohnehin benachteiligten Kinder. Deren ängstliche Frage kurz vor Ablauf der Duldungsfrist: „Können wir noch draußen spielen?" bewegt sie auch noch auf einer ganz anderen Ebene: Die Augen offen zu halten für alle Menschen in unserer Gesellschaft, die von Gewalt bedroht sind.

JIDG

Karin Segelken

* 1954 in Hamburg

Man sieht nur mit dem Herzen gut ...

Man muss nicht alles neu kaufen oder besitzen: kein eigenes Haus, um darin zu wohnen; keine teuren Materialien, um das gepachtete her- und einzurichten. Schließlich gibt es genug Dinge aus dem Überfluss anderer Menschen, die aber für Schrott oder Sperrüll zu schade sind. – Die das sagt, muss es wissen. Denn mit Werkzeugmacher, Betriebsschlosser und Ehemann Andreas und der Familie vom Schwiegervater über Onkel und Tante bis zu den Kindern sowie guten Freunden restauriert sie ein denkmal-geschütztes Bauernhaus. Sie klopft Putz und Steine ab, während er Installationen recycelt, die Haustechnik einbaut oder Secondhand-Türblätter zu schönen Schiebetüren umfunktioniert, an denen sie sich nicht mehr stoßen kann. In den wenigen Mußestunden kocht sie Tee und er liest ihr vor. Heile Welt? Tatsächlich oder doch beinahe.

Er ersetze ihr die Augen. Die das sagt, ist nicht blind – sie kann nur nicht sehen. Trotzdem ist offen, wer hier wem hilft. Und er? Er hätte das Haus ohne ihre Hilfe nicht geschafft. Das Ergebnis: ein Gewinn fürs Lilienthaler Ortsbild! Man könnte denken, die beiden hätten damit genug zu tun und mit den Kindern.

„Man sieht nur mit dem Herzen gut. Das Wesentliche ist für die Augen unsichtbar". Diese Worte hätten von ihr sein können, wenn Antoine de Saint-Exypéry sie nicht schon so populär gemacht hätte.
Selbst elementar gehandicapt geht die gelernte Redakteurin jedoch mit offenen Ohren durch die Welt und findet Zeit, sich für andere zu engagieren. Für andere? Beide winken ab: von „Ehrenamt" wollen sie nichts wissen. Wo sie sich engagieren, tun sie es aus Freundschaft!
Bei diesem Bekenntnis schwingt unausgesprochen das Wort Solidarität mit, Empathie, Mitgefühl. Beide sind vom Schicksal dahin geschüttelt worden. Sie durch ihre Erblindung mit 28 Jahren, er durch den tödlichen Unfall seiner ersten Frau und den beiden schwer verletzten Kindern. Als der Metaller dann mit Mitte 40 schon zum „alten Eisen" geworfen werden sollte, wirft er das Ruder herum, um sich zum Ergotherapeuten umzuschulen. Als die Mutter eines eigenen und dreier Pflegekinder in ihrem früheren Leben in Frankfurt ihren Beruf nicht mehr ausüben konnte und dann lange in der Vermittlung von blinden und sehbehinderten Akademikern gearbeitet hat, musste sie sich dafür Blindenschrift und Bürotechniken aneignen, sich selbst neu organisieren und orientieren. Ihr „sprechender" Computer eröffnet weitgehende Unabhängig- und Kommunikationsmöglichkeit. Kein Wunder, dass sie sich zu Wort meldet, wenn gedankenlose Bürger ihre Hecken an öffentlichen Wegen nicht zurückschneiden. Das gefährdet sie und ihren Blindenhund, wenn sie auf die Straße ausweichen müssen, und natürlich auch Rollstuhlfahrer. Kein Wunder auch, dass sie eine besondere Sensibilität für behinderte Zeitgenossen entwickelt und sich engagiert. So hat sie 2002 den „Behinderten-Stammtisch" mit gegründet, ist Vorstandsmitglied beim „Verein für Behinderte Lilienthal" und hat im Europäischen Jahr der Behinderten 2003 – durchgesetzt, dass im Schroeter-Saal Filme gezeigt werden, die Behinde-

Andreas und Karin Segelken mit ihren Blindenhunden.

Er nützt Rollstuhlfahrern ebenso wie Kinderwagen schiebenden Eltern oder schwerbepackten Künstlern, die eine Ausstellung vorbereiten. Und warum können Kinder, Rad- und Rollstuhlfahrer endlich zwischen Roschenhof und Sportpark gefahrlos und ohne nennenswerte Behinderung ihre Sport- und Spielstätten erreichen?

Weil Karin Segelken über zwei Jahre bei den zuständigen Stellen hartnäckig nachgebohrt hat – und nun mit leuchtenden Augen aus vollem Herzen bekennt: „Es ist ein schönes Hobby, Menschen glücklich zu machen." *JIDG*

rungen nicht nur thematisieren, sondern auf einer separaten Tonspur die Handlung für Blinde beschreiben. Ihr Mann, der als Fahrer, Begleiter und seelischer Beistand seine soziale Ader immer weiterentwickelt hat, übernimmt ganz selbstverständlich die Dinge, die sie nur schwer bewältigen kann, wie das Anreichen des Essen bei behinderten Freunden. Auch der automatische Türöffner zu Murkens Hof ist mit dem angeheirateten Konstrukteur am heimischen Küchentisch ausgedacht worden.

In Lilienthal gibt es mit „Haus Clasen" einen Platz für eine betreute Wohngruppe behinderter junger Erwachsener, weil die frühere Besitzerin des hübschen Einfamilienhauses, Margarete Clasen, es in ihrem Testament so bestimmt hat.

Kultur fördern und mit Kultur fördern

Wenn eine Gemeinde ein derart aktives kulturelles Leben entfaltet, dass sie sich erstens eine Kulturbeauftragte leisten kann und zweitens die vielen kulturell aktiven Vereine sinnvollerweise ihre Veranstaltungen in einer AG Kultur koordinieren, vermutet man hier zu Recht auch etliche professionelle Künstler aller Gattungen. Fast selbstverständlich, dass diese ihre Kunst auch immer mal wieder in ihren Wohn- oder gar Heimatort investieren oder honorarfrei auftreten. Damit setzen sie Akzente und spornen an, ähnliches zu tun. Viele Benefizveranstaltungen wären ohne diesen Verzicht überhaupt nicht denkbar und haben kleine und große Dinge ermöglicht. Eine Schlüsselfunktion haben hier die Lehrer. Schön, wenn es gelingt, Schüler mit „ins Boot" zu holen, die beispielsweise in regelrechten Konzertreihen ihre Frei- und Übezeit in den Dienst der Erhaltung von historischen Bauwerken wie das Küsterschulhaus in St. Jürgen stellten oder die in anderen Aktionen wie Konzerte, Vorträge und Kleinkunst die Bürgerstiftung unterstützen. Rundfunksprecher leihen oder richtiger verschenken ihre Stimme oder sogar Sprech-Unterricht für Amateursprecher, die ihr neuerworbenes Können wiederum ehrenamtlich einsetzen. Sänger dienen der bildenden Kunst. Dia- oder andere Vorträge der verschiedensten Arten helfen bei der Finanzierung der unterschiedlichsten Verbesserungen in sozialen Einrichtungen. Ein Presse-Fotograf stellt per „Grabbelkiste" überschüssige Fotoabzüge zweckgebunden zur Verfügung; Eine Keramikerin Kleinteile für einen anderen Zweck ... und vieles mehr.

Kultur und Kunst wird damit zur Dienstleistung im besten Sinne des Wortes und erhält über diese Definition auch in unserem Ort nicht nur einen weiteren Stellenwert, sondern trägt über die künstlerisch anregenden Inhalte hinaus zur Wertschöpfung bei.

Alle Sparten künstlerischer Ausdrucksformen haben in Lilienthal schon viel Gutes getan. Für die Kunst, für sich selbst und für die Gemeinschaft. Auch die nun vorgestellten Menschen sollten exemplarisch für viele andere verstanden werden, die im Kleinen oder Großen für Lilienthaler Menschen gewirkt haben.

JIDG

Carl Jörres

* 1870 in Bremen   † 1947 in Bremen

Lilienthal von seiner freundlichsten Seite

Carl Jörres wurde 1870 in Bremen geboren und arbeitete zunächst im elterlichen Dekorationsgeschäft, bis der Vater sich zur Ruhe setzte. Erst im Alter von 33 Jahren konnte er sich seiner Leidenschaft, der Malerei, widmen und nahm für fünf Jahre ein Mal- und Zeichenstudium in München auf. Die Sommer verbrachte er in Worpswede, wo er 1906 Unterricht bei Fritz Overbeck nahm. Auf einer Reise nach Paris beeindruckten ihn besonders impressionistische Bilder von Vincent van Gogh, Edouard Manet und Claude Monet. Seine spätere Hinwendung zu lichtdurchfluteter expressiver Malweise brachte ihm den Titel „Maler des Sommers" ein. Gemälde von Jörres hängen in großen Kunsthallen und Museen, Auftragswerke in Institutionen und viele in privaten Häusern auch in Lilienthal. Trotz enger Kontakte zur Worpsweder Künstlerszene lebte er von 1908 bis zum Ausbruch des ersten Weltkrieges in Oberende am Semkenfahrtskanal. 1918 ließ er sich wegen der besseren Verkehrsanbindung nach Bremen ebenfalls in Lilienthal nahe des Butendieker Gehölzes nieder, bis sich die Gelegenheit bot, im ehemaligen Badehaus an der Wörpe ein Atelier zu beziehen. Gleichzeitig richtete er dort die „Lilienthaler Kunstschau" ein. Jörres durchstreifte die Landschaft um Lilienthal und portraitierte den Ort von seinen freundlichsten Seiten, zu allen Jahreszeiten und Lichtverhältnissen auch sein Wohnhaus und den gesamten Mühlendeich bis nach Falkenberg.

Verkaufsgünstig erwies sich der Umstand, dass sich im gleichen Haus ein Restaurant befand. Ein attraktiver Platz, den die aus Bremerhaven stammende Kunsterzieherin Henny Stolz aufsuchte. Bald betreute sie die Galerie und zwei Jahre später wurde geheiratet.

Wer in so schöner Lage wohnt, so sehr die Natur liebt und „von Berufs wegen" einen Blick für die Schönheiten der Landschaft und des damals noch intakten idyllischen Ortes mitbringt, erkennt schnell die Gefahr für Mensch, Ortsbild und vielleicht auch den „Tourismus", der damals schlicht „Kaffeefahrt" hieß, wenn von großen Veränderungen die Rede ist und vernehmlich mit Sägen gerasselt wird. Die beiden heute noch erhaltenen Waldstücke „Butendieker Gehölz" als auch das „Klosterholz" sollten abgeholzt werden. Aber nicht mit Jörres!

„Ist der Herbst wunderbar. Dieses Sonnengold in der Natur. Wie Goldfunken fielen die Blätter von den Zweigen. Aber es wurden immer weniger, eines löste sich nach dem anderen und legte sich neben das tote Schwesterchen ..."

Zwei Anzeigen aus der vermutlich ersten Lilienthaler „Ortsbroschüre": Das ehemalige Kloster Lilienthal – Ein Führer durch den Ort und seine Umgebung (1925). Herausgeber: Carl Jörres, Arnold Kessemeier, Karl Lilienthal. Zeichnungen: Carl Jörres. Lichtbilder: Julius Frank. Übrigens: 23 gastronomische Betriebe aus Lilienthal und der näheren Umgebung warben in dieser Broschüre um Gäste.

Wer die malerische aber auch poetische Gabe besitzt, das Fallen des Herbstlaubes so emfindsam auszudrücken, findet auch die passenden Worte, wenn es um die Verteidigung dieses Gutes geht.
Engagiert hatte er sich für den Ort schon durch die Mitherausgabe eines kleinen Lilienthal-Führers, zu dem er Zeichnungen, Julius Frank Fotografien, Karl Lilienthal und Arnold Kessemeier die Texte beisteuerten. Zum Festspiel der 700-Jahrfeier Lilienthals gestaltete er noch das aufwändige Bühnenbild. Doch nach dem Motto „wenn du etwas nicht allein schaffst, suche dir Hilfe" gründet er flugs den „Verein zur Erhaltung der Lilienthaler Gehölze". Mit Erfolg wie die späteren Generationen dankbar feststellen dürfen.

Jörres musste sich in Lilienthal mehrfach nach einer neuen Bleibe umsehen. Aber stets blieb er in der Nähe der Wörpe. Die kleine Familie, zu der sich 1931 Tochter Felicia gesellte, lebte hier bis 1947. Aber auch an Jörres ging der Nationalsozialismus nicht spurlos vorbei. Zwei Gemälde, die sich seit 1923 im Besitz der Bremer Kunsthalle befanden, wurden als „abstrakt" beschlagnahmt. Seine Bilderkiste vergrub er aus Angst vor Bombensplittern im Garten. Und nach dem Krieg musste er sein Atelier für die Unterbringung von Flüchtlingen räumen. Erstaunlicherweise konnte er schon bald wieder Bilder verkaufen, aber dem 75-jährigen Vater einer 15-jährigen Tochter fehlte der Platz zum Arbeiten und schließlich die Kraft.
Als Carl Jörres am 21. Oktober 1947 starb, folgte seine Frau ihm wenige Monate später. Die ebenfalls künstlerisch begabte Tochter wuchs in Bremen auf.

JIDG

Der „Maler des Sommers" ließ seine Farben auch bei der „Winterlandschaft an der Wörpe" (o.J., 59 x 76, Öl/Leinwand, Privatbesitz) leuchten.

Fotoatelier Julius Frank, Lilienthal

1872 – 1936

International prämiert und lokal integriert – bis 1936

Julius Frank jr. auf der „President Harding" unterwegs nach New York, Juni 1936

Der Name Frank ist für viele Lilienthaler noch immer unvergessen, obwohl die jüdische Fotografenfamilie den Ort bereits im Juni 1936 verlassen musste und in die USA emigrierte. Mit *Julius Frank,* der am 22. März 1907 in Lilienthal geboren wurde, lebte diese allseits geachtete und beliebte Familie nun schon in der 3. Generation in dem ehemaligen Klosterort. Großvater Julius, von dem er seinen Vornamen erhielt, eröffnete 1872 sein erstes Foto- und Malergeschäft in Lilienthal, und es dauerte nicht lange, da war er ein gefragter Fotograf und für seine fotografischen Leistungen bekannt und geachtet. Bedenkt man, dass das erste brauchbare Lichtbildverfahren in den 30er Jahren des 19. Jahrhunderts entwickelt wurde, so gehört Julius Frank sen. mit zu den Pionieren dieser Erfindung.

Vater Henry übernahm dann 1906 dieses weit über die Grenzen Lilienthals hinaus bekannte Foto-Atelier und führte es zu nationalem und internationalem Ruhm. Auch Julius Frank jr. setzte diese Tradition nach Henry Franks Tod im Jahre 1931, mit großem Geschick und fotografischem Talent ausgestattet, fort. Die Wirkungsstätten der Franks waren nicht ausschließlich Fotogeschäft und Atelier, sie suchten auch die Schönheiten und Eigenarten unserer Moor- und Marschlandschaften im Bild einzufangen. Bevorzugtes Motiv waren die Menschen im Alltag, die ihrer harten beruflichen Arbeit nachgingen. Diese Bilder zeigen insbesondere das Menschliche, das Echte, ob den Moorbauern beim Torfstechen oder den Korbflechter bei seiner geschickten Handarbeit. Es sind Bilder mit starker Ausdruckskraft. Ihre Authentizität überzeugt in den Fotografien aller drei Frank-Generationen.

Die Franks beteiligten sich erfolgreich an nationalen und internationalen Fotowettbewerben. Für ihre künstlerischen Bilder erhielten sie große Anerkennung und bedeutende Preise. So wurden ihre hervorragenden foto-

grafischen Leistungen mit goldenen und silbernen Staatsmedaillen des In- und Auslandes prämiert. Ob in Brüssel, Moskau, Dresden, Breslau oder Bremen, überall wurden die Lilienthaler Fotografen geehrt. So fand auch der Ort Lilienthal in weiten Kreisen der Fotografie Beachtung und wurde bekannt.
Für die Lilienthaler werden die Aufnahmen vom historischen Umzug anlässlich der 700-Jahr-Feier im Jahre 1932 herrliche zeitgeschichtliche Dokumente bleiben und mit dem Namen Julius Frank immer eng verbunden sein.
Auch in Amerika wurden die künstlerischen Fotografien des Lilienthaler Ateliers Julius Frank mehrfach ausgezeichnet.
Nach seiner Flucht im Jahre 1936 konnte Julius in Amerika schnell wieder Fuß fassen. Schon nach wenigen Wochen übernahm der begabte Lilienthaler die Leitung der Fotoabteilung bei der Firma Multicolor in Detroit. Auch das ganz persönliche Glück stellte sich bald ein. Seine Freundin Hildegard Hammer aus Timmersloh folgte ihm im Februar 1937 nach Detroit und am 7. Mai 1937 heirateten die beiden.
Als Architektur-Fotograf im renommierten Fotoatelier von Julius Shulman, Los Angeles, erreichte Julius Frank einen weiteren beruflichen Höhepunkt.

Aus: „Menschen in Moor und Heide".

Auch bestand er in dieser Zeit die amerikanische Meisterprüfung. Den deutschen Meisterbrief hatte er bereits als junger Mann 1932 in Harburg erworben.
Doch die positive Entwicklung und das Glück in der neuen Heimat (3 Kinder wurden dem Ehepaar geschenkt) fanden ein plötzliches Ende. Während eines Mexikoaufenthaltes verstarb Julius Frank am 22. August 1959 nach einer schweren Herzattacke. Er wurde nicht älter als 52 Jahre. Die Nazi-Zeit war nicht spurlos an ihm vorübergegangen: Die Schmähungen, das Leid, der Verlust des Geschäftes, das Verlassenmüssen der Heimat und das Verlieren vieler Freunde nagten auch in den Jahren danach an seiner Gesundheit. Das Erlebte hatte sich tief auf die Seele des feinfühligen Menschen Julius Frank gelegt.
Nach dem plötzlichen Tod ihres Mannes übernahm Hildegard Frank, ebenfalls eine begabte Fotografin, jetzt wichtige fotografische Aufgaben im Atelier Julius Shulman.

In den Lebenserinnerungen des international bekannten und anerkannten Fotografen werden Hildegard und Julius Frank große Anerkennung zuteil. Er rühmt die fotografischen Leistungen des Ehepaares und stellt dankend fest: „Nur weil Hildegard die hervorragende Arbeit ihres verstorbenen Mannes 30 Jahre fortführte, war es mir überhaupt möglich, mit dem stetig wachsenden Auftragsvolumen Schritt zu halten."

HK

Arnold Kessemeier

* 1880 in Bremen † 1960 in Lilienthal

Der Vollblutpädagoge

Als Arnold Kessemeier 1910 die Stelle als Schulvorsteher in Timmersloh übernahm, war er beseelt von dem Wunsch, Bildungs- und Kulturarbeit auf dem Lande zu leisten. Hier konnte er neben seinen pädagogischen auch seine musikalischen, künstlerischen und schriftstellerischen Fähigkeiten einsetzen und nahm schnell Einfluss auf die gesamte Bildungs- und Kulturarbeit in Timmersloh und im benachbarten Lilienthal.

Mit Karl Lilienthal aus dem Nachbarort Heidberg verband ihn eine enge Freundschaft. Mit ihm diskutierte und entwickelte er die pädagogischen Reformideen weiter, die ihn schon während seiner Ausbildung und seinen Jahren als Lehrer in Bremen beschäftigt hatten. Neu war, dass neben Sport auch die Hinführung zu Natur und Kultur der Heimat wie selbstverständlich ein Teil der Bildungsaufgabe wurde. Der eifrige Sportler Kessemeier engagierte sich als Oberturnwart und in der Jugendarbeit im Lilienthaler Turnverein. Als passionierter Wanderer mit großer Liebe zu den Bergen organisierte er Wanderungen und Zeltlager für Jugendliche und begeisterte sie für das Liedgut der Wandervogel-Bewegung. Mit Karl Lilienthal verband ihn auch die Liebe und Begeisterung für die Heimatgeschichte: Zur 700-Jahrfeier Lilienthals schrieben sie gemeinsam das Festspiel „1813", das am 25. September 1932 aufgeführt wurde. Kessemeier bereicherte das kulturelle Leben als unermüdlicher Organisator solcher Brauchtums- und Heimatfeste, Basare und Jubiläen und stand dabei auch häufig als Schauspieler oder Redner auf der Bühne. Als leidenschaftlicher Sänger und Chorleiter prägte er viele Jahre durch seine ehrenamtliche Tätigkeit den Gesangverein „Trupe-Lilienthal von 1838".

Der große Freundeskreis der Familie Kessemeier entwickelte sich zum kulturellen, schöpferischen Zirkel. Zu diesem Kreis gehörte auch der Fotograf Julius Frank und dessen spätere Frau Hildegard. Wie selbstverständlich standen die Kessemeiers zu dieser Freundschaft, als das Arbeiten und Leben der jüdischen Familie Frank ab 1935 durch die

Theaterstück „1813", 25. September 1932, 700 Jahrfeier Lilienthal, Foto: Julius Frank

Nationalsozialisten mehr und mehr boykottiert und bedroht wurde.

Auch als Arnold Kessemeier von 1937 – 1949 Rektor der Schule am alten Postweg in Bremen war, blieb seine Verbindung nach Lilienthal eng und er zog gleich nach seiner Pensionierung an die Wörpe nach Lilienthal. Er blieb der Pädagogik treu, engagierte sich im Lehrerverein Lilienthal-Worpswede, hielt für die Volkshochschule Lilienthal packende Gastvorträge über die Literatur der Romantik bis in die Moderne.

Sein schriftstellerisches Talent setzte er in dieser Zeit verstärkt bei der Wümme-Zeitung ein und leitete lange Jahre verantwortlich die neu eingeführte „Jugendland"-Seite. Dort wurden seine Geschichten und Erzählungen, Landschafts- und Reisebeschreibungen, kritische Stellungnahmen, Buchbesprechungen, Berichte über Vereinsfeste und das kulturelle Leben Lilienthals veröffentlicht – immer in seiner geschliffenen, unterhaltsamen Sprache abgefasst. Arnold Kessemeier blieb unermüdlich im Vereins- und Kulturleben Lilienthals tätig und konnte viele Menschen mit seiner Begeisterung anstecken. 1950 wurde unter seinem Vorsitz der Heimatverein Lilienthal e.V. gegründet. Hier engagieren sich bis heute Menschen im Sinne seines Lebenswerkes: möglichst viele Lilienthaler Menschen anzuregen und zu gewinnen, das heimatkundliche Wissen zu verbreiten, mit Forschung zu vertiefen und die regionale Natur und Kultur zu schützen, zu pflegen und zu erhalten und damit ein aktives, intaktes kulturelles Leben der Gemeinde Lilienthal zu sichern. *JG*

Fritz Gagelmann

* 1900 in Braunschweig † 1974 in Lilienthal

Er kritisierte was er liebte

„Möge man bei dem noch zu bewältigenden Verkehrsproblem „Hauptstraße Lilienthal" von vornherein gründliche Arbeit leisten und die Gesichtspunkte „gesonderter Radfahrweg" und „Umgehungsstraße" nicht außer acht lassen." Das waren die vorausschauenden und fast prophetischen Gedanken und Überlegungen, die der langjährige Zeitungsredakteur am 28. September 1951 unter dem Artikel „Lilienthaler Straßenrennbahn" in der Wümme-Zeitung veröffentlichte. Also bereits vor gut 55 Jahren.

38 Jahre prägte Fritz Gagelmann als verantwortlicher Redakteur und Schriftleiter das Bild der Wümme-Zeitung. Ihm war kein Weg zu lang und zu beschwerlich, wenn es darum ging, wichtige und interessante Ereignisse aus Lilienthal und der näheren Umgebung in Wort und Bild zu erfassen und an die Leser weiter zu geben. Das Schreiben und sein Engagement für die Heimat und ihre Menschen waren für ihn Beruf und Passion zugleich. Und das, obwohl dieser rührige, quirlige und vielseitig begabte und interessierte Mensch gar kein „echter" Lilienthaler war. Fritz Gagelmann wurde am 25. August 1900 in Braunschweig

geboren. Er absolvierte zunächst eine Lehre als „Musikalienhändler und Verlagskaufmann", bevor er sich seine ersten Sporen als „Zeitungsmann" bei der in Hameln erscheinenden Wochenschrift „Der Niedersachse" verdiente. Nach einer Studienzeit an der Frankfurter „Akademie der Arbeit" wurde er Redakteur des „Nordhannoverschen Landesboten" in Zeven. Hier war er besonders mit Berichten über die wirtschaftlichen und politischen Belange Niedersachsens betraut und lernte als Lokalredakteur die Alltagssorgen und -probleme der ländlichen Bevölkerung kennen. Als der damalige Verleger der „Wümme-Zeitung", Heinrich Schwalenberg, 1936 für den heimatlichen und lokalen Teil seiner sich erweiternden Zeitung einen Redakteur suchte, fiel die Wahl auf Fritz Gagelmann. Diese Entscheidung wurde nicht nur zu einem Glücksfall für die beliebte Heimatzeitung, sondern auch für Lilienthal und seine Einwohner. Mit großem persönlichem Einsatz engagierte sich Fritz Gagelmann für die Belange der Menschen in unserer Region. Als langjähriger Vorsitzender und Mitbegründer des Heimatvereins Lilienthal und verantwortlicher Redakteur „seiner Wümme-Zeitung" war er auch ein ausgesprochen „politischer Mensch". Entwicklungen, die seiner Ansicht nach eine negative Tendenz zur Folge hatten, wurden „mit spitzer Feder" aufgegriffen. So setzte er sich mit Erfolg für den Verbleib des Wörpelaufes in Lilienthal ein und wandte sich entschieden gegen eine beabsichtigte Verrohrung. Fritz Gagelmann rang um die Wiedereröffnung des Amtsgerichtes und kämpfte gegen dessen spätere Verlegung. Er protestierte vor allem gemeinsam mit dem Heimatverein 1954 gegen die Stilllegung der „Jan-Reiners-Bahnlinie" Bremen-Tarmstedt. Und so verurteilte er schon damals in einem Artikel die Inaktivität und die wenig vorausschauende Verkehrsplanung mit den Worten: „Hierzu erklären Kenner der Dinge, dass bezüglich der Kleinbahn Bremen-Tarmstedt eigentlich schon immer geschlafen wurde, nämlich von dem Augenblick an, als man ihre Schmalspur beschlossen hatte und sich im Laufe der Jahrzehnte niemals entschließen konnte, die Umstellung auf Vollspur vorzunehmen."

Sein großes Anliegen war es auch, die jungen Menschen für den Heimatgedanken zu gewinnen. So organisierte er interessante Gesprächsrunden und auf Seminaren wurde das Verständnis für heimatgeschichtliche Gedanken und den Natur- und Umweltschutz geweckt.

Die Entstehung der „Heimatstube" mit den vielen historischen Dokumenten und einigen astronomischen Instrumenten aus der Wirkungszeit Johann Hieronymus Schroeters ist ebenfalls der Initiative Fritz Gagelmanns zuzuschreiben. Auch ist es ihm zu verdanken, dass die Erinnerung an diesen bedeutenden Astronomen, der um 1800 im Lilienthaler Amtsgarten die größte Sternwarte des europäischen Festlandes errichtete, wach erhalten blieb und seine Forschungsergebnisse auch heute noch national und international geachtet und beachtet werden. Auf Gagelmanns Vorschlag hin wurde eine Gedenktafel am Sterbehaus Schroeters, dem heutigen Amtmann-Schroeter-Haus angebracht. Mit Ehefrau Martha, geb. Henning, einer ausgebildeten Sängerin und vielseitig begabten Künstlerin, hatte Fritz Gagelmann eine Partnerin, die ihn tatkräftig unterstützte und selbst vielbeachtete Konzerte gab. Fritz Gagelmann starb am 14. Februar 1974. Die Wümme-Zeitung würdigte ihn in ihrem Nachruf: „Fritz Gagelmann, der 38 Jahre lang als verantwortlicher Redakteur und Schriftleiter das Bild der Wümme-Zeitung geprägt hat, lebt nicht mehr. Still und bescheiden, so wie er gelebt hat, ging er von uns, eine große Lücke hinterlassend." *HK*

Heinrich Schmidt-Barrien

* 1902 in Uthlede † 1996 in Lilienthal

Schriftsteller und vieles mehr

Fast 40 Jahre hat ein Schriftsteller in Lilienthal gelebt. Und bis ins letzte Lebensjahr hat er geschrieben. In Hoch und Plattdeutsch veröffentlichte er Romane, Novellen, Hörspiele, Komödien, Tragikomödien aber auch ernste Spiele für die Bühne, Festspiele für diverse Anlässe, Sachtexte, Biographisches, Aufsätze, Übersetzungen vom Mittelniederdeutschen ins heutige Niederdeutsch, Funk- und Fernsehbeiträge, zwei Bücher für Kinder, Humoristisches und ganz viele historische Sachtexte. Er gab einen Wandkalender heraus und engagierte sich für die Plattdeutsche Sprache.

Sorgsam und mit großem kulturgeschichtlichen Wissen restaurierten er und seine Frau Kathrin ihr Haus in Frankenburg. Ein Wissen, das er sich während seiner Zeit als Kulturreferent der Böttcherstraße des Mäzens Ludwig Roselius angeeignet hat und das er nicht nur privat nutzte, sondern auch in die „Interessengemeinschaft Bauernhaus" einbrachte. Diese Gemeinschaft, ganz in seiner Nähe gegründet, setzt sich unter anderem für den Erhalt und die sachgerechte Restaurierung historischer Gebäude ein und zählt den Dichter zu ihren ersten engagierten Mitgliedern.

Den mit prähistorischen Kenntnissen ausgestatteten Autor betraute der Landkreis Osterholz gern mit dem Amt des Bodendenkmalpflegers oder auch Kreis-Vorgeschichtspflegers. In dieser Eigenschaft – ja, auch ohne archäologisches Studium – und wer konnte das im Jahre 1960 überhaupt schon nachweisen – hatte er – verkürzt formuliert – mit vorgeschichtlichen Funden zu tun. Nicht weniger als 30 jung- und mittelsteinzeitliche Siedlungsbeweise hat er zutage gefördert. Nicht nur, dass er einen frühgeschichtlichen Knüppelsteg entdeckte, sein Arbeitsgebiet inspirierte ihn dermaßen, dass er, als ihn der Wasser- und Bodenverband Teufelsmoor anlässlich seines 25-jährigen Bestehens um einen Beitrag zu seiner Festschrift bat, etwas zu Papier brachte, das sich geradezu wie der Schöpfungsbericht liest.

Jede Tätigkeit, mit der ihn das Schicksal konfrontierte, münzte er früher oder später zu einem Stück Literatur um oder flocht Erkenntnisse daraus in seine Werke mit ein. Aber auch umgekehrt profitieren andere von seinem Tun bzw. seinen Entdeckungen. Die erste Aufführung auf der „Höge" fand mit dem extra von ihm dafür geschriebenen Lilienthaler Historienspiel „Speel op de Hög" statt. Damit war dieser Platz mit seiner natürlichen Bühne als hervorragender Spielort entdeckt.
Als Bearbeiter, Dramaturg und auch Schauspieler war Schmidt-

Barrien seiner eigentlichen Berufung sehr nah. Aber als Lehrer für Plattdeutsch gab er an junge Schauspiel-Eleven vom Niederdeutschen, jetzt Ernst-Waldau-Theater, noch viel mehr weiter. Die professionelle Beschäftigung mit dieser Sprache und seine Liebe zur Musik, vor allem zum Chorgesang mündeten einerseits in der Gründung des Institutes für Niederdeutsche Sprache im Bremer Schnoorviertel und andererseits im alljährlichen „Plattdeutschen Chorliedersingen", das ebenfalls auf seine Initiative im Jahre 1966 zurückgeht. Die „Plattdeutschen Kulturtage" auf dem Lilienhof hat der Zweisprachler aus der Taufe gehoben und beim plattdeutschen Vorlesewettbewerb für Schulkinder muss man auch unwillkürlich an den Schriftsteller denken, der sogar als 90-Jähriger noch kam. Schmidt-Barrien hat, angefangen beim Bremer Literaturpreis, über den Niedersächsischen Verdienstorden 1. Klasse bis zur Medaille für Kunst und Wissenschaft des Senats der Freien Hansestadt Bremen nicht nur etliche Preise entgegengenommen, er saß selbst mit zu Rate, wenn es darum ging, Preise zu verleihen. Und zwar auch als Jurymitglied im Kuratorium für den Hans-Böttcher-Preis der Stiftung F.V.S. Hamburg.

Heinrich Schmidt-Barriens Arbeitsplatz – zu besichtigen in der Lilienthaler Kunststiftung Monika und Hans-Adolf Cordes in Murkens Hof.

Ein Autor schreibt und gibt vielleicht Autogrammstunden nach einer Dichterlesung oder Buchvorstellung. Schmidt-Barrien aber hält darüber hinaus interessante Sachvorträge – als Imker natürlich auch über Bienen – aber auch über viele andere Sachthemen, im Radio oder auch live vor seinen Zuhörern im Wohnort. Und er stellt sich immer wieder bereitwillig für Lesungen zu den unterschiedlichsten Anlässen zur Verfügung. Das belebt den Ort kulturell ungemein. Die Impulse ziehen längst ihre Kreise und schließen bestimmte Bevölkerungsgruppen wie in die USA ausgewanderte Plattdeutsche oder hier die Heimatvertriebenen, die eine Bleibe suchen, ausdrücklich mit ein. 25 Jahre lang ist er maßgeblicher Mitherausgeber eines Wandkalenders vom „Plattdütschen Kring", dessen Kringbaas er viele Jahre war.

Ach, Sie würden ihn gern näher kennen lernen, können aber eigentlich gar kein Plattdeutsch? Macht nichts. Der Vater zweier Töchter kommt seinen nicht plattkundigen Lesern mit einer freundlichen Geste entgegen, indem er sie am Ende des Buches eine Liste von Worterklärungen finden lässt.

JIDG

Rudolf Dumont du Voitel

* 1916 in Nürnberg

Brachte Kultur aufs Land

Flakgeschütze dröhnen. Hoch in den Wolken brüllen die Flugzeugmotoren. Heulen und Pfeifen begleitet die fallenden Bomben. Es ist der 17. April 1943. Die Hansestadt erlebt den ersten großen Tagesangriff von 500 amerikanischen B 17 „Flying Fortress"-Bombern. Der Hauptstoß gilt den Focke-Wulff-Werken. Auch das Quartier der etwa hundert Meter entfernt liegenden Flak-Mess-Einheit geht in Flammen auf. Ihr Chef, der Oberleutnant Rudolf Dumont du Voitel, übersteht den Einsatz unverletzt.

Für die ausgebombte Einheit musste umgehend eine neue Bleibe gefunden werden. Der Zufall will, dass Dumont nur wenige Tage nach dem Angriff von der Lilienthalerin Lotti Schrader erfährt, dass das Hünerhoffsche Haus an der Hauptstraße leer steht. Mit dem Segen des Bürgermeisters Diedrich Murken wird Rudolf Dumont Standort-Kommandeur in Lilienthal.

Nun malträtieren die Wehrmachtsstiefel von 80 Soldaten das Parkett der Hünerhoffschen Villa. Im parkähnlichen Hintergarten wird gehämmert, gegraben und gesägt. Innerhalb weniger Tage erhebt sich zwischen Platanen, Farnen und Rhododendronstauden eine Wehrmachtsbaracke. Schutzgräben durchziehen die Beete.

In seinem Dienstzimmer wertet der Luftwaffenoffizier Dumont die Aufnahmen der Flugbewegungen, die Geschwindigkeit, Bewegung und Richtung der feindlichen Maschinen aus.

Trotz allen Kriegslärms – das Musische kommt nicht zu kurz: In Lilienthal kann ein Konzertflügel gemietet werden. Mit dem Bausoldaten Karl Nowak, einem Berufspianisten, erarbeitet Oberleutnant Dumont ein Liedrepertoire. Schubert- und Mozartklänge durchziehen die Hünerhoffsche Villa.

Ende 1944 verlassen die Luftwaffensoldaten ihr Lilienthaler Quartier. Für Rudolf Dumont beginnt der wirkliche Krieg. Während Ehefrau Arlette mit dem Baby Rainer in Lilienthal sitzt, gerät Rudolf Dumont in russische Gefangenschaft und erkrankt an lebensgefährlicher Diphterie. Mai 1945 gelingt ihm die Flucht. Im Juli desselben Jahres kehrt der 29-jährige Franke als kranker Mann von der Ostfront nach Lilienthal zurück.

Rudolf Dumont erkennt: Die Menschen sehnen sich nach Kultur und geselliger Zerstreuung, die die Not vergessen lässt. September 1945, nach seiner Genesung von der Diphterie, wird der ehemalige Standortkommandant Lilienthals von der amerikanischen Militärregierung mit dem Aufbau des Kulturlebens im Kreis Osterholz beauftragt.

Eine Konzertreihe über Liedkomponisten unter dem Titel „Von Mozart bis zur Moderne" läutet die neue Ära ein. Nacheinander starten die Abende über Schubert, Schumann, Beethoven, Brahms und Wolf. In Scharen strömen die Besucher herbei. Viele lösen ihren Eintritt mit Naturalien ein – mit Eiern, Mehl oder Schinken. Das Publikum ist begeistert.

Aus den Trümmern steigt neues

Leben. In Landgasthöfen werden Bühnen errichtet, denn die Spielstätten in Bremen sind im Bombenhagel untergegangen. Rudolf Dumont organisiert Gastspiele des Bremer Schauspielhauses, holt die inzwischen heimatlose Bremer Oper und die Niederdeutsche Bühne in den Landkreis. Auch das Philharmonische Orchester konzertiert auf dem Lande. So gerät die Aufführung des „Zigeunerbaron" im Lilienthaler Landgasthof „Kutscher Behrens" zum Riesenerfolg. Innerhalb von Minuten ist die Vorstellung ausverkauft.

Große technische und organisatorische Schwierigkeiten behindern manche Aufführungen. Die Amerikaner spendieren zwar Diesel und Benzin, aber es fehlt an Bussen und Lastwagen und es mangelt an Kraftstoff für die Theaterunternehmen. Nicht selten führen Pannen zu Verschiebungen von Aufführungen.

Die kulturelle Aufbauarbeit findet großen Anklang. 1948 ruft er mit Gleichgesinnten die Bremer, wenig später die Lilienthaler Volkshochschule ins Leben. Schließlich holt er die Bremer Konzertagentur Praeger & Meier mit ins Boot. Pro Winter werden im Borgfelder Landhaus zwölf Konzerte mit bekannten und beliebten Künstlern angeboten. Sämtliche Vorstellungen sind ausverkauft.

Rudolf Dumont wird in Lilienthal heimisch. 14 Jahre lebt und arbeitet er hier, wirkt er mit zum Wohle der Gemeinde, bis er den Ort 1957 Richtung Bremen verlässt.

Da saß er, der mit Ehefrau und drei Söhnen am Konventshof lebt, bei Radio Bremen bereits in der ersten Reihe – zunächst als Leiter des „Studio für Neue Musik" (1949) und als erster Pressechef ab 1950, danach als Fernsehdirektor.

Nach einem Intermezzo beim so genannten „Freien Fernsehen" in Mainz, einem Vorgänger des ZDF, geht er 1961 als Chef der Abteilung „Rundfunk-Fernsehen-Film-Medienpolitik" nach Brüssel zu dem 1. Europa-Präsidenten Hallstein. Ab 1974 verwirklicht Rudolf Dumont als Autor, Regisseur und Produzent viel beachtete Fernsehfilme – u.a. „Hundert Jahre Bayreuth" und die zehnteilige ZDF-Reihe „Das deutsche Lied" mit Dietrich Fischer-Dieskau.

Inzwischen ist Rudolf Dumont wieder in seine Heimatstadt Nürnberg zurückgekehrt, wo er 1916 als Sohn eines Siemens-Ingenieurs das Licht der Welt erblickt hatte. Regelmäßige Besuche bei den Freunden an der Wümme sichern den lebendigen Kontakt mit seiner vorübergehenden Nachkriegsheimat Lilienthal.

TO

Rudolf Dumont du Voitel, 1946, damals Beauftragter der Amerikanischen Militärregierung für den Aufbau des kulturellen Lebens im Kreis Osterholz.
Das Foto zeigt ihn vor seinem Auftritt bei einem Mozart-Abend im Borgfelder Landhaus, im Rahmen einer von ihm für die Lilienthaler Gemeinde veranstalteten Konzertreihe. „Ich sang an dem Abend Baritonarien aus Mozartopern!"

Ingeborg Ahner-Siese

* 1923 in Verden

„Was mich aufregt, regt mich an …"

Vor dem Rathaus sitzen „Lili und Jan" auf einer langen Steinbank und studieren einen Europaatlas. Die freien Plätze neben dem bronzenen „Euro-Paar" laden dazu ein, ebenfalls Platz zu nehmen. Diese Einladung zum Innehalten und Nachdenken ist typisch auch für die anderen Arbeiten der Bildhauerin Ingeborg Ahner-Siese in Lilienthal.

Wissend, dass „Kunst im öffentlichen Raum" das Bild einer Gemeinde prägt und ihr Kulturverständnis zeigt, ist die Künstlerin glücklich, hier so viel Unterstützung bei der Realisierung ihrer Projekte gefunden zu haben. Der Standort ist immer Teil ihres Gesamtkonzepts, dort sollen sich die Skulpturen nicht nur in Form und Größe behaupten, sondern auch die Wirkung des Platzes beeinflussen.

Neben Aufträgen standen stets freie Arbeiten. Einige davon hat sie der Gemeinde gestiftet „… und damit allen Bürgern, die sich für die Erhaltung dieses Ortes mit Worten und Taten eingesetzt haben." *(Aus der Schenkungsurkunde der Kunststein-Skulptur „Maler".)*

Überhaupt hat sie sich sofort engagiert, wenn sie spürte, es seien Ideen von Künstlern gefragt. Beispiel ihr Wohnort Worphausen: Ihm hat sie bei der Dorferneuerung tatkräftig ihr Wissen und Organisationstalent geschenkt; die Kunststeinplastik „Feierabend" war ihr Beitrag zur Gestaltung der historischen Bauernhofanlage „Lilienhof"; auch bei der Skulpturengruppe „Denk-mal an die Mütter" verzichtete die Künstlerin aufs Honorar. – Wurde ihr etwas geschenkt?

Die Bäckerfamilie Siese zog 1933 mit der damals zehnjährigen Ingeborg von Verden nach Lilienthal. Die dortige Schulzeit empfindet sie noch heute als prägend für ihre künstlerische Entwicklung. Sie zeichnet und modelliert, läuft zu Fuß nach Worpswede, nur um Kunst zu sehen, und will unbedingt Künstlerin werden. Doch das Studium muss sie sich hart erkämpfen. Nach Mittlerer Reife in Bremen, hauswirtschaftlichem Pflichtjahr und Handelsschule folgt der Einsatz als Arztschreiberin im Lazarett. Doch sie schafft es, sich kontinuierlich in Richtung Kunst weiterzubilden und arbeitet schon ab 1945 als kunstgewerbliche Malerin. Nach zwei Jahren Studium der Kunstgeschichte und Malerei in Göttingen macht sie sich 1948 als Bildhauerin in Bremen selbstständig. Durch Kunsthandwerk, zeichnen und modellieren von Portraits finanziert sie neun Semester Studium der Bildhauerei. Sie arbeitet als Mitglied der Bauhütte bei der Wiederaufbauarbeit der Baudenkmalpflege in Bremen. Die dort erhaltene fundierte Steinbildhauer-Ausbildung bei dem Bildhauermeister Ludwig Ahner und ihre künstlerischen Ideen sind Grundlage der anschließenden erfolgreichen Arbeitsgemeinschaft bei der Restaurierung historischer Gebäude.

In Worphausen, nahe Worpswede, entwerfen und bauen sie ihr Haus. Zwei Kinder werden geboren. Das angebaute Atelier wird zum wichtigen Treffpunkt für interessierte Menschen. Auch ihre bei Kindern und Erwachsenen beliebten Kurse für „figürliches Gestalten in Ton im Künstleratelier" sind für die ländliche Region ein völlig neues aber viel beachtetes Konzept. Dieses Atelier empfindet sie bis heute als Quelle ihrer Kraft.

Der Tod ihres Mannes Ludwig Ahner 1979 zog einen kompletten Wandel und künstlerischen Neubeginn nach sich. Sie befreite sich von allen Verpflichtungen. Ihre „Gedanken in Ton" entstanden – Gedanken zum „Alleine sein", zu sozialkritischen Themen und dem Umgang miteinander. „Was mich aufregt, regt mich an ... das muss ich dann plastisch umsetzen."

Den Terrakotta-Kleinplastiken folgten große Gips-, Kunststein- und Bronzeskulpturen – sowie viele Ausstellungen und Veröffentlichungen. Sie initiierte viel beachtete Projekte wie Genesis II, bei dem ihre preisgekrönte Skulpturengruppe „MutterMaschine mit Erfinderteam" andere Künstler anregte, zum Thema Gentechnik zu arbeiten, mit bundesweiten Ausstellungen und Informationsveranstaltungen. Für die Kunst zu leben, fand sie wunderbar – von der Kunst zu leben, gestaltete sich schwieriger.

Ihre neue Selbstständigkeit begann 1980 mit dem Gemeinde-Auftrag eines Brunnens zwischen Rathaus und Klosterkirche. Er sollte die Gründungsgeschichte des 750 Jahre alten Ortes Lilienthal berücksichtigen. Mit historischen Stilen bestens vertraut, wählte sie die Figur der Äbtissin, die auf einer sogenannten Lilienkreuzblume wie in einem „Tal der Lilien" steht. Heute sind der Brunnen sowie ihre anderen Skulpturen aus dem Ortsbild nicht mehr wegzudenken.

JG

Denk–mal an die Mütter.

Ingeborg Ahner-Siese, Skulpturen im öffentlichen Raum der Gemeinde Lilienthal:
Lautenspielerin, Schule Lüninghausen, Kunststein/Bronze 1965/94, (1974 für einen symbolischen Preis von der Gemeinde Lilienthal erworben)
Äbtissinnen-Brunnen, Klosterkirche Lilienthal, Sandstein 1982
(Gemeindeauftrag)
Wartende, Sparkasse in Falkenberg, Gips/ Bronze 1984/94
(1994 Ankauf der Sparkasse; in Gips an viele Ausstellungsorte gereist)
Euro-Paar (Lili und Jan), Rathaus Lilienthal, Bronze 1991
(Stiftung der Bremer Tageszeitungen AG)
Feierabend, Lilienhof / Worphausen, Kunststein 1995
(Stiftung der Künstlerin)
Maler, Worphauser Landstaße, Kunststein 1995
(2005 Stiftung der Künstlerin)
Denk-mal an die Mütter, Ehrenmal Worphausen, Kunststeinguss 1996,
(1998 Stiftung der Künstlerin)

Prof. Dr. Heinz Lemmermann

* 1930 in Lilienthal-Trupe † 2007 in Lilienthal

Intellekt ist nicht alles

Der Spross einer Lehrerdynastie aus dem Weser-Elbe-Raum war nach seinem Musik-, Geschichts-, Religions- und Philosophie-Studium erst jüngster Studienrat, dann jüngster PH-Dozent und schließlich Professor und Doktor der Philosophie an der Universität Bremen. Wenn man berücksichtigt, dass Musik gestaltete Zeit ist, und der Hochschullehrer nicht nur gelehrt, sondern auch geforscht und unablässig komponiert, also selbst „Zeit gestaltet" hat, leuchtet ein, dass er für seine Lebenszeit ein perfektes Zeit-Management haben musste. Trotzdem oder genau deswegen war er für seine Studenten immer zu sprechen. Und deswegen passte in dieses Leben auch so ungeheuer viel hinein.

Noch etwas gestaltete er mit Bravour – nämlich Sprache. Nicht nur vom rhetorischen Aufbau all dessen, was er in Forschung und Lehre, in fachbezogenen oder politischen Reden, in Vorträgen, Rezitationen, Essays oder Rundfunkbeiträgen verbreitete, war die Verbalisierung seiner Gedanken in jeder Hinsicht für das Publikum ein Gewinn. Freigiebig und warmherzig band er die Zuhörer in die Vorträge mit ein und gab jedem das Gefühl, persönlich gemeint zu sein.

Seine zahlreichen Kompositionen (Lieder, Kinder-Musicals, Chor- und Klaviermusik) finden in West- und Süddeutschland weitaus mehr Verbreitung als in der heimatlichen Region. Außerdem verfasste er wissenschaftliche Schriften zur Schulgeschichte (u.a. „Kriegserziehung im Kaiserreich", 1984, und „Antisemitismus in alten Schulbüchern", 1985 und 2001) und Musikpädagogik sowie Unterrichtsmaterialien. Aus- und Fortbildung der angehenden und tatsächlichen Musiklehrer sorgen bei ehemaligen Studenten aus „seinem Stall" für bundesdeutsche Verbreitung. Besonnene Diskussion, Achtung des Andersdenkenden und viele Tugenden mehr müssen sich einfach ins Gedächtnis einprägen. Und seine Großzügigkeit im Denken und Handeln. So, wie die Seminarteilnehmer etliche Publikationen geschenkt bekommen haben, findet das Publikum von Vorträgen oder Rezitationen oft Lesenswertes zum Thema ebenfalls in gedruckter oder kopierter Form ausgelegt vor. Zum Nachlesen und Weiterreichen – auf jeden Fall zum eigenen Nutzen.

Wissen anhäufen und nicht für sich behalten, genügt nicht. Für so eine Bildungs„karriere" liefert er gleich die Zukunftsaussicht mit: *Steigerung:*

Gescheit – gescheiter – gescheitert.

Intellekt ist eben nicht alles. Wissen weitergeben – vor allem nach den Gesetzen der Rhetorik – ist ein großes Thema in seinem Leben – theoretisch auch in seinem in mehrere Sprachen übersetzten Lehrbuch und praktisch, in plattdeutsch verpackt, schon im Gespräch übern Gartenzaun. Und damit verlassen wir das im weitesten Sinne berufliche Terrain des Truper Lehrerssohnes. Denn parallel dazu investierte Lemmermann Zeit, Energie, Fantasie, eigene Mittel und eine gehörige Portion Menschenfreundlichkeit in seine unmittelbare Umwelt.

Denn nicht zuletzt als Vater von vier Söhnen interessierte es ihn, wie im Ort und im Landkreis die Weichen gestellt werden.

Obwohl er die heimatliche Scholle immer nur für kurze Zeit verlassen mochte und auch lange Zeit fernsehabstinent und dennoch ohne Informationsdefizite zu leben verstand, bemühte er sich, der Ortspolitik mehr Weitblick zu verleihen.

Von 1961 bis 1971 engagierte sich Lemmermann als Gemeinderats- und Kreistagsmitglied. Besonders am Herzen lagen ihm Schul- und Kulturwesen sowie die medizinische Versorgung der Bevölkerung (Kreiskrankenhaus und evangelisches Hospital).

In Lilienthal gibt es ein Fest? Na dann komponieren wir doch schnell mal eine Intrade für diesen Anlass. Auch typisch: so lange es Gesundheit und Kräfte zuließen, konnte er keine Bitte ausschlagen, die an ihn herangetragen wurde. „Nein, nein, ein Honorar will ich dafür nicht haben. Ich habe mein Auskommen ..." ist geradezu ein geflügeltes Wort. Und manche soziale oder kulturelle Einrichtung Lilienthals hat schon von dieser Einstellung profitiert.

Mit 50 ist der Beruf längst Routine geworden. Die Jungs sind auch schon groß und zum Teil auf Vaters Spuren. Da bleibt mehr Luft, um das, was man bisher von Land und Leuten in sich aufgesogen hat, auch wieder an Land und Leute zurück zu geben: „Den Schalk im Nacken" verteilt er „Disteln und Vergißmeinnicht", macht „Nägel mit Köpfen", mischt auf Hoch und Platt Sprickwöör un Geschichten mit „Sööt un Suur" auch in seinen „Bookweten Pankoken",

Für sie komponierte er wunderbare Lieder, Chorsätze und Musicals.

den sowohl „Dirk Donnerslag" als auch „Jan Torf" aus eigener Anschauung kennen dürften. Außer diesen sieben Buchtiteln machte der beliebte Lilienthaler „Vortragsreisende zwischen Flensburg und Wien" und eifrige Fußnoten-Sammler aus den Abfallprodukten lebenslanger Lektüre gewichtiger Literatur mit „Hand aufs Herz" einen Streifzug durch 400 Jahre Sinngedichte, Sprüche und Aphorismen voll Weisheit, Witz und Ironie. „Punkt 5 Uhr früh beginnt das Leben …" sowohl auf dem Land als auch bei Immanuel Kant. Und wem selbst diese volksnahen amüsanten Hintergrundinformationen über den Königsberger Philosophen noch zu lehrreich erscheinen sollten, dem hilft vielleicht „Wilhelm Busch für alle Fälle" auf die Sprünge.

Zusammen mit zwei reich bebilderten Liebeserklärungen an seinen Heimatort „Lilienthal in alten und neuen Ansichten" und knapp 20 Jahre später den farbigen „Impressionen einer Gemeinde in Wort und Bild" verhalf Lemmermann in den vergangenen 25 Jahren seiner Fan-Gemeinde durchschnittlich alle zwei Jahre zu einem Buch, das kein Lilienthaler ohne Gewinn aus der Hand legen wird.
Und damit auch jeder eine Chance erhält, schenkte er den Bibliotheken der Gemeinde und des Heimatvereins sein Gesamtwerk in gedruckter Form und auf Tonträgern.
Nicht deshalb, sondern schon fünf Jahre vorher nahm Lilienthal den wohl prominentesten populären Lilienthaler und Bundesverdienstkreuz-Träger in die Reihe seiner Ehrenbürger auf.
Nutznießer Lemmermannscher Lebensweisheiten wurde aber eigentlich jeder, der mit ihm absichtlich oder zufällig ins Gespräch kam. Denn dieses würzte er ein übers andere Mal mit Beispielen aus seinem unglaublichen Fundus an satirischen aber doch humorvollen Sprüchen voller tiefempfundener Menschenfreundlichkeit.
Über dieses turbulente Leben wachte Ehefrau Ruth und koordiniert, kocht, tippt Manuskripte und korrigiert und führt einen großen, gastfreundlichen Haushalt, in dem Kinder, Künstler und Politiker hier nur stellvertretend genannt werden für einen bunt schillernden Kreis aus der Welt der Kunst, Wissenschaft, Politik und Nachbarschaft.

JIDG

Sogar posthum entfachte er mit Anekdoten aus heiterem Himmel ein Feuerwerk.

Dirk Miesner

* 1932 in Otterstein † 1993 in Hoya

und Alfred Meierdierks

* 1939 in Bremen

Ein Leben für Fachwerkbauten

Wer mit dem Begriff bodenständig nichts anfangen kann, sollte sich an Dirk Miesner und Alfred Meierdierks orientieren. Die Namen der Handwerker sind eng mit dem Lilienthaler Ortsteil Worphausen und der bäuerlichen Museums-Anlage Lilienhof verknüpft. Darauf hatte im Sommer 2006 auch der niedersächsische Landwirtschaftsminister Hans-Heinrich Ehlen beim Festakt zur Einweihung des Handwerker-Museums hingewiesen.

Die Person von **Dirk Miesner** ist tragisch mit dem Bau dieser historischen Anlage verbunden. Der Gründer des Projekts kam im September 1993 beim Abtragen einer Scheune für den Lilienhof ums Leben.
„Mein Vater war der bäuerlichen Tradition im Moor, auf der Geest und der Marsch eng verbunden und hat akribisch alte Gegenstände und gemeinsam mit den Vereinen „De Oll'n Handwarkers ut Worphusen un annere Dörper" und den „Worphüser Heimotfrünn" auch Gebäude zusammengetragen", berichtet Axel Miesner. Der Lilienhof an der Worphauser Landstraße war sein Lebenswerk, erinnert der Sohn an den im Alter von 60 Jahren verunglückten Motor der Anlage. Das Interesse an der bäuerlichen Alltagsgeschichte fesselte den 1932 im Nachbarort Otterstein Geborenen schon früh. Nach der Meisterschule in Buxtehude und einem gesundheitlich bedingten Wechsel in den Farbengroßhandel machte sich Dirk Miesner gezielt und ausdauernd auf die Suche nach Geräten, Werkzeugen und ganzen Häusern. Auf seinen Touren durch die Region von Cuxhaven bis Hoya fielen ihm immer wieder Objekte ins Auge. Und er hatte einen Draht zu den Menschen: Der Worphauser konnte platt reden. Dirk Miesner gehört zu den Gründern der 1973 ins Leben gerufenen Oll'n Handwarkers. 1977 trafen sich

Das Handwerker-Museum auf dem „Lilienhof".

13 Bürger im Haus von Dirk und Agunda Miesner und hoben einen weiteren Verein aus der Taufe: die „Worphüser Heimotfrünn". Sein Lebenswerk konnte der Handwerker und spätere Außendienstler nicht mehr in Augenschein nehmen.

Alfred Meierdierks hat das gemeinsame Projekt zusammen mit anderen Helfern wie Hinrich Tietjen von den Heimotfrünn vollendet. Wer versucht, den ersten Vorsitzenden der Oll'n Handwarkers zu Hause im eigenen Betrieb an der Worphauser Landstraße zu erreichen, hat in der Regel schlechte Karten: Meierdierks ist auf dem Lilienhof, heißt es häufig. Der Vorsitzende und zahlreiche Helfer haben bis zur Eröffnung des Museums reichlich Zeit auf der Baustelle zugebracht. Auf rund 60 000 Stunden summierte sich der gemeinsame Einsatz. Etwa 375 000 Euro haben die Handwarkers im Laufe der Jahre investiert. Öffentliche Mittel flossen spärlich. Meierdierks weist auf bescheidene 70 000 Mark aus den Kassen des Dorferneuerungsprogramms hin. Den Rest haben die Mitglieder unter anderem durch zahlreiche Auftritte mit ihren traditionsreichen Handwerken und bäuerlichen Kulturtechniken auf Märkten in der gesamten Region aufgebracht. In Worphausen haben die Initiatoren unter anderem eine der bundesweit größten Sammlungen für alte Telefonanlagen zusammengetragen. Das Handwerkermuseum weist auf 360 Quadratmetern Fläche auf traditionelles Handwerk hin. „Es ist ein lebendiges Museum, das alle Interessierten, insbesondere aber auch Schulklassen ansprechen will", so der Handwarker-Vorsitzende. Auf Alfred Meierdierks trifft der Begriff bodenständig allemal zu. Der Handwerksmeister lebt und arbeitet in Sichtweite des Lilienhofs. Fest steht: Ohne Menschen wie Dirk Miesner, Alfred Meierdierks und Hinrich Tietjen wäre die Anlage an der Worphauser Landstraße nicht entstanden. *KLG*

Jürgen O. H. Ludwigs

* 1936 in Worphausen

Vortragsreisender in Sachen „Platt"

In Bremen-Borgfeld kennen ihn viele von Kindesbeinen an. In Lilienthal auch. Besonders in Worphausen. In Bremen sind Generationen von Schulkindern gemeint, in Worphausen das Schulmeister-Kind Jürgen. Dessen Mutter Ännchen, geb. Bohm, arbeitete bis zu ihrer Heirat im Lilienthaler Fotoatelier Julius Frank als Fachkraft. Vater Paul war 45 Jahre Dorflehrer in Worphausen. Dort im Schulhaus wurde 1936 als mittlerer von drei Brüdern Jürgen Ludwigs geboren und trat prompt in Vaters Fußstapfen. Nach seinem Abitur am Bremer Gymnasium „Am Barkhof" und dem Lehramtsstudium an der dortigen Pädagogischen Hochschule bekam er eine Anstellung in Borgfeld und unterrichtete dort 42 Jahre lang bis zu seiner Pensionierung. Aber er wäre sicher nicht zu einem Worphauser „Urgestein" geworden, hätte ihn nicht bereits in seiner Grundschulzeit der lebendige Heimatkunde-Unterricht bei seinem Vater fasziniert. Einmal begeistert begann er Sammlungen von Gegenständen über Landkarten bis hin zu Büchern und Bildbänden anzulegen. Der zukünftige Hobby-Chronist befasste sich leidenschaftlich mit der Heimatgeschichte des Teufelsmoores und forschte später in Gemeindearchiven und Kirchenmagazinen, in Katasterämtern und dem Niedersächsischen Staatsarchiv zu Stade. Lehrer in Bremen und Forscher aus Spaß – was das mit Lilienthal zu tun hat? Als Pädagoge behielt Ludwigs sein Wissen natürlich nicht für sich. Er engagierte sich in Vorträgen zu heimatgeschichtlichen Themen wie der Besiedlung des Teufelsmoores und seiner weiteren Entwicklung oder der Geschichte der niederdeutschen Sprache. Er erarbeitete eine über 400 Seiten umfassende beispielhafte Ortschronik

Worphauser Grundschüler erhalten während eines „Schoolmester-Treffens" auf dem Lilienhof eine Musterstunde „Platt in der Schule".

der ehemaligen Gemeinde Dannenberg. Aber vor allem hatte er sein Herz an das gute alte Plattdeutsch gehängt: *„Us plattdüütsche Heimatspraak is een weertvullet Kultuurgoot, ok in us Land twussen Weser un Elv. Dorum heff ick mi dor mit Lief un Seel for insett, datt wat daan word gegen ehr Vergeten."*

Und als Lehrer wusste er genau, was er zu tun hatte. Neben seiner Unterrichtstätigkeit verfasste er einen Lehrplan für Niederdeutsch an Bremer Grundschulen und praktizierte ihn natürlich auch.

Aus seiner Feder stammt die in Lilienthal erschienene Fibel mit dem Titel „Brugg un Padd von Hooch nah Platt", ein Lehrbuch für Haus und Schule, das bereits die 6. Auflage erreicht hat. In mehrsemestrigen Kursen an der Volkshochschule Lilienthal erinnert er Erwachsene daran, dass die „Europäische Charta der Regional- und Minderheitensprachen" natürlich nur durch Sprechen unserer alten Hansesprache mit Leben erfüllt werden kann. Und die Leser der in Lilienthal verlegten Vierteljahreszeitschrift „HEIMAT RUNDBLICK" bildete er jahrelang mit interessanten Artikeln zum Thema niederdeutsche Sprache und ihre Vertreter und zur Geschichte der ehemaligen Moorkolonie Worphausen weiter. Parallel zu seiner (reduzierten) Unterrichtstätigkeit war er etliche Jahre im Nebenamt als Lehrbeauftragter am Plattdeutschen Seminar für Niederdeutsch an der Universität Bremen tätig.

Auch im Bremer Ratskeller: Jürgen Ludwigs – ein Lilienthaler Botschafter für Niederdeutsch.

Wer Platt unterrichtet, schreibt vielleicht auch in dieser Sprache? „Witten Torf un swarten Klipp" nennt er seine beiden Lyrik-Sammlungen; ein Rollenidyll „Findorp"; ein kritisches Versdrama von einem herzlosen Pastor im St. Jürgensland „Harder ahn Hart". Erzählungen und ein noch nicht ganz abgeschlossener Kindheitsroman mussten zunächst hinter der Berufstätigkeit und seinen eigenen fünf Kindern zurücktreten; hinter den „Plattdütschen Schoolmester-Treffen" und den gelegentlichen Vorträgen dort, hinter den „Plattdütschen Vorlesewettbewerben", wo er als Juror oder Moderator bei der Preisverleihung gefragt war, und hinter dem ebenfalls gern von ihm moderierten „Plattdütschen Chorliedersingen." Der ehemalige Kringbaas vom „Plattdütschen Kring" macht sich zudem seit 1989 in der Niedersachsen-Runde für den Erhalt wertvollen Kulturgutes stark.

Zwischendurch gab es immer noch Zeit, sich als Trainer bei Tanzsparten in Sportvereinen zu engagieren oder – zu schnitzen. Wer ihn kennt, weiß, dass er auch in Worphausen mit der Erstellung einer Dorfchronik noch viel vor hat. Aber wer ihn noch nie bei einer Lesung in dem ihm eigenen plattdeutschen Singsang gehört hat, sollte das auf seinem Wunschzettel ganz oben notieren. Sühstewoll!

JIDG

Erwin Duwe

* 1936 in Sintauten/Ostpreußen

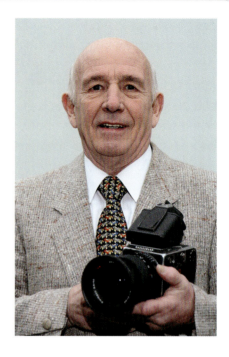

„Kleiner Mann mit großem Herz" *)

Er hat sie nicht weggeworfen, all die überschüssigen Fotos, die sein Beruf nun mal mit sich brachte. Mit 15 Tausend Fotos reicherte er vor Jahren das Fotoarchiv des Heimatforschers Wilhelm Dehlwes an – eine Fundgrube für den Großraum Lilienthal.

„Guck mal, da bist Du ja drauf!"

Zigtausende von Papierbildern, die sich vor Einführung der Digitalfotografie angesammelt haben, erfüllten beim Verkauf über „Duwes Grabbelkiste" jahrelang den einen oder anderen „guten Zweck". Mal waren es 2000 Mark für die Orgel der Truper Kapelle, mal war es für die Skateranlage in Lilienthal, mal für das Schwaneweder Frauenhaus.

Als Jüngster von acht Geschwistern erblickte Erwin Duwe am 17. Dezember 1936 im Memelland das Licht der Welt. Der Krieg verschlug die Familie nach Wilstedt in den Landkreis Rotenburg/Wümme. Hier trat der Junge seine Ausbildung zum Herren- und Damenschneider an und bereitete sich auch auf die Meisterprüfung vor. Viel lieber wäre er Fotograf geworden. Dafür war er sogar mit dem Fahrrad von Wilstedt nach Achim gefahren, um beim dortigen Fotografen eine Lehrstelle zu erbitten. Der aber hatte abgelehnt: „Junge, wenn ich Dir das Fotografieren beibringe, nimmst Du mir eines Tages die Arbeit weg. Ich brauch' keinen Lehrling, ich mach' die Arbeit lieber selber."

Doch der Traum vom Fotografieren ließ ihn nicht los. Er arbeitete als „Kegeljunge": für zwei Stunden Kegel aufstellen eine Mark. Und für zwei Mark konnte er sich bei Foto Kusek in Tarmstedt eine Woche lang eine Kamera ausleihen. In der Volkshochschule Bremen lernte der Schneidergeselle den Umgang damit und 1964 begann er abends und am Wochenende neben der Schneiderei für die damals noch eigenständige Wümme-Zeitung zu arbeiten. Zwei Jahre später hängte er Nadel und Faden an den Haken und fotografierte für das Achimer Kreisblatt, den Achimer Kurier und seit 1980 wieder für die Wümme-Zeitung. 22 Jahre prägten seine Fotos ihr Erscheinungs- und der kleine Duwe – Markenzeichen Trittleiter – das Landschaftsbild.

Als Weltenbummler bereiste er mit Ehefrau Gisela über 50 Länder. Auch diese üppige Fotoausbeute teilt er großzügig und weiträumig seit vielen Jahren in Form von Dia-Vorträgen mit einem begeisterten nicht so mobilen sehr viel älteren Publikum.

Auch im Rentenalltag ist Duwe mit Kamera und Filmkamera unterwegs und stellt seine fotografischen Fähigkeiten freigiebig zur Verfügung, wo sie benötigt werden – ohne die Hand dafür aufzuhalten.

CVL / JIDG

*) O-Ton eines langjährigen Berufskollegen

Manfred Simmering
* 1938 in Bremen

Sein Herz schlägt für Lilienthal

„Der Beruf ist seine Passion", sagte einmal ein Zeitgenosse über Manfred Simmering. Gerne schließt man sich dieser Meinung an, wenn man sich vor Augen führt, wofür Simmerings Herz schlägt und wofür er sich privat, wie beruflich engagiert. Der gebürtige Bremer kam als junger Mann durch eine Anstellung bei der Wümme-Zeitung in die Nachbargemeinde Lilienthal und fühlte sich schnell mit dieser innerlich verbunden. Bereits 1958 trat er auf Initiative von Fritz Gagelmann und Arnold Kessemeier dem örtlichen Heimatverein bei. Nach einer Schriftsetzer- und Maschinensetzerausbildung begann 1970 für Manfred Simmering die Zeit der geschäftlichen Selbstständigkeit, die letztendlich zur Gründung seines Verlages in der Lilienthaler Hauptstraße führte. Hier werden nicht nur Kundenwünsche aller Art bearbeitet, sondern hier verlassen in großem Maße regional bezogene Drucksachen das Haus. Großes heimatgeschichtliches Interesse setzt der Verleger seit vielen Jahren erfolgreich in Publikationen um. Bereits Mitte der 1980er Jahre war der Verlag Simmering an der Herausgabe von Büchern beteiligt, die sich mit Lilienthal und Umgebung auseinandersetzen. Zunehmend wurden auch Broschüren und Hefte verlegt, die heimatgeschichtlich von großem Wert sind, da sie den Wandel der Zeit, Besonderheiten und Schönheit Lilienthals und seiner Umgebung einfangen. Besonders Kalender regionaler Fotografen, deren eindrucksvolle Aufnahmen Besonderheiten und Typisches links und rechts von Wümme und Hamme zeigen, erfreuen sich seit zwei Jahrzehnten großer Beliebtheit. Seit 20 Jahren erfährt der von Manfred Simmering ins Leben gerufene und von seiner Frau Ingeborg mitgetragene HEIMAT-RUNDBLICK große Wertschätzung: Geschichtliches, Kulturelles und Nennenswertes aus der Natur zwischen Borgfeld und Tarmstedt finden Erwähnung in dem vierteljährlich erscheinenden Magazin, das unter anderem in Bibliotheken und Archiven ausliegt. Der HEIMAT-RUNDBLICK, die Kalender sowie weitere Publikationen tragen durch ihre Verbreitung Wissenswertes aus Lilienthal und Umgebung über die Ortsgrenzen hinaus. Großen Anklang finden die alljährlichen Weihnachtshefte, die Simmering ebenfalls im Landkreis Osterholz herausgibt. Wenn Manfred Simmering nicht damit beschäftigt ist, Heimatliches in Buchstaben umzusetzen, widmet er sich seinen Bienenvölkern. Als leidenschaftlicher Imker stellt er „Honig aus Lilienthal" her, der ebenso wie seine heimatbezogene Lektüre einen guten Ruf besitzt. Manfred Simmering zeichnen nicht nur seine Heimatverbundenheit und Einsatzbereitschaft, sondern ebenso seine Kontaktfreudigkeit aus. Er ist den Menschen zugewandt und lässt sich von Ideen und Projekten begeistern. Schöpferische Pausen gönnt er sich mit der Lektüre von guten Büchern. Die dürfen dann auch mal nicht aus der Region sein.

CVL

Gerd Erdmann

* 1939 in Oldenburg † 1996 in Bremen

Rettet die Orgel!

Ein gebürtiger Oldenburger hat die Tradition des Großvaters und Vaters als Musiker fortgesetzt und in Bremen studiert. Als Kirchenmusiker arbeitete er in Arbergen und Horn-Lehe.
Als Orgelbausachverständiger der bremischen Kirche sorgte er mit seinen Gutachten dafür, dass in Lilienthal die Röver-Orgel im Rahmen der damaligen Möglichkeiten restauriert und somit erhalten wurde.
Später übernahm er die vakante Kirchenmusikerstelle in Lilienthal. Er baute den Bach-Chor auf immerhin 80–100 Mitglieder aus.

Außer dem Bach-Chor gehörten ebenfalls zur Kantorei zwei Gruppen musikalischer Früherziehung, ein Kinderchor und ein Jugendchor. Auch ein kleines, aber feines Kammerorchester rief er ins Leben.
Die Lilienthaler Kirchenmusikfreunde profitierten von großartigen Konzerten wie z.B. die Matthäus-Passion, Johannes-Passion, das Weihnachtsoratorium von Bach, Brahms-Requiem, Mendelssohns „Lobgesang" und der „Elias". Außerdem erfreuten diverse a-cappella-Konzerte die vielen Zuhörer.

Der Kantor ließ es sich nicht anmerken, dass er 15 Jahre lang gegen eine heimtückische Krankheit ankämpfte.
Kurz vor seinem Tode verlieh die Gemeinde Gerd Erdmann die Ehrennadel für besondere Verdienste.

MS

Karl-Peter Geittner
* 1940 in Osterode/Ostpeußen

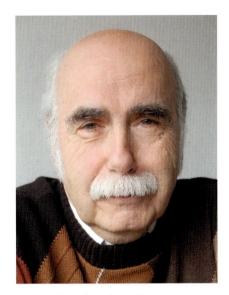

Organisation ist alles

Wenn die Gemeinde einem Bürger die Organisation eines Stadtfestes überlässt, kann man Vertrauen in dessen Fähigkeiten und Engagement voraussetzen. Nicht anders verhält es sich bei Karl-Peter Geittner. Er hat beim Lilienfest die Regie geführt und setzt sich als Vorsitzender einer Arbeitsgemeinschaft Kultur für die örtliche Kultur ein. „Ich bin in Lilienthal schnell heimisch geworden und bereit, ehrenamtlich zu helfen", stellt der 67-Jährige fest. Seinen Antrieb bezieht der in Ostpreußen geborene Geittner auch aus Erfahrungen aus seinem inzwischen abgeschlossenen Berufsleben. „Ich blicke grundsätzlich nach vorn. Das war beruflich so und ist auch privat meine Lebenseinstellung", sagt der Pensionär. Am 26. Juni 1975 trafen sich Vertreter der Heimatvereine Lilienthal und Seebergen, des Gesangvereins Trupe-Lilienthal, des Gemischten Chors Moorende, des Akkordeonclubs Seebergen, der Dorfgemeinschaft Klostermoor mit der Speeldeel Klostermoor sowie der Heimatbühne Worphausen zu einer Sitzung mit dem Ziel, die Arbeitsgemeinschaft Kultur zu gründen.

Die Versammlung wurde vom damaligen Lilienthaler Gemeindedirektor Wilhelm Otten geleitet. Nach ausgiebiger Diskussion kam es einstimmig zum Zusammenschluss von kulturellen Vereinigungen unter einem Dach. Aktuell gehören der Interessenvereinigung 22 Vereine und Gruppen an.

Karl-Peter Geittner arbeitet darüber hinaus in der Freiwilligen-Agentur mit, die immer dort einspringt, wo vor dem Hintergrund leerer öffentlicher Kassen akuter Bedarf an privater, ehrenamtlicher Hilfe besteht. Dass die Patienten im St. Martins-Krankenhaus informiert und unterhalten werden, ist ebenfalls sein Mitverdienst. In der Martinskirche auf dem Krankenhausgelände wirkt Geittner in einer Gruppe mit, die Gottesdienste in die Krankenzimmer überträgt. Im Amtmann-Schroeter-Haus, dem Haus der sozialen Dienste, gehört Geittner der Multimedia-Gruppe an. Dazu hat ihn früh die Musik gepackt. So zählt er auch zu den Mitbegründern des Musikzuges Lilienthal, den er von 1985 bis 1995 sogar leitete. Der pensionierte Bankangestellte ist ein eher zurückhaltender Mensch, den es nicht ins Rampenlicht zieht. „Ich mache das gern", stellt Geittner eher beiläufig fest. *KLG*

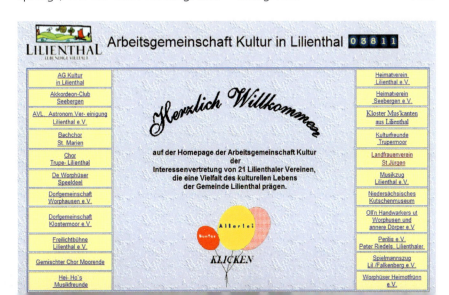

Peter Riedel

* 1943 in Bremerhaven

Beim Singen gibt man was von sich selbst

Singen kostet nichts und bringt viel: eigenen Spaß und Freude für andere. Zusammen mit anderen vermittelt es ein Gemeinschaftsgefühl, es fördert das Aufeinanderhören und die Durchblutung durch tiefes Atmen und es kann voraussetzungslos damit begonnen werden – die eigene Stimme hat ja jeder stets bei sich.

Singen ist die ideale Art der Musikausübung in der Schule. Heute genauso wie beispielsweise 1967, also vor rund 40 Jahren, als der Musikpädagoge Peter Riedel an der Falkenberger Volksschule allen Kindern, die Freude am Singen und Musizieren hatten, mit dem Schulchor und einem Orff'schen Spielkreis Gelegenheit dazu gab. Mit dem Bau des Schulzentrums Schoofmoor wurde die Schullandschaft unübersichtlicher und aufgrund der Stundenplangestaltung wuchsen die Schwierigkeiten, die Kinder auch weiterhin in einem Chor zusammenzufassen. Was macht der Vollblutmusiker, wenn es auf staatlicher Grundlage nicht funktioniert? Er privatisiert sein Engagement und bietet interessierten Kindern und Instrumentalgruppen wie Blockflötenkreis und Akkordeongruppe die Fortführung der musikalischen Arbeit auf Vereinsbasis an.

Zum Singen braucht man keinen Verein. Aber Noten sind teuer, auch Versicherungsfragen tauchen auf. Und wenn die jungen erfolgreichen Musikanten weiterhin so in der Gemeinde herumgereicht werden sollen und die verschiedensten Veranstaltungen musikalisch garnieren, ist es sinnvoll, als gemeinnützig anerkannt aufzutreten. 1978 sind die formalen Fragen geklärt und Lilienthal hat mit den „Perilis" eine Gruppe mehr in seinem Vereinsregister. Und gleich unter 2.a) der Satzung lesen wir seine Aufgabe „das kulturelle Leben in Lilienthal zu fördern und durch überregionale Auftritte den Bekanntheitsgrad Lilienthals zu erhöhen …"

„Du kennst die Perilis nicht? Na, da komm mal mit." – „Wohin?" – Neu-Lilienthaler dürfen so fragen. Ansonsten dürfte es kaum jemanden geben, der wenigstens einem der inzwischen vier Ensembles mit dem Markenzeichen „Perilis" – das sind Peter Riedels Lilienthaler – nicht schon mehrfach begegnet ist. Die aus dem Kinderchor herausgewachsenen Jugendlichen, die „Young People", die Heran- und schließlich ganz Erwachsenen, wollen weiter unter Peter Riedel singen, aber auch die Eltern der Schulkinder, die bei „Offenem Singen" auf den Geschmack gekommen sind.

Wo „Perilis" auftreten, verbreiten sie Schwung und Frohsinn. Ja wo denn nun? Außerhalb der Schulsphäre bei den verschiedensten Gemeindeaktivitäten, auf dem Weihnachtsmarkt, bei Jubiläen, Konfirmationen, hohen Geburtstagen, beim Neujahrsempfang von Nabertherm 1997 und am „Tag der offenen Tür" der Freilichtbühne 1997, bei Chorwettbewerben, bei Platteneinspielungen und „offenem Singen" in Festsälen, unter freiem Himmel bei spontanen Alltagsauftritten im Ort, auf dem

Lilienthaler Marktplatz, im holländischen Stadskanaal, im französischen Emerainville oder auf einer Englandreise, im „Forum" der Schule oder in Kirchen. Und was wird gesungen? Vom Madrigal übers Volkslied, Folklore aus aller Welt, Shanty, Spiritual, Oldie oder Rap, Lieder von heimischen Komponisten oder auch etwas aus dem „klassischen" Repertoire, auf Hoch- und Plattdeutsch, mit Show-Elementen oder ganz zurückgenommen. Und natürlich haben sie auch mit viel Erfolg und vielen Wiederholungen Kinder-Musicals aufgeführt. Für das „MiM" – den „Mann im Mond", nach einem Libretto von Inge Zenker-Baltes gab es den Schroeter-Preis vom Lions-Club.

Sie treten in Benefizveranstaltungen auf für Lilienthaler Einrichtungen und helfen mit, die Übertragungsanlage im Krankenhaus oder die Renovierung der Röver-Orgel zu finanzieren, aber auch für CARE oder PLAN-International oder die Prof.-Hess-Kinderklinik. Probenwochenenden und Chorfreizeiten mit Zeltlager und Reisen fördern das Kennenlernen und Auftritte in der Bremer „Glocke", der Telecom-Aula in Horn und in der Kesselhalle des Schlachthofes den Bekanntheitsgrad, so dass es kein Wunder ist, wenn neben Grasbergern oder Worpswedern sich auch aus Bremen-Mitte sangesfreudige Menschen einmal wöchentlich auf den Weg zur Chorprobe nach Lilienthal machen.

JIDG

Aus den Anfangsjahren der „Perilis" vor dem alten „Murkens Hof".

Harald Kühn

* 1943 in Schein, Krs. Briesen/Westpreußen

Was tun?
Was tun!

Als der Flieger aus Amsterdam im April 2006 auf dem Bremer Flughafen landete, ging für Harald Kühn ein Wunsch in Erfüllung. Die Witwe des jüdischen Fotografen Julius Frank war einer Einladung der Gemeinde und des Heimatvereins gefolgt, um sich mit ihrer Heimatgemeinde auszusöhnen. Fast 70 Jahre, nachdem auch Hildegard Frank vor den braunen Machthabern in die USA geflüchtet war. An diesem Besuch hat Harald Kühn maßgeblich mitgewirkt. Wie an vielen anderen Projekten, Veranstaltungen und Veröffentlichungen in und über die Gemeinde Lilienthal. Der Vorsitzende des Heimatvereins war auch im Falle der Franks auf Spurensuche gegangen und ist dabei auf die Geschichte der Familie gestoßen. Gemeinsam mit Peter Richter und einem einem Autorenteam stellte er das Schicksal der jüdischen Mitbürger in einem Buch vor. Das Buch „Als die Hoffnung starb …" war Anlass des Besuchs von Hildegard Frank. Gewürdigt wurde das Engagement des Heimatvereins unter anderem von der Politik, im Rundfunk und im Bremer Presse-Club, insbesondere von Altbürgermeister Hans Koschnik. Auf den Besuch der Witwe macht inzwischen eine Gedenktafel am ehemaligen Haus der Franks in der Hauptstraße aufmerksam. Dies sei ein Beispiel dafür, dass der Heimatverein die lokalen Themen der Gegenwart und Vergangenheit aufgreift und einer breiten Öffentlichkeit nahe bringt, hieß es.

Politisch interessiert war Harald Kühn schon immer. Dies hat nicht zuletzt mit seiner Kindheit zu tun. In der Nachkriegszeit lebte die Familie mit dem späteren Fernsehdirektor von Radio Bremen, Rudolf Dumont du Voitel, in Lilienthal unter einem Dach. Die Gespräche haben ihn beeindruckt und den Grundstein für sein ausgeprägtes geschichtliches Bewusstsein gelegt, wie Kühn erklärt. Vor diesem Hintergrund ist auch das politische Engagement des pensionierten Bankkaufmanns nachzuvollziehen. Der heute 64-Jährige war viele Jahre in der Kommunalpolitik tätig. Er hat den Heimatverein mit vielen Veranstaltungen und Ausstellungen zur lokalen Geschichte in das öffentliche

Von links nach rechts: Harald Kühn, Peter Richter, Michael, Hildegard und Barbara Frank, Bürgermeister Willy Hollatz und Gerda Urbrock vor dem ehemaligen „Fotoatelier Julius Frank" in der Hauptstraße.

Bewusstsein gerückt. Der Heimatverein ist kein geschlossener Zirkel, sondern ein Verein, der aktiv am Gemeindeleben mitwirkt, hat Harald Kühn einmal zum Selbstverständnis gesagt. Weit über die Grenzen Lilienthals hinaus beachtet wurden ein Tag der Heimatgeschichte und eine Talkrunde 60 Jahre nach Kriegsende mit Zeitzeugen wie Conrad Naber, Rudolf Dumont du Voitel und Heinz Lemmermann.

Harald Kühn ist nicht nur ein Heimatvereinsvorsitzender. Mehr als 20 Jahre lang hat er gemeinsam mit Peter Richter, Karl-Heinz Sammy und Inge Weitkunat im Kabarett „Die Schwertlilien" die aktuellen Zustände auf die Schippe genommen. Er war Vorsitzender des Ortsjugendrings. Aber dem Heimatverein ist er seit über 40 Jahren treu. Seine Beitrittserklärung hat der ehemalige Redakteur der Wümme-Zeitung und damalige Vorsitzende Fritz Gagelmann unterschrieben. Die Reputation des gebürtigen Westpreußen ist beachtlich: Harald Kühn weiß einfach alles über die Geschichte und die handelnden Personen der Region, wird über ihn gesagt.

Unter dem Titel „Zeitreise – 775 Jahre Lilienthal" verfassten Harald Kühn und Peter Richter mit einem Redaktionsteam ein Buch, in dem sie zu einer Reise durch Lilienthals Vergangenheit einladen.

Hierfür, für das Buch „Als die Hoffnung starb ..." aber auch für seinen ständigen, unermüdlichen Einsatz für den Heimatverein und damit für Lilienthal zeichnete der Lions-Club Lilienthal Harald Kühn mit dem Schroeter-Preis aus.

Was den Ruheständler zum Engagement für Lilienthal antreibt? Ich habe mich schon in jungen Jahren eingesetzt. Das wurde mir von zu Hause mitgegeben. *KLG*

„Die Schwertlilien" in Aktion. Von links nach rechts: Harald Kühn, Peter Richter, Karl-Heinz Sammy und Inge Weitkunat.

Hans-Peter Blume

* 1944 in Zielenzig, Mark Brandenbg. † 2007 in Lilienthal

Musik verbindet, öffnet, erzieht …

Eigentlich wollten sie ja nur eine Blasmusik fürs Schützenfest haben. Aber die „Väter" des „Musikzug Lilienthal" haben viel mehr bekommen.

Als Hans-Peter Blume vor über 25 Jahren den Musikzug mitgegründet und keine fünf Jahre später bereits dirigiert hat, wusste er längst, dass er sich mit Märschen und Polkas nicht zufrieden gibt. Selbst wenn man sich bei derartigen Engagements das nötige Kleingeld für Noten und Instrumente erspielen muss – das Repertoire reicht vom Choral über Volks- und Popmusik, über Evergreens und Jazz bis hin zum Musical. Dabei wurde dem späteren Maurer die Musik nicht in die Wiege gelegt. Er entdeckte sie mit elf Jahren im Posaunenchor der St. Jürgens-Kirche. Die Freude, die er empfand, wenn sein Trompetenspiel von der Orgel begleitet wurde, wirkte bis zuletzt in ihm. Und er verstand es, diese Freude weiter zu vermitteln. Der beliebte Hausmeister der Schoofmoor-Sportstätten pflegte seinen Kontakt zu Posaunenchören und zur Jugend. Als er krankheitsbedingt den Dirigentenstab abgab, widmete er sich „nur noch" der musikalischen Ausbildung des Nachwuchses. Der Spaß am Spiel ohne Vorkenntnisse oder soziale Grenzen lockt von Osterholz-Scharmbeck über Ritterhude bis Tarmstedt begeisterte Jungbläser zum weit und breit einzigen Jugendblasorchesters (JBO) nach Lilienthal, auch um neben dem Instrumentalunterricht mit Peters Humor Musiktheorie in sich aufzusaugen. Dazu entwickelte ihr Lehrer für seine musikalische Großfamilie sogar eigene Unterrichtsmaterialien. Die wöchentlich gut 14 Proben-, Einzel- und Gruppen-Stunden, Vorbereitungszeit und Organisation noch nicht einmal mitgerechnet, gehen an die Substanz aber sie schufen einen edlen Klangkörper, dem auch Musikstudenten die Treue halten.

15 Jahre Jugendblasorchester heißt Unterricht, Konzerte aber auch Fahrten, Probenfreizeiten und Zeltlager. Wem ginge es nicht nah, wenn die Schützlinge mal anrufen, spontan vorbeikommen oder ihm manches sogar vor ihren Eltern anvertrauen? Einsatz ohne Blick ins Portemonnaie oder auf die Uhr natürlich auch von Ehefrau und Notenwartin Sabine. Das Ergeb-

Nachwuchssuche beim Ferienspaß.

nis sowohl für die instrumentale als auch die Persönlichkeitsbildung sind Jugendliche, die gelernt haben, aufeinander zu hören, ihr Instrument und damit sich zu beherrschen und die von „ihrem Peter" per Handschlag begrüßt und verabschiedet wurden.

JIDG

Jede zweite Woche ist Theorie. Dort schreiben sie den einen oder anderen Test, der (zum Glück) nicht benotet wird. ... *Dann veranstaltet Peter ab und zu ein Wunschkonzert. Dabei geht es in der Runde und jeder darf sich ein Stück wünschen.* ... Bei den Proben gibt jeder seine Kommentare dazu und bringt damit oft alle zum Lachen. ... *Ich möchte noch so viel lachen können und bin froh, dass ich es beim JBO so kann.* ... und ich finde es toll, dass Peter sich so viel Zeit für uns nimmt. ... *In der „kleinen" Gruppe war es lustig. Peter und Sabine nehmen sich viel Zeit für die Musik.*

Stimmen von Kindern aus dem Jugendblasorchester Lilienthal.

Klaus-Dieter Pfaff

* 1945 Bremen-Vegesack

Politik vor Ort

Die große Politik wird woanders gemacht: In den Metropolen wie Berlin, Paris, London oder Washington. Weit weg von den Menschen hier und ihrem unmittelbaren Lebensumfeld. Die kleine Politik findet vor Ort statt und ist viel spannender. In den Städten und Gemeinden wird über Schulen, Kindergärten, Sportplätze, Straßen und Gewerbeansiedlung diskutiert. Auch in Lilienthal. Einer, der das Ohr seit mehr als 30 Jahren ganz nah an den aktuellen Ereignissen hat, ist Klaus-Dieter Pfaff. Der Ressortleiter der Wümme-Zeitung ist mit Leib und Seele Journalist. „Nichts ist so spannend wie die Berichterstattung aus den Kommunen", macht der Zeitungsmann immer wieder deutlich.

„Meine regionale Begeisterung liegt in der Tatsache begründet, dass es hier in Lilienthal den ganz direkten Kontakt zum Leser gibt. Nicht die Anonymität, sondern der unmittelbare Dialog ist mir immer ganz wichtig gewesen", stellt der Blattmacher fest. Dabei interessiert er sich insbesondere für die Hintergründe. „Wer unterstützt den Bau der Entlastungsstraße, wer ist dagegen, und warum?" geht der Zeitungsmann gezielt auf Spu-

rensuche. Er will die Leser der Wümme-Zeitung gemeinsam mit seinem Redaktionsteam aus erster Hand über die Ereignisse in der Gemeinde informieren. Neben der aktuellen Berichterstattung nimmt Klaus-Dieter Pfaff auch regelmäßig Stellung. Mit besonderer Freude schreibt er seit nunmehr 23 Jahren seine sonnabendliche Kolumne „Aufgefallen". Eine Rubrik auf der Seite 1 der Wümme-Zeitung, die in den acht Regionalausgaben des Weser Kuriers in dieser Form übrigens einmalig ist. „Der Reiz dieses journalistischen Stilmittels liegt in der Möglichkeit begründet, den Leserinnen und Lesern meine eigene Position zu bestimmten Themen klar zu machen. Und wenn ich mit meiner konstruktiven Kritik hier und da Denkanstöße geben kann, ist das ein toller Effekt", stellt Klaus-Dieter Pfaff fest. Seine Kolumne soll den Lesern eine Orientierungshilfe zu aktuellen Themen geben. Mit einem offenen Ohr wolle er die Entwicklungen in seiner Gemeinde begleiten, wie der Ressortleiter betont. Dazu hat er ein weiteres eigenes Format entwickelt. Die öffentlichen „Talks" der Wümme-Zeitung bringen Entscheidungsträger aus der Politik, Vertreter der Verwaltung und externe Experten auf das Podium. Themen der Wümme-Talks sind unter anderem Wahlkämpfe und große Lilienthaler Projekte wie die Verlängerung der Straßenbahnlinie 4 von Bremen-Borgfeld bis nach Falkenberg.

Wenn sich die meisten Kollegen in den Feierabend verabschiedet haben, sitzt Klaus-Dieter Pfaff für gewöhnlich an seinem Schreibtisch in der Redaktion an der Hauptstraße. Macht sich Gedanken über die Politik im Allgemeinen und die lokalen Ereignisse im Besonderen. Dabei schreckt er auch vor Konfrontation nicht zurück – wer in seinen Kommentaren Stellung bezieht, eckt gelegentlich an. „Das gehört zum Geschäft", sagt Pfaff auch.

Die Verkehrsprobleme der Gemeinde haben seinen beruflichen Weg begleitet. Aber auch andere heikle Themen wie Nitrat im Trinkwasser oder ein über mehr als eineinhalb Jahre dauernder Pastorenstreit. „Ich bin mit Haut und Haaren Journalist", gesteht der gebürtige Vegesacker. Wenn er nicht den Weg zur Zeitung gefunden hätte, wäre die Alternative vorgezeichnet gewesen. „Dann würde ich in der Politik arbeiten", so der leitende Redakteur.

Seinen Weg hat er konsequent beschritten. Er hat in einer katholischen Kirchengemeinde eine Zeitung mit dem Titel „Der Punkt" herausgebracht. Nach einer technischen Ausbildung hat Pfaff ein Volontariat beim WESER-KURIER gemacht. Dann wurde er Redakteur der Wümme-Zeitung. Seit 1972 wohnt der Vater und Großvater gemeinsam mit Ehefrau Helma in Lilienthal.

KLG

Volker Kühn

* 1948 in Neuenkirchen bei Bremen

Ein Elefant kommt selten allein

Für den oberflächlichen Betrachter mag es stimmen. Kunst und Kultur der Region finden in Worpswede oder Fischerhude statt. Dieser häufig vermittelte Eindruck ist falsch. Auch Lilienthal hat eine lebendige Szene. Maßgeblicher Motor ist Volker Kühn, der mit seiner verstorbenen Frau Edda den Standort entscheidend geprägt hat. In der Galerie an der Hauptstraße haben Künstler aus ganz Europa ausgestellt. Unter anderem Günter Grass und Friedrich Meckseper, Armin Müller-Stahl, Penck oder Niki de Saint-Phalle, um nur einige zu nennen. In seinem Atelier und seinen Werkstätten setzt Volker Kühn dazu eigene Ideen um. Seine dreidimensionalen Miniaturen in Guckkästen sind inzwischen Kult und werden sowohl für den freien Verkauf als auch auf Bestellung produziert. Die Kunden dieser Miniaturen sitzen unter anderem in der arabischen Welt. Überhaupt denkt der 59-Jährige in größeren Dimensionen. Volker Kühn hat viele Länder der Welt bereist. Seine Frau Edda war die gute Seele des Kunstunternehmens Kühn. Sie war charmant, kommunikativ und brachte die Menschen zusammen, heißt es über die gelernte Journalistin. Sie arbeitete nicht nur für die Kunst, sondern schrieb unter anderem auch für die Wümme-Zeitung.

Volker Kühn lebt indes für die Kunst. 1948 in Neuenkirchen geboren, studierte er von 1968–1972 an der Bremer Hochschule für Gestaltung bei Professor Schreiter „Plastik". Kinetische Lichtobjekten stellte er bereits 1973 im Leopold-Hösch-Museum in Düren und im Kunstverein Unna aus. 1974 erhält der Lilienthaler den Förderpreis des Bremer Senats. Für seine Lichtobjekte wird ihm 1976 der erste Preis im Wettbewerb der Bremer Hochschule für Nautik als Beitrag für „Kunst im öffentlichen Raum" verliehen. 1994 erscheint sein erstes Buch, „Die Objekte", weitere Bücher folgten. Er ist mit seinen Objekten auf internationalen Messen – unter anderem der Art Expo in New York – regelmäßig vertreten. Volker Kühn mag „seine" Gemeinde Lilienthal. Die Enge der Großstädte sei nichts für ihn. In Lilienthal und der Umgebung könne er frei atmen, stellte der 59-Jährige zuletzt wieder fest. Im Heimatmuseum hinter dem Rathaus vermachte er dem Hei-

matverein eine stattliche Sammlung an Werken, Büchern und – Elefanten. Die Skulpturen hat der Künstler und Galerist Volker Kühn auf seinen Reisen rund um den Globus gesammelt.

Zu seinen Miniaturen hat ein Kunstexperte mal geschrieben: Der Künstler entlarvt Klischeevorstellungen auf ironische Weise, lenkt den Blick auf menschliche Unzulänglichkeiten, die wir im Leben an uns oder bei anderen oft genug haben erfahren müssen. Augenzwinkernd und stets versöhnlich schafft er dabei eine Distanz vom Betrachter zu den eigenen Schwächen,

zu Freude, Liebe und dem Streben nach Erfolg. Dabei enthalten die Objekte Menschen, Tiere und vielerlei Dinge, die oftmals in Situationen und Proportionen überzeichnet sind. Hilf- und hoffnungslos ist es jedoch nicht um den Menschen bestellt: es kommt nie zur letzten Katastrophe, den endgültigen Absturz gibt es nicht.

Diese Miniaturen spiegeln den Menschen Volker Kühn wider. Er gilt als humorvoll, ironisch und als hoffnungsloser Optimist. Volker Kühn und seine Arbeiten sind international beachtet: sei es in Deutschland, Österreich, Belgien, New York, Kalifornien, Florida, im Libanon oder in Dubai, Norwegen, Schweiz, England und in Russland.

KLG

Edda Kühn

* 1941 in Köln-Lindenthal
† 2005 in Bremen

**Germanistik
Geschichte
Galerie**

Die Kölnerin kam vom Schreiben an die Kunst. Nach dem Studium der Germanistik und Geschichte und ihrer Ausbildung zur Redakteurin war sie für verschiedene Verlage schwerpunktmäßig mit Kulturberichterstattung tätig. Aus der Begegnung mit Volker Kühn entstand eine neue Arbeitsperspektive. Das ehemalige „atelier k" mauserte sich unter ihrer Leitung in die Galerie Kühn mit angenehm unkonventioneller Atmosphäre. Knapp 20 Jahre später trug sie den Namen auch

nach Berlin. Fünf bis sechs Ausstellungen pro Galerie in jedem Jahr stellte die Powerfrau auf die Beine. Aber nicht nur das: Schon Anfang der 70er Jahre hat sie sich als einer der Hauptmotoren bewiesen, als es galt, in Lilienthal einen Kindergarten auf die Beine zu stellen. Die dreifache Mutter war maßgeblich an der Gründung des „Kindertagesstättenvereins" beteiligt, der inzwischen seinen 35. Geburtstag feiern konnte und zwei Häuser füllt. Unter ihrem früheren Namen Buchwald wirkte sie entscheidend an den Ortschroniken von Wilhelm Dehlwes mit.

JIDG

Dieter Klau-Emken

* 1950 in Gütersloh

Tanzen und Theater

Die Freilichtbühne hat nicht nur in Lilienthal einen guten Ruf. Vorstellungen dieses Theaters unter freiem Himmel werden in ganz Norddeutschland beachtet. Nicht zuletzt durch die Schauspieler, denen die Kritiker immer wieder ein hohes Niveau bescheinigen. Maßgeblich daran beteiligt ist Dieter Klau-Emken. Der Tanzpädagoge und Erziehungswissenschaftler bildet den Nachwuchs der Freilichtbühne seit 1993 in einer Theaterschule aus.
„Es macht mir immer wieder Spaß, die jungen Leute in ihrer kreativen Entwicklung zu begleiten", stellt der 57-Jährige fest. Theater, Musik und Tanz haben den gebürtigen Gütersloher begleitet. Er habe das Glück gehabt, an der Sporthochschule in Köln studieren zu dürfen, sagt er selbst. Die Fächer Spiel, Musik und Tanz seien die Basis für seine weitere berufliche und persönliche Entwicklung gewesen. Der staatliche Luxus, dass gut ausgebildete Lehrer der Sonderpädagogik und Erziehungswissenschaft in den 70er Jahren nicht in den Schuldienst übernommen wurden, erwies sich als Glücksfall für Lilienthal. Dieter Klau-Emken engagierte sich im kulturellen Bereich der Gemeinde.

Die 1993 von ihm gegründete Theaterschule der Freilichtbühne ist wie das Wintertheater, an dem sich regelmäßig rund 50 junge Schauspielerinnen und Schauspieler beteiligen, mit seinem Namen verbunden. Bundesweite Beachtung hat ein Projekt gefunden, das beispielhaft für die Theaterarbeit mit behinderten Menschen ist. In der Gruppe „Theater mobilé" der diakonischen Behindertenhilfe sind etwa 15 Menschen mit Handicap kreativ tätig. Das Theater stellt seine Stücke unter großer Anteilnahme der Öffentlichkeit auf der Bühne des Gemeindesaals der Martinskirche auf dem Krankenhausgelände vor.

Dieter Klau-Emken hat nach seinem Studium eine Ausbildung bei der Wiener Ausdruckstänzerin Rosalia Chladek gemacht. Er beteiligt sich an Performances, war mit dem Ensemble art & arts unterwegs und ist Mitglied der Lilienthaler Künstlergruppe „Die Kunstlilien". Der Mann mit dem prägnanten Kopf ist außerdem in Bremen als Dozent für Rhythmikausbildung tätig und zieht seine Kraft im Übrigen aus der Freude des Theaterspielens und Tanzens. „Ich genieße es, ein Geburtshelfer für kreative Prozesse in welcher Form auch immer zu sein", fasst der Pädagoge und Theatermann zusammen. Wenn er nicht andere Menschen inspiriert, steht er selbst auf den Brettern: Dieter Klau-Emken gehört zum Ensemble der Freilichtbühne.   *KLG*

Renate Bratschke

* 1961 in Kassel

"Ein Leben ohne Musik? – Unvorstellbar!"

Die Zeiten haben sich geändert: Sie hatte nicht das Glück wie ihr Vorgänger, dass die Kirchengemeinde ihr eine A-Stelle zu Füßen legen konnte. Aber was sie trotz Sparmaßnahmen in zehn Jahren auf der reduzierten B-Stelle nicht etwa nur fortgesetzt, sondern ganz neu aufgebaut hat, zeigt ihre lebensnahe Dynamik. Der bis dahin nur männliche Chorleiter gewöhnte „Bach-Chor" der Klosterkirche hatte sich nach einem Probedirigat für die Diplom-Kirchenmusikerin und junge Mutter entschieden. Und die Söhne tschilpten von Anfang an in der späteren „Spatzenkantorei" mit.
Der Stimmentwicklung entsprechend können Grundschüler in der Kinder- und die über Elfjährigen in der Jugendkantorei das, was in Elternhaus, Kindergarten und Schule immer noch zu kurz kommt: nach Herzenslust singen! Zum Beispiel Kinder-Musicals. Und was begeistert mehr als eine fröhliche, intelligente Frau, die in der eigenen fünfköpfigen Geschwisterschar mit Hausmusik aufgewachsen ist und von sich sagt: „Ein Leben

ohne Musik? Unvorstellbar!" Kein Wunder, dass jetzt fünf Berufsmusiker mit dem musikantischen Familiennamen Fiedler den Lilienthalern ihre Kunst auch zugunsten der Kirchenmusik, der Orgelrenovierung, der Finanzierung von Noten usw. zur Verfügung stellen. Mit und für Schwester Renate. Kongeniale Unterstützung erfährt diese dabei von Partner Prof. Dr. Ingo Meyhöfer, der mit Projektplanung, Fundrising, Regie, Moderation und als Sprecher erfolgreich die Arbeit mitgestaltet.
Zu dem beruflichen „Schwarzbrot" wie Gottesdienstgestaltung, Konfirmationen und hohe kirchliche Festtage und den durchschnittlich zwei souverän gemeisterten größeren Kirchenmusik-Konzerten pro Jahr bereichert sie das Lilienthaler Konzertleben durch die unkonven-

tionelle Reihe „Musik in der Kirche": Mit Projekten wie „Wir ziehen alle Register", „Alles Fiedler oder was?", „Wein, Weib und Gesang", „Wolken, Wind und weites Land" (Lyrik und Musik), „Mozartiade" oder „Cello mal zwei", lockt sie Menschen an die Musik, die dann nicht ausschließlich sakrale Inhalte hat und daher breitere Kreise anspricht. Und zwar mit Leichtigkeit und Esprit, die auch im Chor-Sound herausklingen. Überhaupt: Wenn ein international renommiertes Orchester wie „Die Deutsche Kammerphilharmonie Bremen" oder das Barockorchester „Bremer Ratsmusik" mit der hochqualifizierten A-Musikerin konzertieren, die auch beste Beziehungen zu sehr guten Instrumentalisten und Vokal-Solisten pflegt, weht ein frischer Wind durch die spätmittelalterlichen Gemäuer.

Das Publikum beteiligen ist ihre Devise: sei es am Erhalt der denkmalgeschützten Orgel durch den Verkauf von „Orgelwein" oder Orgelpfeifen, sei es durch instrumentenkundliche Veranstaltungen für Groß und Klein: Thema „Mit Händen und Füßen", sei es durch „Kantaten-Gottesdienste zum Mitsingen". Bach steht nach wie vor auf dem Programm. Aber das Spektrum hat sich gewaltig erweitert und zwar in beide Richtungen. Als ehemalige Assistentin von Prof. Harald Vogel an der „Norddeutschen Orgelakademie" (Emden) hat sie mit ihrem Spezialwissen über alte (Orgel-)Musik und ihrer Offenheit für neue Klänge den musikalischen Horizont von Chor und Publikum geweitet. Immerhin erfordert es Mut, Sänger und Zuhörer mit moderneren Harmonien zu konfrontieren, aber auch Zutrauen in den Klangkörper. Und Wissen, dass es sich um einen Gemeindechor handelt, in den jeder ohne Probesingen, ohne Blick auf Konfession oder Gemeindegrenze eintreten kann und der bei Chorfreizeiten, Fahrten, Probenwochenenden oder Reisen in die polnische Partnergemeinde Bielsko-Biala den Gemeinschaftssinn fördert. *JIDG*

Training wie im Leistungssport

Christopher Brandt

* 1969 in Orsoy/Niederrhein

„Wie alles anfing? Eigentlich mit den Beatles", erzählt der heute international arbeitende Gitarrist und Komponist Christopher Brandt in einem Interview der Wümme-Zeitung von 1997. Als sein großer Bruder die erste Beatles-Platte mit ins Lilienthaler Elternhaus bringt, will der damals zehnjährige Christopher unbedingt die passenden Gitarrengriffe lernen. Mit seiner ersten Gitarre und der Anmeldung zum Unterricht erfüllen ihm seine Eltern den großen Weihnachtswunsch.

Bald gehört er verschiedenen Jazz- und Rockgruppen an, versucht sich an ersten Eigenkompositionen, ist im Schulchor und spielt Kontrabass im Schulorchester. Mit 17 nimmt er obendrein Klavierunterricht.

Viele regionale Presseberichte aus den 1980er und 90er Jahren zeigen, wie selbstverständlich der künstlerische Werdegang des begabten und mit seinem Können so freigiebige Schüler Teil des öffentlichen Kulturlebens Lilienthals wurde. Da gibt die Schülerband „Unisono" ein

„Brunnenkonzert" vor dem Rathaus. Dann begeistert die Lilienthaler Rockband „Amontillado" durch ihren unkonventionellen Stil. Dieser wird geprägt durch Christopher Brandts selbstverfasste, sehr persönlichen Texte neben ausgewählten Gedichten von Villon, Tucholsky, Borchert oder Rühmkorf, die er mal als Ballade, mal mit schroffen Rock- oder Funkklängen vertont.

Bei seinen Auftritten mit der Konzertgitarre wird die technische Brillanz, die „erzählende und singende Gitarre" und der Charme des jungen Musikers hervorgehoben. Erste Soloauftritte folgen: auch hier vielseitig von barock-klassischem Repertoire bis zur Improvisationsreise durch populäre Musik.

Nach dem Abitur leistet er Zivildienst in einer Bremer Kirchengemeinde. Dort übernimmt er die Leitung des Kinderchores und bekommt nun auch kirchenmusikalische Praxis.

„Tut das Unnütze, singt Lieder, die man aus eurem Mund nicht erwartet! Seid unbequem, seid Sand, nicht Öl im Getriebe der Welt!" ist die abschließende Forderung im Gedicht „Der Andere" des 1972 verstorbenen deutschen Lyrikers Günter Eich. Christopher Brandt wählt diesen Text für eine vierstimmige Kantate, die er auf Anfrage seines früheren Musiklehrers für den Schulchor des Schulzentrums Lilienthal komponiert. Er setzt eigenwillig und gekonnt verschiedene Stilmittel ein und lässt es sich bei der Uraufführung 1989 nicht nehmen, in seinem ehemaligen Chor mitzusingen. Auch während seiner Studienzeit in Frankfurt – klassische Gitarre und Schulmusik an der Musikhochschule, Germanistik und Philosophie an der Universität – tritt Christopher Brandt mit neuen Projekten immer wieder in Lilienthal auf. Oft genug unterstützt er dabei eine „gute Sache" durch Benefizkonzerte wie den Bach-Chor Lilienthal, die katholische Kirchengemeinde oder friedenspolitische Veranstaltungen.

An der „bremer shakespeare company" wirkt er ab 1992 als Bühnenmusiker, Komponist, musikalischer Berater und gelegentlich Sänger und Akteur mit. Diese fruchtbare Zusammenarbeit kommt über die Schauspielerin und Autorin Dagmar Papula – Brandts Nachbarin in Feldhausen – zustande. Mit enormem Einfallsreichtum entwickelt er zu einem Programm mit fernöstlichen Gedichten Klangbilder auf seiner Gitarre. Zum literarisch-musikalischen Abend über Kafkas Liebe zu Milena ist seine Musik mal expressiv und disharmonisch und dann wieder hoffnungsvoll. Der Uraufführung in Lilienthal folgen ca. 50 Vorstellungen in Bremen und vielen Städten Norddeutschlands. Bei „Heinrich Heine, die Dame und der Tod" von Dagmar Papula, spielt er in der Rolle eines „Musikers" seine Bühnenmusik selber. Mit dieser Produktion wird der junge Lilienthaler von den Goethe-Instituten zu vielen internationalen Gastspielen eingeladen.

Christoper Brandt schließt sein Studium mit dem Konzertexamen für Gitarre an der Musikhochschule in Würzburg ab, belegt Meisterkurse und studiert Komposition an der Akademie für Tonkunst in Darmstadt. Er erhält 1997 den Kompositionspreis der Uni Oldenburg und wird u.a. beim Deutschen Musikwettbewerb und beim Wiener Karl-Scheit-Gitarrenwettbewerb ausgezeichnet. Sein

Repertoire als Gitarrist reicht von der Renaissance, über Popmusik bis zu zeitgenössischen Werken. Er arbeitet regelmäßig als Gastmusiker mit verschiedenen Orchestern und u.a. mit dem Frankfurter „Ensemble Modern". Sein viel beachtetes kompositorisches Schaffen umfasst alle Gattungen. Er lebt heute in Frankfurt und unterrichtet dort an der Musikhochschule Musiktheorie, Gitarre, E-Gitarre und Unterrichtspraktisches Spiel.

Diese enorme Bandbreite dürfte letztlich sein Markenzeichen sein. Es geht ihm gleichermaßen um Sinnlichkeit und intellektuelle Anforderung. Gerne räumt er mit dem Vorurteil auf, dass Künstler erst einmal bis 14 Uhr schlafen und sich dann ins Café setzen: Tägliches Training wie im Leistungssport ist nötig und auch das Komponieren fordert viel Zeit und Kontinuität.

Rückblickend stellt Christopher Brandt fest, dass seine künstlerisch musikalische Neigung und Fähigkeit im musikinteressierten Elternhaus und in der Schule nachhaltig geprägt wurden. Sein Musiklehrer Karl-Eberhard Gregory vom Schoofmoor-Gymnasium habe ihn zur Kammermusik gebracht und nach dem Abitur zu seinem Doppelstudium motiviert.

JG

Vier große Firmen

Ein Unternehmer ist jemand, der im wahrsten Sinne des Wortes etwas unternimmt.

Am Anfang steht eine Geschäftsidee, die er gemeinsam mit seinen Mitarbeitern in einem Handels-, Dienstleistungs- oder Produktionsunternehmen umsetzt. Sein Handeln ist motiviert und verantwortungsvoll.

Im Folgenden stellen wir stellvertretend vier Lilienthaler Unternehmen vor. Sie haben durch die Gewerbesteuer zur Finanzkraft der Gemeinde beigetragen. Die Arbeitsplätze bedeuten neben sozialer Absicherung für die Angestellten auch Kaufkraft für die gesamte Region.

Die Unternehmen stehen gleichzeitig für eine Kultur, in der auch der einzelne Mitarbeiter einen hohen Stellenwert hat.

KLG

Poliboy
Poliboy Brandt & Walther GmbH, seit 1952 in Lilienthal

Die Gründer handelten im Bremer Stadtteil Gröpelingen mit Getreide und erweiterten ihre Firma mit einer Abteilung für Schädlingsbekämpfungsmittel. Später entstand im Labor von Adolf Brandt und Otto Walther ein Öl zum Staubwischen. 1952 verlegten die Kaufleute ihren Firmensitz nach Lilienthal und stellten eine Marke vor, die für eine mehr als 75-jährige Firmengeschichte steht: ein Männchen mit Bürstenschuhen – den Poliboy.

Ein Volltreffer, wie Ulrich Brandt, der ehemalige persönlich haftende Gesellschafter der „Poliboy Brandt & Walther GmbH", noch heute betont. Das Logo stehe nach wie vor für die Philosophie und die Produkte des Unternehmens, das sich auf die Herstellung und den Vertrieb von Reinigungs- und Pflegemitteln für Fußböden, Möbel, Leder und Edelmetalle spezialisiert hat. Ein Mittelständler mit 70 Mitarbeitern am Firmensitz in der Tornéestraße und im Außendienst, der sich am Markt behauptet. „Wir haben uns gegen große Konzernmitspieler wie Henkel oder Johnson immer etwas einfallen lassen", stellt Brandt fest.

In den 60er Jahren hat Poliboy im Fernsehen geworben. Das ZDF hat die Marke bundesweit bekannt gemacht. In den 70er Jahren füllten die Lilienthaler ihre Produkte in Kunststoffflaschen. Plastik statt Blech – eine damals mutige Entscheidung, die sich bald als richtig herausstellte. Später verzichtete man auf Treibgas in Spraydosen und verwendete die heute noch üblichen Pumpflaschen – als erster Hersteller Deutschlands, was auch für den Verzicht auf chlor- und aromatenhaltige Lösemittel gilt. Für seine Umweltstandards wurde das Unternehmen mehrfach ausgezeichnet. Dahinter stehe ein ganzheitliches Umweltmanagement, betont Ulrich Brandt. Umweltschutz beinhaltet aber auch Investitionen in Energiekreisläufe und die Schonung der Ressourcen. Eine Solaranlage, Wärmepumpen für die Wärmerückgewinnung, Gebäudeisolierung, Rauchgaskatalysatoren und Wärmetauscher in den Abgasanlagen der Heizungen, spezielle Verfahren (Umkehrosmose) bei der Erzeugung von Reinstwasser sind nur einige Beispiele.

Wenn man so will, ist Ulrich Brandt ein altmodischer Unternehmer. Einer mit Grundsätzen. Ein Mittelständler denkt in Ge-

nerationen, sagt der 68-Jährige (siehe Abbildung), der sich 2005 in den Ruhestand verabschiedet hat. „Wir geben nur das Geld aus, das wir haben", ist einer seiner Lieblingssätze. Nichts in der kleinen Fabrik im Grünen sei geleast, die Firma habe keine Verbindlichkeiten und dahinter stehe eine Philosophie, die an die Tradition der hanseatischen Kaufmannschaft anknüpft. Mit dem Aufbau in Lilienthal begann auch die Ausbildung des kaufmännischen Personals. Wohl mehr als 70 Lehrlinge/Azubis schlossen ihre Lehre in den Berufen Büro- und Industriekaufmann/-frau und Chemiewerker ab.

Reinigungs- und Pflegemittel haben einen hohen Stellenwert,

betont auch Torsten Emigholz, der das Unternehmen gemeinsam mit Jörn Herrmann als Geschäftsführer und Mitinhaber führt. Die Wohnung und die Einrichtung habe in unruhigen Zeiten grundsätzlich an Wert gewonnen und die Menschen gehen behutsamer mit den Dingen um, beobachten die Fabrikanten. Außerdem werden die Menschen älter und die ältere Generation greife bekanntlich häufiger zu Pflegemitteln. Eine Sackgasse? „Nein", sagt Torsten Emigholz. Die Kaufleute und Mitarbeiter im eigenen Labor arbeiten kontinuierlich weiter. 2003 habe die Firma, die auch nach Israel und in die Schweiz exportiert und über Umsatzzahlen schweigt, ein neues Produkt auf den Markt gebracht. „Wir haben mit Feuchttüchern auf Anhieb 50 Prozent an Marktanteilen in Deutschland gewonnen", stellt Ulrich Brandt fest. Er ist überzeugt, dass die Lilienthaler Firma Poliboy nicht das letzte Mal schneller war als die großen Mitspieler Henkel und Johnson. Dahinter steht die Philosophie von Ulrich Brandt:

„Familienunternehmen stehen für das Gute, das Beständige, dem Standort, der Region und der Gesellschaft verpflichtete Unternehmertum. Die Inhaberfamilien denken in Generationen und nicht in Vertragslaufzeiten ihrer Geschäftsführer von drei oder fünf Jahren, wie es heute in den anonymen Kapitalgesellschaften üblich ist". *KLG*

Heiße Öfen aus der Gemeinde Lilienthal

Nabertherm produziert seit mehr als 50 Jahren am Standort in der Bahnhofstraße

Öfen können viel mehr als Wohnzimmer heizen. In Öfen lassen sich zum Beispiel Werkstoffe schmelzen, biegen, und wölben. Metalle verändern ihre Eigenschaften, wenn sie wärmebehandelt werden. Öfen sind klein wie ein Fernseher oder so groß, dass selbst 25 Tonnen schwere Blechcoils in ihnen Platz haben. Dies ist Alltag in einer Firma, die 1947 in Bremen gegründet wurde, sich sieben Jahre später in Lilienthal niedergelassen und dem Bau von Industrieöfen verschrieben hat.

In den Lilienthaler Werkhallen und Büros planen, bauen und verkaufen die Mitarbeiter unter anderem Umluft-Truhenöfen mit einem Volumen von fast 7000 Litern, deren Deckel sich nur mit hydraulischer Kraft öffnen und schließen lassen. Die Spezialisten stellen Öfen zur Wärmebehandlung von Glas, Metall und Keramik her und liefern die Regelungstechnik gleich mit. Mit hoher Wertschöpfung, weil das Unternehmen sowohl die nötigen Steine als auch den Stahl einkauft: Die eckigen, runden oder halbrunden Kisten nennen sich schlicht HT 1440, W 21875 oder TS 40/40m, wobei es sich bei letzterem um einen Salzbadofen handelt, in dem Metall bei etwa 1000 Grad Hitze blankgeglüht wird.

Zwei Drittel aller Mitarbeiter arbeiten in der Fertigung, bauen Gehäuse, fertigen Heizwendeln, mauern die Öfen aus. Die Essener Hermes Electronic bedient den Stammsitz in Lilienthal mit maßgeschneiderten Controllern und Steuerungen für die unterschiedlichen Thermoprozesse. Für individuelle Sonderöfen werden die komplexen Steuerungen und die entsprechenden Softwareprogramme in Lilienthal erstellt. Nabertherm unterhält Vertriebsgesellschaften in China, Frankreich, Spanien, Großbritannien, der Schweiz und den USA. Das Lieferprogramm umfasst Industrieöfen für Kunst und Handwerk, Glas, Keramik, Labor und Dental, Wärmebehandlung von Metallen und Gießerei.

Ein Beispiel für die „Ingenieurskunst" ist ein jüngst ausgelieferter gasbeheizter Brennofen, mit dem das Unternehmen in neue Dimensionen vorstößt. Das rund 350000 Euro teure Produkt haben die Ofenbauer für die Wärmebehandlung von bis zu einem halben Meter dicken Stahlzuschnitten entwickelt und gefertigt. Der Industrieofen kann bei Bedarf bis auf 1100 Grad hochgefahren werden. Er bietet rund 15 Kubikmeter Raum und bringt leer etwa 14 Tonnen auf die Waage.

Seinen Entschluss nach Lilienthal zu kommen, habe er nie bereut, stellt der Gründer Conrad Naber fest. Sein treuester Mitarbeiter und „Mann der ersten Stunde", Fritz Blome, war an der Standortsuche maßgeblich beteiligt. Mit Blome, bis zu seiner Pensionierung Betriebsleiter, wurden sämtliche Entwicklungen diskutiert. Die Entwicklung von einer kleinen Firma zu einem weltweit agierenden Unternehmen sei eine Erfolgsgeschichte, die fortgesetzt werden soll, bestätigte auch Nabers Nachfolger auf dem Chefsessel.

Und sie hat sich fortgesetzt. Zuletzt verzeichnete man Zuwachsraten von jeweils 30 %. 2007 wird der Umsatz bei 40 Millionen Euro liegen. Der Exportanteil beträgt mehr als 50 %. Vor diesem Hintergrund sollen die Kapazitäten in Lilienthal ausgebaut und weitere Mitarbeiter eingestellt werden. Conrad Naber gründete seine Firma Nabertherm am 16. September 1947 in einer Kellerwerkstatt in der Bremer Clausewitzstraße und stellte zunächst Öfen für die Dentaltechnik her. Die Erfolgsstory wurde sieben Jahre später nach dem Umzug nach Lilienthal fortgeschrieben. Zunächst in einer flachen Halle von 350 Quadratmeter, später in mehreren Fabrikgebäuden. Heute beschäftigt das Unternehmen rund 350 Mitarbeiter und beweist, dass in Deutschland konkurrenzfähige Produkte für den Weltmarkt hergestellt werden können.

Für Lilienthal ist die Firma ein Glücksfall, machte die damalige Bürgermeisterin Monica Röhr im Jahr 2004 anlässlich des 50-jährigen Firmen-Jubiläums deutlich. Die geschäftliche Entwicklung spiegele sich auch in Lilienthals

60 Jahre Nabertherm: Lotti, Conrad und Martin Naber und Friedrich-Wilhelm Wentrot.

Kulturleben wider; die Kultur profitiere von Theateraufführungen in den Werkshallen, durch Unterstützung für die Freilichtbühne oder durch den Umbau des ehemaligen Jan-Reiners-Bahnhofs.

Nabertherm sei eine wichtige Adresse im ganzen Landkreis, wie der damalige Landrat Ludwig Wätjen an gleicher Stelle feststellte. Conrad Naber sei der Baumeister einer Firma, die nicht nur in Lilienthal und Osterholz, sondern weltweit Reputation erworben habe und in der außerdem eine außerordentliche Firmenkultur gelebt werde, wie der Ex-Landrat weiter erklärte. Conrad Naber übergab die geschäftliche Verantwortung im Jahr 2001 an den geschäftsführenden Gesellschafter Friedrich-Wilhelm Wentrot. Zu seinem Abschied erhielt der Firmengründer eine vergoldete Schamottplatte mit der Inschrift:

„53 Jahre auf Draht oder 19 483 Tage heiße Tage. Herzlichen Glückwunsch."

Den Vorsitz im Aufsichtsrat hat Conrad Naber in diesem Jahr an seinen Sohn Martin weiter gegeben.   KLG

OZET oder „die Kabelfabrik"

Firma Zimmermann produziert seit 1962 in Moorhausen

Das Konzept galt als richtungsweisend. In Lilienthal wurden komplette Bordnetze nach Anforderung des Kunden gefertigt, in einem eigens eingerichteten Kommissionierlager auf dem Gelände des Automobilwerkes für den Einbau in die verschiedenen Modelle der Marke Daimler-Benz vorgehalten und der Produktion zeitnah zugeführt.

Dies war ein wichtiger Abschnitt in der Geschichte der 1928 gegründeten Firma Zimmermann, die im Gewerbegebiet Moorhausen bis 1989 unter dem Namen OZET produzierte, bevor sie an die Leonischen Drahtwerke AG heute LEONI AG, mit Stammsitz in Nürnberg verkauft wurde. Doch dies ist eine andere Geschichte.
Dazwischen lag eine lange und erfolgreiche Entwicklung, die sich um das Produkt Kabel drehte.

Im Jahr 1928 eröffnete Otto Zimmermann im Alter von 25 Jahren in Bremen-Woltmershausen ein Fahrradgeschäft mit Reparaturwerkstatt, in dem er auch mit Radios und Nähmaschinen handelte. Der Tüftler ersetzte defekte Fahrradkabel, indem er

ein neues ablängte, abisolierte und den Kabelschuh wieder aufsetzte. Ein Vertreter für Fahrradteile wollte diese Kabel gern in größerer Stückzahl weiter verkaufen.

Zimmermann erkannte die Marktlücke und bot später auch Lampenfirmen seine „Fahrradkabel" an, die er in Heimarbeit produzieren ließ.

Seine genialste Idee aber dürfte die Verlegung von Beleuchtungskabeln ins Innere der Rahmenteile gewesen sein. Dort störten sie nicht, waren geschützt und erforderten in der Herstellung weniger Material. Dies war für den Jungunternehmer von Bedeutung, denn er war inzwischen dazu übergegangen, die Drähte nicht mehr einzukaufen, sondern selbst herzustellen. Die von der Industrie gelieferten feinen Kupferdrähte wurden nun mit eigenen Maschinen verseilt und durch mit farbigem Kunststoffpulver gefüllte Behälter gezogen. Bei ihrem anschließenden Weg durch einen Wärmeofen schmolz die Pulverschicht und ummantelte nun das Kabel. Der Erfinder entdeckte die Möglichkeit, dass sich eine verschiedenfarbig aufgebrachte Isolationsschicht wie ein Farb-Leitsystem einsetzen lässt. Sein Patent zur Kabelverlegung innerhalb des Rahmens hatte ihm bereits Aufträge von der Firma NSU eingebracht, die damals Fahrräder, Mopeds und später auch Autos herstellte. Die gefärbten und sogar mehrfarbigen Kabel eröffneten nun den Weg zu ganzen Kabelbäumen für PKW und LKW. Aufträge von VW und Daimler-Benz sorgten dafür, dass die Produktionsstätte in Bremen nicht mehr ausreichte. Die aufstrebende Gemeinde Lilienthal war zu diesem Zeitpunkt daran interessiert, Firmen anzusiedeln, sodass OZET 1962 hier seine erste Halle errichtete. In den folgenden Jahrzehnten wurde sieben Mal angebaut. In der Ära Zimmermann, die längst von Tochter Ottonie und Schwiegersohn Helmut Möhlenbrock in der Leitung der Buchhaltung und der Geschäftsführung Verstärkung erhalten hatte, bot die Firma 350 Menschen Arbeit.

Die Anforderungen an die Ingenieure und Techniker waren beachtlich. Die Bordnetzsysteme wurden hochkompliziert: In einem gängigen Modell der Marke Mercedes-Benz summieren sich die Kabel heute auf eine Länge von zwei Kilometern, bei der S-Klasse auf rund 3 500 Meter.

Der Firmengründer Otto Zimmermann.

Ottonie und Helmut Möhlenbrock.

Das sollte aber nicht mehr der betriebliche Alltag von OZET sein. Denn Otto Zimmermann verkaufte seine Firma auf der Höhe des geschäftlichen Erfolges an die LEONI AG. Und dieses Unternehmen schrieb seine eigene Geschichte.

KLG / CN / JIDG

Alles fürs Büro

Die Plate-Geschäftsführer Dieter und Ingo Schmidt.

Firma Plate seit 1982 in Lilienthal

Die neue Halle macht Eindruck. Mehr als 2000 Quadratmeter Grundfläche, acht Meter hohe Decken und ab sofort Platz für zusätzlich etwa 20 000 Paletten – an diesen Zahlen wird deutlich, dass beim Lilienthaler Unternehmen Plate von der allgemeinen Konjunkturflaute keine Rede sein kann. Im Gegenteil: „Wir expandieren, damit wir den Anforderungen der Kunden noch besser gerecht werden können", sagte Geschäftsführer Dieter Schmidt am Rande der Einweihung. Die erfolgreiche Entwicklung spiegelt sich im neuen, rund eine Million teuren Baustein des gesamten Plate-Logistikzentrums im Gewerbegebiet Moorhausen wider. Mit etwa 350 Mitarbeitern, davon rund 190 am Standort Lilienthal, gehört der Büroausstatter zu den großen Arbeitgebern der Gemeinde. Die Bedeutung des seit 1982 in Lilienthal ansässigen Unternehmens und der gesamten Gruppe zeigt sich auch am Umsatz, der bei etwa 100 Millionen Euro jährlich liegt. Neben dem Stammhaus in Lilienthal tragen weitere Unternehmen unter anderem in Hamburg, Hannover, Düsseldorf und den neuen Bundesländern (unter anderem Magdeburg, Dessau, Leipzig) und Niederlassungen in Velbert, Freiburg und Frankfurt zum Ergebnis dieses bundesweit großen Anbieters für Büromaterial bei. „Wir machen 55 Prozent unseres Umsatzes mit Papier in jeder Form und Größe", betont Ingo Schmidt. Wie schon in der Industrie üblich, verzichten auch im Verwaltungs-, Handels- oder Dienstleistungsbereich viele Firmen auf ein eigenes Lager mit Büromaterialien und ordern nach dem Prinzip: „Just in Time" beim Fachhändler in Lilienthal, was übermorgen an den Schreibtischen gebraucht wird. Zu den großen regionalen Kunden der Plate Büromaterial Vertriebs GmbH zählen unter anderem Banken und Sparkassen, die Stahlwerke, große Bremer Behörden und Krankenhausverwaltungen. Das gesamte Verkaufsgebiet ist ungleich größer. Geliefert wird per Spedition oder mit der eigenen Lkw-Flotte bundesweit. Den Stellenwert des Papierbereichs macht ein anderes Geschäft deutlich: In Kürze wird zum ersten Mal in der Firmengeschichte eine Containerfracht aus China erwartet. Dies ist Zeichen einer erfolgreichen Entwicklung, die fortgesetzt werden soll. Das insgesamt 12000 Quadratmeter große Firmenareal an der Hilligenwarf und Am Wolfsberg bietet auf Erweiterungsflächen Platz für zusätzliches Wachstum. Dies sichert die Zukunft eines Unternehmens, das der Urgroßvater des jetzigen Geschäftsführers vor mehr als 130 Jahren in Bremen gegründet hat und das heute 18 000 Artikel bevorratet. Am 15. Dezember 1871 machte sich der Firmengründer Dietrich Plate mit seiner Schreibwarenhandlung nebst einem Lager für so genannte Comtoir-Utensilien in der Bremer Sögestraße selbstständig. Nach dem Zusammenschluss mit der Firma Dörrbecker im Jahr 1937 entstand mit dem Unternehmen Dörrbecker & Plate eine der führenden Handelsgesellschaften bundesweit. Nach dem Krieg trennten sich die Partner und die Firma Plate & Co. machte alleine in der Gertrudenstraße weiter. Dieter Schmidt übernahm 1975 die Geschäftsführung und führt sie heute gemeinsam mit Ehefrau Gotelinde und den drei Kindern Astrid, Ingo und Iris.

KLG

Orden und Ehrenzeichen

„Ehrennadel" der Gemeinde Lilienthal

Es ist besser, Ehrungen zu verdienen und nicht geehrt worden zu sein, als geehrt worden zu sein und es nicht zu verdienen.

(Mark Twain 1835-1910)

Wenn der Bürgermeister von Zeit zu Zeit im Rahmen einer Feierstunde ausgewählten Menschen die „Ehrennadel der Gemeinde Lilienthal" ans Revers heftet, verleiht er das von goldenem Eichenlaub umkränzte Gemeindewappen mit der Umschrift Ehrennadel Gemeinde Lilienthal zusammen mit einer Urkunde als Anerkennung für Leistungen, die meist über einen sehr langen Zeitraum jedoch nicht hauptberuflich in der Verwaltung zum Wohl der Allgemeinheit erbracht wurden. Sie soll – und das ist neu – nicht oder nur ausnahmsweise unter bestimmten Voraussetzungen an Personen verliehen werden, die noch aktiv in oder für die Gemeinde tätig sind oder wenn sie das 60. Lebensjahr vollendet haben.
Interessant ist auch die Neuerung, dass Jugendliche und junge Erwachsene für über zehn Jahre dauerndes ehrenamtliches Engagement in der Jugendarbeit ausgezeichnet werden können.
Anlass für die Verleihung der „Ehrennadel" im Bereich der gewerblichen Wirtschaft ist beispielsweise die Gründung und der Ausbau gewerblicher Unternehmen von besonderer Bedeutung für das Wirtschaftsleben der Gemeinde, Fortführung und Weiterentwicklung bestehender Betriebe über Generationen aber auch langjährige Betriebstreue gegenüber einer ortsansässigen Firma.
Sowohl Berufsausübung im Sozial- und Gesundheitswesen in Verbindung mit gemeinnütziger ehrenamtlicher Arbeit als auch Tätigkeit im Bereich gemeinnütziger karitativer Einrichtungen und Verbände innerhalb der Gemeinde können durch die Ehrung hervorgehoben werden.
Im Bereich des Sports, der Kultur und der Jugendarbeit sind beispielsweise leitende Aufgaben, die Entwicklung und der persönliche Einsatz innerhalb ortsansässiger Vereine zu würdigen.
Besonderer Einsatz für Heimat- und Kulturpflege wie die Durchführung bedeutender Vorhaben von kulturellem Wert für die Gemeinde kann ebenfalls ausgezeichnet werden.

Auch langjährige ehrenamtliche Tätigkeit im Gemeinderat oder die Arbeit in Ausschüssen oder Beiräten von Einrichtungen der Gemeinde oder andere „besondere Verdienste im Bereich der kommunalen Tätigkeit, die sich nachhaltig auf das Wohl der Gemeinde auswirken", können die Verleihung begründen. Unter bestimmten Voraussetzungen erreicht die Ehrung sogar Personen, die ihren Wohnsitz nicht in Lilienthal haben.

(Für die Ehrung der nachfolgenden Personen galt das leicht abgewandelte Statut von 1982)

Träger der Ehrennadel der Gemeinde Lilienthal
(die Jahreszahl gibt das Jahr der Verleihung an)

Ahner-Siese, Ingeborg (1996) s.S. 109f
Ahrentschildt, Fritz von (1982) Der Lilienthaler Busunternehmer hat den Ort bei Kriegsende vor einem schweren Schicksalsschlag bewahrt: Englische Truppen hatten Lilienthal, wo sich eine Nebelwerfergruppe befand, von zwei Seiten umstellt. Der militärische Einmarsch war für den 1. Mai, morgens 9.00 Uhr angesetzt. Aber der einleitende Beschuss des Ortes mit schwerem Geschütz von Seebergen und dem Blockland aus hätte seine Zerstörung bedeutet. Fritz v. Ahrentschildt wusste, dass die Nebelwerfer den Ort bereits verlassen hatten, fuhr den Engländern per Fahrrad entgegen, ließ sich festnehmen und klärte beim Kommandanten die Sachlage auf. Dann ging er – ohne Beschuss – der Truppe voran. Lilienthal war gerettet.
Bartling, Hermann (1982) war Bürgermeister der Gemeinde Worphausen
Benholz, Hermann (1987) trug als Kassen- und Sozialwart im TV Falkenberg wesentlich dazu bei, dass sich der kleine Dorfverein im Laufe der Jahre zum größten Verein Lilienthals entwickeln konnte. Er meldete nicht nur die Verletzten bei den Krankenkassen und Versicherungen, sondern besuchte sie in vorbildlicher Weise zuhause bzw. im Krankenhaus.
Borngräber, Caroline (1987) hat in 40-jähriger Mitgliedschaft den Kreisverband Lilienthal des VdK mit aufgebaut, alle Rentenfragen bearbeitet und sich in unermüdlichem Einsatz um die Belange der Kriegsbeschädigten und Hinterbliebenen gekümmert.

Bruns, Diedrich (1987) war rund 40 Jahre Mitglied des Reichsbundes der Ortsgruppe Worphausen, davon 30 Jahre im Vorstand und 20 Jahre 1. Vorsitzender.

Dehlwes, Wilhelm (Borgfeld,1990) s.S. 42ff

Delhougne, Anna (1996) beeindruckte als Kinderkrankenschwester im Hospital und dann in der Diakonischen Behindertenhilfe durch beispielhafte Hingabe an zu Pflegende und zu Betreuende.

Erdmann, Gerd (1996) s.S. 120

Ferstl, Franz (1982) hat 1948 maßgeblich am Wiederaufbau des TV Falkenberg mitgewirkt. Während seiner 18-jährigen Tätigkeit als 1. Vorsitzender wurde der TVF vom reinen Turn- zum Mehr-Sparten-Verein ausgebaut. Als Mitglied des Ehrengerichts und in ständiger Bereitschaft, für andere da zu sein, war er Ansprechpartner für alle Mitglieder.

Flömer, Henry (2006) ist seit vielen Jahrzehnten Mitglied des Schützenvereins Heidberg-Falkenberg, 17 Jahre davon im Vorstand, und 21 Jahre in verantwortlichen Positionen im Kreis- und Bezirksschützenverband. Als „gute Seele" des Vereins ist er für alle Vereinsmitglieder und -freunde ein vermittelnder Gesprächspartner.

Gieschen, Hans-Jürgen (2006) wurde 1963 Mitglied im TSV Worphausen, drei Jahre später dessen Schriftführer und 1974 zum Vereinsvorsitzenden gewählt. In seiner Amtszeit ab 1974 wurde der Fußballverein SV Worphausen in einen Turn- und Sportverein mit unterschiedlichen Sparten wie Tennis umgeformt, eine neue Sportanlage, drei neue Tennisplätze und ein Trainingsplatz mit Flutlichtanlage sowie das Tennis-Clubhaus und ein Vereinsheim gebaut.

Giesecke, Hermann (1982) wurde nach 6 Jahren Mitgliedschaft im Turn- und Sportverein Lilienthal v. 1862 e.V. (TVL) im 19. Lebensjahr 1927 von der Jugend des TVL gegen den Widerstand des Vorstandes zum Jugendwart gewählt. Da hatte er bereits drei Jahre lang aktiv mit am Bau des Sportplatzes und Turnhauses am Konventshof mitgearbeitet. Er betreute die Mädchen- und Knabenabteilungen, die er bis zur Einführung des Staatsjugendgesetzes 1936 erhalten konnte und soweit es möglich war auch danach. Nach Rückkehr aus der Kriegsgefangenschaft übernahm er sein Amt gleich wieder, organisierte Vereinssportfeste, den Besuch von Sportfesten in ganz Deutschland und auch die 100-Jahr-Feier des Kreissportbundes. Nachdem er im 66. Lebensjahr seine Ämter niedergelegt hatte, beriet er den Vorstand noch über ein Jahrzehnt.

Gosch, Hermann (1982) war seit 1947 1. Vorsitzender des Verbands der Kriegs- und Wehrdienstopfer, Behinderten und Sozialrentner Deutschlands, VdK.

Hastedt, Egon (2006) wurde ein Jahr nach seinem Beitritt in den TV Falkenberg vor 40 Jahren als Pressewart in den Vorstand gewählt. Vor über 30 Jahren sprach man ihm als Vereinsvorsitzendem 20 Jahre lang das Vertrauen aus. In dieser Zeit entwickelte sich die Mitgliederzahl von 268 auf 1.906. Höhepunkte seiner Tätigkeit: die jährliche TVF-Sportschau, die Anlage des Sportplatzes und der Kampfbahn auf dem Schoofmoor-Gelände sowie der Bau der Sport- und Ballspielhalle. Auch der neu gegründete Tennisclub Falkenberg (TCF) wählte ihn über 20 Jahre in den Vorstandsvorsitz. Seit 1992 ist er außerdem Vorsitzender der Lilienthaler Sportkonferenz, ein Zusammenschluss aller Lilienthaler Sportvereine.

Haltermann, Hinrich (1982) s.S. 69

Hammel, Oskar, Dr. med. (1982) s.S. 22f

Hark-Sommer, Ulla (2006) ist als Vorsitzende der Freilichtbühne maßgeblich sowohl für die ausgezeichneten Aufführungen der Freilichtbühne als auch dafür verantwortlich, dass diese Bühne ein bekannter Botschafter unserer Gemeinde ist.

Hilken, Wilhelm (1987) war Mitbegründer der Freiwilligen Feuerwehr Seebergen, 45 Jahre lang Brandmeister auf verschiedenen Ebenen in der Gemeinde und hat sich um das Feuerlöschwesen große Verdienste erworben. Dazu gehörte er viele Jahre dem Vorstand des Heimatvereins Seebergen an.

Hogen-Esch, Piet (Stadskanaal, 1996) war als Initiator, Ideengeber und langjähriger Vorsitzender der gemeinsamen Arbeitsgruppe Partnerschaft Lilienthal-Stadskanaal für eine Vielzahl von Begegnungen und Veranstaltungen verantwortlich.

Holstein, Derk (Stadskanaal, 1987) hat als Gemeentesekretaris der Partnergemeinde Stadskanaal gemeinsam mit Wilhelm Otten die Partnerschaft gegründet, gefördert und ausgebaut.

Horning, Arthur (2006) ist seit ca. 40 Jahren aktiv im TSV Worphausen. Als „treue Seele" hat er sich in der Jugendarbeit engagiert und kümmert sich unentgeltlich um die Pflege der Rasensportplätze. Arthur Horning gilt als pflichtbewusst und führt seine Aufgaben gewissenhaft aus. Seine Arbeit für den Verein ist immer vorbildlich und dient auch jungen Menschen als Beispiel für ehrenamtliches Engagement.

Krentzel, Wilhelm (1982) s.S. 68f

Kruse, Meta und Diedrich (1982) Das Ehepaar hat 1944 den Krankentransport in Lilienthal aufgebaut und diesen über 30 Jahre in eigener Regie geführt.

Kück, Diedrich (1987) s.S. 69f

Kühn, Edda (1996) s.S. 130

Meyer, Lüer (1982) war langjähriges Mitglied im Gemeinderat.

Meyer, Otto (1982) war Mitbegründer und stellvertretender Vorsitzender der „Arbeitsgemeinschaft Kultur", hatte 30 Jahre den Vorsitz des Gesangsvereins Trupe-Lilienthal inne, stand der Sängerkreisgruppe Wörpe-Wümme vor und pflegte die Partnerschaft mit der Gemeinde Stadskanaal durch einen sehr guten Kontakt zum dortigen Christiaan

Mannen Chor, mit dem er seitdem jedes Jahr ein gemeinsames Konzert veranstaltete.

Meyerdierks, Hinrich (1987) s.S. 76

Naber, Conrad (Borgfeld,1987) s.S. 45ff

Neudenberger, Gisela (1996) hat als OP-Schwester im ev. Hospital Lilienthal (Martins-Krankenhaus) mit außerordentlichem Fachwissen und besonderem Engagement den OP-Saal geleitet. Seit 1988 ist sie im Seniorenbeirat der Gemeinde und seit 1993 intensiv in der Arbeit des Amtmann-Schroeter-Hauses tätig.

Ohlenbusch, Elisabeth (1982) wurde als Gemeindeschwester der ev. Kirchengemeinde St. Marien für besonderes soziales Engagement insbesondere in der Pflege ausgezeichnet.

Oswald, Edeltraud (2006) stand viele Jahre als 1. Vorsitzende der AG Kultur vor und prägte die AG Partnerschaft ebenfalls durch ihre ehrenamtliche Tätigkeit. Seit zwölf Jahren ist sie Dreh- und Angelpunkt für eine Freundschaft zwischen Lilienthal und Barnaul in Sibirien.

Otten, Wilhelm (1987) s.S. 78

Pein, Hermann und Rohdenburg, Fritz (New York, 1988) haben sich jahrzehntelang unermüdlich und vorbildlich für die Belange des Amt Lilienthaler Vereins (Vors. H. Pein) und des Plattdeutschen Volksfestvereins (Präs. Fritz Rohdenburg) in New York eingesetzt. Auf Vereinsbasis wird dort das Fritz-Reuter-Altersheim unterhalten. Weitere Aufgaben: Pflege der deutschen Sprache, Sitten und Gebräuche und Zusammenhalt der deutschen Auswanderer durch gesellige Veranstaltungen. Das soziale Engagement ist unter den gegebenen Schwierigkeiten besonders zu würdigen.

Pfingsten, Karla (2006) s.S. 90f

Poppe, Hinrich (1982) war rund 60 Jahre Mitglied im Schützenverein Heidberg-Falkenberg und gleichzeitig 14 Jahre lang Präsident, schließlich Ehrenpräsident im Kreisschützenverband.

Pusch, Eugen (2006) gehörte mehr als 20 Jahre dem Gemeinderat an.

Raufeisen, Christa (1987) hat als Leiterin des Pflegedienstes und der Ausbildungsstätten im Hospital und auch als Mitglied des Hausvorstandes in ihrem 22-jährigen Dienst wesentlichen Anteil an der Fortentwicklung dieses größten Betriebs in Lilienthal, am Erhalt und an der Vermehrung von Arbeitsplätzen. Ihre Auswahl und Förderung geeigneter Mitarbeiter, die Begleitung der Schülerinnen und Schüler und ihr Einsatz bei deren persönlichen Problemen haben dem Einzelnen, dem Hospital und der Gemeinde Lilienthal gedient.

Röhr, Monica (2006) gehört dem Rat der Gemeinde Lilienthal über 25 Jahre an, war zwei Mal stellvertretende und acht Jahre lang die letzte ehrenamtliche Bürgermeisterin.

Rohdenburg, Fritz (New York, 1988) – siehe Hermann Pein

Rollmann, Adalbert (1989) hat sich als 1. Vorsitzender des Heimatvereins Lilienthal besonders mit dem Ortsbild, der Baugestaltung und mit Verkehrsfragen befasst und sich für Ortsheimatpflege eingesetzt. Er hat aktiv an der Planung und Gestaltung der Heimatstube mitgewirkt, die Verbindung zwischen dem Heimatverein und der Olbers-Gesellschaft in Bremen gefördert sowie Fahrten zum Planetarium organisiert.

Ropella, Harald (2006) ist mit 16 Jahren in den Spielmannszug Lilienthal/Falkenberg e. V. eingetreten und war maßgeblich an der Gründung des Mädchenzuges beteiligt. Von Anfang an hat er sich an der Ausbildung junger Musiker beteiligt. Er arbeitete Jahrzehnte im Vorstand u.a. als Technischer Leiter. Sein Einsatz macht den Spielmannszug in der Gemeinde und weit über die Grenzen Lilienthals bekannt. Träger der goldenen Ehrennadel der Bundesvereinigung Deutscher Musik-verbände für 50-jährige Tätigkeit.

Runge, Hellmuth (1987) hat sich in rund 40-jähriger Mitgliedschaft und Tätigkeit als Gemeinde-, Orts- und Ehrenbrandmeister der Ortsfeuerwehr St. Jürgen um das Feuerlöschwesen große Verdienste erworben.

Sammy, Karl-Heinz (2006) betätigte sich knapp 30 Jahre im Gemeinderat und zeitweise auch als Bürgermeister.

Schmidt-Barrien, Heinrich (1996) s.S. 105f

Schmüser, Adalbert (1982) gehörte zu den ersten Mitgliedern des Ortsvereins Lilienthal der Arbeiterwohlfahrt (AWO), war langjähriger Ortsvereinsvorsitzender und zählte zum Kreis- und Bezirksvorstand. Auch mit 80 Jahren unterstützte er aktiv die Altenarbeit des Vereines u. a. durch die Mitarbeit in der Altentagesstätte Falkenberg.

Schwalenberg, Hans (1990) gab die „Wümme Zeitung" heraus und engagierte sich 40 Jahre im Heimatverein.

Sonnenschein, Peter (1987) s.S. 77

Strehler, Sibille (2006) engagierte sich in mehr als 20 Jahren Ratsangehörigkeit für die Gemeinde.

Theye, Joachim (1987) hat sich in jahrelanger ehrenamtlicher Tätigkeit im Bereich des Sports um die Jugendarbeit und darüber hinaus auf Kreis- und Verbandsebene verdient gemacht.

Thielscher, Kurt (1987) war lange Zeit Mitglied des Gemeinderates.

Thienemann, Gustav-Werner (2006) ist seit 1949 Mitglied der Freiwilligen Feuerwehr Lilienthal-Falkenberg. Er war verantwortlich als Brandmeister auf verschiedenen Ebenen. In seine Amtszeit fallen Planung, Neu- bzw. Umbau der Feuerwehrhäuser Seebergen, Heidberg, St. Jürgen und Lilienthal. Thienemann hat dafür gesorgt, dass alle erforderlichen Fahrzeuge und Geräte in den Ortsfeuerwehren beschafft wurden und hat am Ende seiner Dienstzeit seinem Nachfolger eine sehr gut ausgebildete und ausgerüstete Gemeindefeuerwehr übergeben. Träger der Ehrenzeichen in Silber und Gold des Deutschen Feuerwehrverbandes. Nach seinem aktiven Dienst organisierte er mit großem Erfolg Fahrten und Besichtigungen für die Altersabteilung der Feuerwehr.

Urbrock, Friedrich (1987) hat den Spielmannszug Lilienthal/Falkenberg mitgegründet und während rund 20-jähriger Tätigkeit als 1. Vorsitzender und Stabführer Lilienthal weit über die Landesgrenze hinaus bekannt gemacht. Während seiner Amtszeit wurde der Mädchenspielmannszug gegründet, der mit blau-gelber Uniform die Farben der Gemeinde vertritt. Mit Musikfesten förderte und erweiterte er Kontakte und Freundschaften zu Vereinen in der Gemeinde, im In- und Ausland.

Warnke, Heinrich (1982) war langjähriges Ratsmitglied.

Weiß, Friedrich (1987) gründete den gemischten Chor Trupermoor und entwickelte daraus die Heimatbühne Trupermoor. Als Mitbegründer der Dorfgemeinschaft Klostermoor und Organisator der Dorf-Feste gründete er die Klostermoorer Speeldeel und die Plattsnackers. Erhielt die Silberne Ehrennadel für 25 Jahre Dienst am Deutschen Liedgut.

Wengorz, Burkhard (1996) erhielt die Ehrennadel für herausragendes Engagement in der ehrenamtlichen Sportjugendarbeit, der Mitarbeit im Ortsjugendring und der AG Partnerschaft.

Wesselhöft, Wilhelm (2006) s.S. 80 war über drei Jahrzehnte lang im Rat der Gemeinde tätig und Bürgermeister sowie stellvertretender Bürgermeister der Gemeinde Lilienthal; parallel dazu engagierte er sich u.a. in der AWO.

Wrieden, Hinrich (1987) betätigte sich in mehreren kulturellen Vereinen u.a. als 1. komm. Vorsitzender der „Worphüser Heimotfrünn" und als Ehrenmeister bei den „Oll'n Handwarkers". Schmiedete das gesamte Eisen auf dem Lilienhof.

Zimmermann, Otto (1982) s.S. 38f

Zingel, Paul (1987) erwarb sich Verdienste um die kulturelle Entwicklung in der Gemeinde Lilienthal durch musikalisches Wirken, Teilnahme am künstlerischen Geschehen und durch Mitwirkung am kulturpolitischen Leben in der Gemeinde. War Begründer und sieben Jahre lang Vorsitzender des Heimatvereins Seebergen.

Träger des Verdienstordens der Bundesrepublik Deutschland

(die Jahreszahl gibt das Jahr der Verleihung an)

Dehlwes, Wilhelm (1991) s.S. 42
Heinrich, Sigrid und Hans (2002) a. d. Begr.: Für vorbildliche Dienste um den Nächsten in der Diakonischen Altenhilfe
Lemmermann, Prof. Dr. Heinz (2000) s.S. 111
Meyer, Herbert (2000) s.S. 83
Meyerdierks, Hinrich (1991) s.S. 76
Naber, Conrad (1993) s.S. 45
Otten, Wilhelm (1979) s.S. 78
Raasch, Friedrich-Wilhelm (1984) s.S. 79
Winters, Hinrich (1969) s.S. 72

Träger des Verdienstordens des Landes Niedersachen

Dehlwes, Wilhelm (1979) s.S. 42
Kück, Diedrich (1980) s.S. 69
Otten, Wilhelm (2001) s.S. .78
Tietjen, Hinrich (2006); a.d. Begr.: …hat sich in…annähernd drei Jahrzehnten freiwillig und uneigennützig…mit hohem persönlichen Engagement für die Allgemeinheit verdient gemacht.... Errichtete den Lilienhof mit.

Verliehene Orden

Die Orden, die uns umgehängt,
Sie werden nicht an uns *verschenkt*.
Und sind die Verdienste auch noch so groß:
Die Orden werden *verliehen* bloß.

Heinz Lemmermann (1930-2007)

Ehrenbürger sind „Bürger ehrenhalber"

Nach § 30 der Niedersächsischen Gemeindeordnung (NGO) kann die Gemeinde Personen, die sich um sie besonders verdient gemacht haben, das Ehrenbürgerrecht verleihen. Gemäß § 40 Abs. 1, Nr. 6 NGO ist ausschließlich der Rat für diese Entscheidung zuständig. Die Entscheidung bedarf der Vorbereitung durch den Verwaltungsausschuss.
Bei dem Ehrenbürgerrecht handelt es sich um ein höchstpersönliches Recht, das nicht auf andere Personen übertragbar ist. Das Ehrenbürgerrecht ist eine Ehrung, die keine sonstigen Vorteile mit sich bringt. Die Verleihung erfolgt durch Aushändigung einer Urkunde.

Ehrenbürger
(die Jahreszahl gibt das Jahr der Verleihung an)

Bellmann, Georg (1969) s.S. 71
Dehlwes, Wilhelm (2005) s.S. 42
Kück, Diedrich (1986) s.S. 69
Lemmermann, Prof. Dr. Heinz (2002) s.S. 111
Meyer, Herbert (2001) s.S. 83
Murken, Diedrich (1957) s.S. 70
Naber, Conrad (2005) s.S. 45
Schmuch, Friedrich (1977) s.S. 75
Sonnenschein, Peter (1986) s.S. 77
Viebrock, Heinrich (1976) s.S. 73
Winters, Hinrich (1972) s.S. 72
Zimmermann, Frieda u. Otto (1994) s.S. 38

Als die Gemeinde Lilienthal am 27. August 1957 zum ersten Mal einen Einwohner zum Ehrenbürger erhob, reihte auch sie sich - rund 170 Jahre nach dem ersten Ehrenbürger überhaupt - in die Städte und Gemeinden ein, die besonderes Wirken für den Ort besonders kenntlich machen wollten. In der Regel handelt es sich um die höchste Ehrenbezeugung, die eine Stadt oder Gemeinde zu vergeben hat; Rechte und Pflichten entstehen hierdurch nicht; sie kann jedoch bei unwürdigem Verhalten der geehrten Person auch wieder aberkannt werden.
Das Ehrenbürgerrecht lässt sich auf die Französische Revolution (1789) zurückführen. Damals wurde ausländischen Persönlichkeiten, die sich nach allgemeiner Ansicht um die Menschenrechte und die Freiheit verdient gemacht hatten, das französische Staatsbürgerrecht ehrenhalber verliehen.
Mit der neuen Städteordnung von 1808 wertete der preußische Reformer Karl Friedrich vom Stein den Bürgerbegriff gegenüber dem des absolutistischen Staates auf. Er beabsichtigte eine Belebung des Gemein- und Bürgersinns und die Mitwirkung der Bürger an der Politik und führte als neues beschließendes Organ die Stadtverordneten-Versammlung ein, die von den Bürgern in freier und geheimer Wahl bestimmt wurde. Bürger war allerdings nur derjenige, der städtischen Grundbesitz oder ein Gewerbe nachwies und sich den Bürgerbrief kaufte. Der Bürgereid verpflichtete ihn zu „persönlichen und dinglichen Lasten im Dienste der Stadt". In Berlin beispielsweise waren etwa sieben Prozent der Einwohner Bürger. Zu den übrigen, den sogenannten Schutzverwandten, zählten neben den in abhängiger Stellung Arbeitenden auch Geistliche, Beamte, Künstler und Gelehrte.
1813 (in Lilienthal war gerade der große Brand) wollten die Berliner Stadtverordneten zum ersten Mal einen Schutzverwandten, der sich um die Stadt verdient gemacht hatte, in die Bürgerschaft aufnehmen und sie beschlossen, ihm das Bürger- also das Wahlrecht zu verleihen, ohne ihm die Pflichten und Lasten aufzubürden. Damit war das Ehrenbürgerrecht geboren. So wie das Bürgerrecht armutshalber erteilt werden konnte, so wurde es von nun an auch ehrenhalber verliehen. Ehrenbürger wurde nur, wer nicht „Bürger" war.
Ein sowohl zeitlich als auch räumlich näheres Beispiel möge diesen Grundsatz illustrieren: Hamburg hat im Jahr 1843 nicht nur den Gründer des naturwissenschaftlichen Museums zum Ehrenbürger erklärt, sondern neben zwei weiteren Nicht-Hamburgern (dem Oberpräsident der Stadt Altona und dem Oberpräsident der Provinz Sachsen zu Magdeburg) auch dem Bürgermeister der freien Hansestadt Bremen Johann Smidt (1773-1857) „aus Anerkennung der Hilfe nach dem großen Hamburger Brand" mit diesem Titel gedankt.
Dass vielerorts in den ersten 50 Jahren des 19. Jahrhunderts unter den Ehrenbürgern Staatsbeamte überwiegen, die als Schutzverwandte zunächst außerhalb des städtischen, d.h. des gesellschaftlichen Lebens gestanden hatten, erklärt auch, dass die Verleihung des Ehrenbürgerrechts zunehmend einen politischen Akzent erhielt.
Als 1853 die in Preußen eingeführte neue Städteordnung vorsah, dass „das Ehrenbürgerrecht vom Magistrat im Einverständnis mit den Stadtverordneten „an Männer" verliehen werden könne, die sich um die Stadt verdient gemacht haben, spielte es keine Rolle mehr, ob der Geehrte schon Bürger war oder nicht. Seltsamerweise hatten sich im darauf folgenden Jahrhundert landauflandab tatsächlich fast ausschließlich „nur Männer" um ihre Orte, Städte und Gemeinden verdient gemacht.
Leider ist über die ersten vier Lilienthaler Würdenträger in den Unterlagen der Gemeinde wenig festgehalten, was Aufschluss über deren außerordentliches Engagement für Lilienthal gegeben hätte. Allein einige wenige Zeitungsartikel, Todesanzeigen, Nachrufe und Erinnerungen von „Zeitzeugen" stehen als Quellen zur Verfügung.
Den ersten Ehrenbürgern Lilienthals ist etwas gemeinsam, das offenbar ein

wichtiges Kriterium für die Begründung darstellt. Es handelt sich fast ausnahmslos um „Bürgermeister mit Zusatzfunktionen." Sie übten ihr Amt nebenberuflich und ehrenamtlich aus. Außerdem war es vor allem in der durch zwei Weltkriege stark geschüttelten ersten Jahrhunderthälfte mit handfester Arbeit und weniger Repräsentation verbunden. Die Bürgermeister und späteren Ehrenbürger kannten Entbehrungen, Not und Leid – und taten alles Erdenkliche, um dieses zu lindern. Auch dies zählt zu den Gemeinsamkeiten.

Die kleine Gemeinde am Stadtrand von Bremen stand auch nicht in der Tradition, Feldherren, Generäle und ähnliches für Kriegstaten dekorieren zu müssen. Im Gegenteil: An den genau fünfzig Jahren Bürger-Ehrung lässt sich eine Entwicklung ablesen, die sich zusehends wieder zu ihrem Ursprung hin orientiert: der Belebung des Gemein- und Bürgersinns.

So ist es geradezu symptomatisch, dass Ehrenbürger Nr. 5, Friedrich Schmuch, seine Auszeichnung in der ihm eigenen Bescheidenheit folgendermaßen kommentierte: „Etwas Besonderes habe ich doch gar nicht geleistet, sondern lediglich meine Pflicht getan." – Ein Pflichtgefühl, das heute wohl nicht mehr so verbreitet ist, aber auch damals sicher nicht einmalig war; für den Gründer des Lilienthaler Ortsvereins der Arbeiter Wohlfahrt (AWO) Schmuch jedoch ganz selbstverständlich. Er war wohl über ein Vierteljahrhundert Mitglied des Rates und gehörte zwölf Jahre dem Kreistag an, war aber im Gegensatz zu den vier Ehrenbürgern vor und den zwei nach ihm weder Ortsvorsteher noch Bürgermeister, Gemeindedirektor oder Landrat. Altbürgermeister Peter Sonnenschein wusste: „Damals musstet ihr mit dem Fahrrad in die Kreisstadt radeln, um an den politischen Entscheidungen mitzuwirken." Und Bürgermeister Friedrich-Wilhelm Raasch charakterisierte Schmuch bei der Verleihung im Krankenzimmer als „Mann der ersten Stunde" und erinnerte „an die schweren Aufgaben der Nachkriegszeit, wo Friedrich Schmuch dem Wohnungsausschuss und dem Flüchtlingsrat angehörte. Weitere Aufgabengebiete waren der Straßenbau und die Arbeit im Sozialhilfeausschuss." Nur sieben Wochen lang konnte Schmuch sich über seine Ehrenbürgerwürde freuen.

Die gleiche Auszeichnung kam neun Jahre darauf für Peter Sonnenschein sogar genau eine Woche zu spät. Ein Grund mehr, wenigstens den folgenden Generationen das vorbildliche Verhalten der Ehrenbürger zu vermitteln.

Mit Schmuchs Ehrenbürgerschaft wurde in Lilienthal auch erstmals die bei oberflächlicher Betrachtung wie ein Automatismus wirkende Tradition durchbrochen, alle Nachkriegsbürgermeister quasi zu Ehrenbürger(meister)n umzufirmieren. Offensichtlich wurde bei ihm soziales Engagement in den Vordergrund gerückt.

Dies trifft schließlich auch in besonderem Maße für das Unternehmerehepaar Frieda und Otto Zimmermann zu. Neu an diesen Ehrenbürgern war gleich zweierlei: zum ersten Mal wurden Lilienthaler ausgezeichnet, die dem Rat der Gemeinde überhaupt nicht angehört haben und – das gilt ausdrücklich vor allem für die hiermit erste Ehrenbürgerin des Ortes – „dass sie nicht nur nach dem eigenen Vorteil gestrebt habe".

Alle nachfolgenden Ehrenbürger hatten spezifische Schwerpunkte, sei es im sportlichen Bereich wie Herbert Meyer, in der eigenwilligen Mischung aus politischem, kulturell-kommunikativem sowie künstlerisch-produktivem wie Heinz Lemmermann, im unternehmerisch-sozialen, ortsbild-erhaltenden, kulturellen und wissenschaftlichen wie bei Conrad Naber und im familien-, orts-, heimat- und regionalgeschichtlichen wie Wilhelm Dehlwes.

JIDG

Personenregister

Seite

Ahner, Ludwig	110
Ahner-Siese, Ingeborg	**109-110**
Ahrens, Wilhelm	**74-75**
Arndt, Holger	33
Bach, Johann Sebastian	7
Backhaus, Prof. Oskar	5
Bartling, Heiner	84
Beatles, The	133
Becker, Dr.	**17**
Beethoven, Ludwig van	107
Bellmann, Georg und Grete	**71**
Bergkemper, Bernd	33
Bessel, Friedrich Wilhelm	27, 29, **31**
Bingen, Hildegard von	15
Blome, Fritz	139
Blume, Hans-Peter und Sabine, geb. Forst	**126-127**
Bode, Johann Elert	29
Böhm, Elisabeth	89
Böttjer, Hermann	**68**
Bohm, Ännchen	116
Boldt, Dr. Andreas	**65-66**
Borchert, Wolfgang	134
Boseck, Prof. Dr. Siegfried und Ulrike	52, **53-54**
Bräuninger, Ingeborg	77
Brahms, Johannes	107
Brandt, Adolf	136
Brandt, Christopher	**133-135**
Brandt, Ulrich	137-138
Bratschke, Renate	**132-133**
Bruder, Norbert	12
Buchwald, Edda (verh. Kühn)	43
Busch, Wilhelm	113
Cambridge, Prinz Adolph Friedrich Herzog von	26
Chladek, Rosalia	131
Chladni, Ernst Florens Friedrich	29
Christine, Königin von Schweden	15
Cordes, Hans-Adolf und Monika	**48-49**, 106
Cyriacks, Lüder	**68**
Dankwardt, Käthe und Bruno	**86-87**
Dehlwes, Käthe	**42-44**
Dehlwes, Margrit (verh. Lindemann)	89
Dehlwes, Wilhelm	**42-44,** 66, 130
Dittmer, Doktor	**16**
Dollond, … (engl. Optiker)	28
Dumont du Voitel, Rudolf und Arlette	**107-108**, 124, 125
Duwe, Erwin und Gisela	**118**
Ehlen, Hans-Heinrich	114
Eich, Günther	134
Emigholz, Torsten	137, 138
Ende, Hans am	48
Ende, … von (Astronom)	29
Erdmann, Gerd	**120**
Falguerolles, Dr.	**16**
Fiedler, Familie	132
Findorff, Friedrich	17
Findorff, Jürgen Christian	1, 8, 56
Fischer-Dieskau, Dietrich	108
Frahme (Gastwirtfamilie)	18
Frank, Familie	9, **100-101**, 102, 124
Frank, Henry	100
Frank, Hildegard, geb. Hammer	101, 102, 124
Frank, Julius jun.	73, 99, **100-101**, 102, 116, 124
Frank, Julius sen.	100
Gagelmann, Fritz und Martha, geb. Henning	22, **103-104**, 119, 125
Gattnar-Blank, Alex	33
Gauß, Carl Friedrich	29, 31
Gefken, Hinrich und Elke	66
Gefken, Harm	28
Geittner, Karl-Peter	**121**
Gerbrecht, Gustav Adolf	9
Gerdes, Dieter und Meike	**32,** 66
Gerhard II, Erzbischof	38, 55
Goethe, Johann Wolfgang von	16, 55
Gogh, Vincent van	98
Gotthelf, Jeremias	9
Grass, Günter	129
Gregory, Karl-Eberhard	135
Haase, Heiner	40
Habben, Dr.	76
Hallstein, Walter	108
Haltermann, Hinrich	**69**
Hammel, Dr. Oskar	**22-23**
Hammer, Hildegard	101
Harding, Karl-Ludwig	27, 29, **30-31**
Hase-Bergen, Till	78
Heine, Heinrich	134
Heineken, Dr.	**16**
Helmke, Martin	3, 4
Herrmann, Jörn	138
Herschel, Wilhelm	28
Hessen-Eschwege, Eleonora Katharina von	**14-15,** 16
Hodenberg, Wilhelm von	17
Hollatz, Willy	45, 47, 124
Hünerhoff, Dr. Heinrich und Anna Helene, geb. Engeling	**19-21,** 22, 107
Jakob, Rainer	33
Jörres, Carl	**98-99**
Kästner, G. E.	28
Kafka, Franz	134
Kahlo, Frida	92
Kaisen, Wilhelm	43
Kessemeier, Arnold	7, 9, 99, **102-103,** 119
Kant, Immanuel	113
Klau-Emken, Dieter	**131**
Knipp, Dr.	**16-17**
Kolster-Bechmann, Christa	**50-52**
Konzelmann, Gerhard	93
Koschnik, Hans	124
Krentzel, Wilhelm	**68-69**
Krusius	**13**
Kück, Diedrich	**69-70**
Kühn, Edda vorm. Buchwald	43, 129, **130**
Kühn, Harald	87, **124-125**
Kühn, Volker	**129-130**
Lankenau, Ahlke	29
Lemmermann, Albert und Sophie	**6-7**
Lemmermann, Prof. Dr. Heinz und Ruth	6, 10, 75, **111-113,** 125
Leue, Hans-Joachim	33
Lichtenberg G. C.	28, 30
Lilienthal, Karl und Änne, geb. Parizot	**8-9,** 99, 102
Lindemann, Margrit	**89-90**
Lindenau, … von (Astronom)	29

Lippe, Hermann von der	37	
Lohmann, Annegret	89	
Ludwigs, Jürgen	**116-117**	
Ludwigs, Paul	116	
Manet, Edouard	98	
McAllister, David	60	
Meckseper, Friedrich	129	
Meierdierks, Alfred	**114-115**	
Melloh, Heiner	8	
Mensing, Hanna, Johannes und Katharina	**41**	
Mevissen, Annemarie	47	
Meyer, Herbert	**83-84**	
Meyer, Josef	84	
Meyer, Dr. Nikolaus	16	
Meyerdierks, Friedrich	21	
Meyerdierks, Hinrich	**76**	
Meyhöfer, Prof. Dr. Ingo	132	
Miesner, Axel	114	
Miesner, Dirk und Agunda	**114-115**	
Möhlenbrock, Helmut	38, **39-40**, 141	
Möhlenbrock, Ottonie	38, **39-40**, 141	
Mohr, Hans Ulrich	12, 13	
Monet, Claude	98	
Mozart, Wolfgang Amadeus	107	
Müller, Claus	57	
Müller, Dr. Fritz-Martin u. Margot	**23-24**	
Müller, Jürgen	35	
Müller-Stahl, Armin	129	
Murken, Diedrich u. Ida	6, **70**, 71, 107	
Naber, Conrad	36, **45-47**, 51, 63, 122, 125, 139–140	
Naber Lotti, geb. Schrader	46, 140	
Naber, Martin	140	
Neuling, Friedrich	71	
Norzel-Weiß, Christina	78	
Nowak, Karl	107	
Olbers, Heinr. W. M.	27, 29, **30**, 31, 34	
Otten, Wilhelm	39, **78**, 121	
Overbeck, Fritz	98	
Papula, Dagmar	134	
Paul, Harald	12	
Penck	129	
Pézsa, Lieselotte	**33-34**	
Pfaff, Klaus-Dieter und Helma	**127-128**	
Pfeiffer, Prof. Dr. Christian	50	
Pfingsten, Karla und Werner	**90-92**	
Piazzi, Guiseppe	29	
Plate, Dietrich	142	
Raasch, Friedr.-Wilh.	70, 73, 75, **79**, 91	
Rechten, … (Hausvogt)	17	
Reiners, Johann (Jan)	45, **58-59**	
Richter, Peter	124, 125	
Riedel, Peter	**122-123**	
Rilke, Rainer Maria	9	
Röhr, Monica	45, 83, 139	
Roselius, Ludwig	105	
Ruckert, Dr. Friedrich Wilhelm und Georgine, geb. Enkert	**18**	
Rühmkorf, Peter	134	
Rüßmeyer, Herbert	**87-88**	
Runge, Klaus	**25**	
Saint-Exupéry, Antoine de	94	
Saint-Phalle, Niki de	129	
Sammy, Karl-Heinz	87, 125	
Sasse-Philippi, Claire, verw. Schilling	22	
Sasse, Dr. Erich	**21-22**	
Schene, Gertrudis, Äbtissin	**1-2**	
Schibilla, Gertrud und Diether	**92-93**	
Schiestl-Arding, Albert	22	
Schilling, Dr. Hans	18, 21, 22	
Schloen, Uwe	33	
Schlötelburg, Metta	58	
Schmidt, Dieter, Ingo, Gotelinde, Astrid und Iris	**142**	
Schmidt, Heinrich	**17**	
Schmidt, Rudolf	41	
Schmidt-Barrien, Heinrich und Kathrin	44, 55, **105-106**	
Schmuch, Friedrich und Gesine	**75-76**	
Schneider, Oscar	45	
Schobeß, Heinz und Erika	**9-11**	
Schrader, J. G. F.	28	
Schrader, Lotti	107	
Schrader, Otto und Louise	**5-6**	
Schreiter, Prof.	129	
Schroeter, Johann Friedrich	29, 30	
Schroeter, Johann Hieronymus	16, 17, 26, 27, **28-29**, 30, 31, 32, 34, 35, 38, 39, 40, 46, 67, 104	
Schubert, Franz	107	
Schüppel, Martin	**61**	
Schulke, Prof. Dr. Hans-Jürgen	82	
Schultz, Richard	12	
Schumann, Robert	7, 107	
Schwalenberg, Heinrich	104	
Seedorf zur Höge, Hermann	17	
Segelken, Karin und Andreas	**94-95**	
Sendlinger, Günther	139	
Shulman, Julius	101	
Simmering, Manfred und Ingeborg	**119**	
Sonnenschein, Arno	77	
Sonnenschein, Peter und Hermine	75, 76, **77**	
Speckmann, Diedrich	9	
Stolz, Henny	98	
Stormer, Detlef	38, 83	
Tamm, Erhard	9, 10	
Teller, Hans-Hermann	87	
Tietjen, Hinrich	115	
Titius, Johann Daniel	29	
Tornée, Christoph	**3**	
Torney, Fran(t)z August	3	
Tucholsky, Kurt	134	
Uhden, Klaus-Dieter	33, **34-35**	
Urbrock, Gerda	124	
Viebrock, Heinrich und Elisabeth	**73**	
Villon, François	134	
Vockenroth, Horst	**11-12**	
Vogel, Prof. Harald	133	
Vogeler, Heinrich	8, 48	
Vogt-Vilseck, Heinrich Wolfgang	26	
Wätjen, Ludwig	140	
Walther, Otto	137	
Warnken-Dawedeit, Ute	**62-64**	
Weitkunat, Inge	125	
Wendisch, Iris	**12-13**	
Wentrot, Friedrich-Wilhelm	139-140	
Wenzel, Wolfgang	**60**	
Werner, … (Geometer aus Lilienthal)	57	
Wesselhöft, Wilhelm	38, **80**	
Wilhelm II, Kaiser	18	
Wilshusen, … (Bürgermeister)	20	
Winter, Inge	**82-83**	
Winters, Hinrich	71, **72**	
Witte, Joh. Nikolaus (Claus) Chr.	**56-57**	
Wolf, Hugo	107	
Zach, Franz Xaver von	26, 29	
Zenker-Baltes, Inge	123	
Zimmermann, Frieda u. Otto	**38-39**, 140-141	
Zinke, Dr. Erich	**17**, 20	

Abbildungsverzeichnis

Viele Fotos in diesem Buch stammten aus privaten Fotoalben und wurden uns freundlicherweise von den betroffenen Familien zur Verfügung gestellt. Wir bedanken uns bei folgenden Familien, Fotografen, Firmen, Institutionen und Verlagen für die Herstellung und Abdruckgenehmigung von Text- und Bildmaterial (Zahlen entsprechen den Buchseiten):

Fam. Ahrens	74
Fam. Cohrs-Zirus.	98
Hans Adolf Cordes	48 oben
Fam. Dankwardt	86
Käthe Dehlwes	18, 19, 20, 43, 44, 65
Jutta-Irene Dehlwes-Grotefend	14, 65, 146
Matthias Diller	126
Rudolf Dodenhoff	103
Rudolf Dumont du Voitel	107, 108
Erwin Duwe	12, 13, 32, 40, 42, 50, 66, 105, 115 unten, 116 unten, 118, 120, 141 Mitte, 143
Ingrid Fiedler	9
Julius Frank	59, 100, 101, 102
Karl-Peter Geittner	132
Johanna Genth	109
Dieter Gerdes	10
Klaus Göckeritz	24, 34, 45, 46, 51, 60, 62 unten rechts, 63 unten rechts, 114 unten, 115 oben, 121, 124, 127, 128, 129, 140
Fam. Hammel	22
Christine Höfelmeyer	25, 41, 48 u, 54, 52, 53, 54, 62 unten, 95, 106, 110, 131
Wilko Jäger	111
Harald Kühn	87, 123
Volker Kühn	130
Heinz Lemmermann	7, 112
Ernst-Hermann Lindemann	89
Jürgen Ludwigs	116 oben, 117
Carola von Lübken	80, 119
Herbert Meyer	83
Ingo Meyhöfer	132 unten
Fam. Miesner	114 oben
Fam. Möhlenbrock	38, 39, 40, 140, 141
Atelier Jerome Müller, Frankfurt	134
Fam. Naber	5, 34, 62 u.l., 63, 64
Lieselotte Pézsa	33
Fam. Pfingsten	90
Peter Riedel	122, 123
Dr. Urs Roeber	54
Herbert Rüßmeyer	88
Hans Saebens	23
Gertrud Schibilla	92
H. Schwarzwälder	59
Fam. Arno Sonnenschein	77
Harald Steinmann	3 unten, 4
Uwe Unruh	17
Ute Warnken-Dawedeit	62 unten links
Inge Winter	82
Archiv Heimatverein Lilienthal	3 oben, 8, 76, 79, 102
Archiv M. Simmering-Verlag	1, 2, 22, 28, 30, 31, 32, 36, 58, 70, 71, 72, 73, 76, 78, 119
Archiv Wümme Zeitung	61
Martin Schüppel	61
Firma Poliboy	137, 138
Firma Nabertherm	138
Firma Plate	142

Verwendete Literatur

Behrens, L.:
Verbriefte Privilegien der Wassermühle des Klosters zu Lilienthal, in Wümme Zeitung 14. 4. 1928; ders. De „Obertog" in Wümme Zeitung, 16. 4. 1928
Cunow, Wolfgang:
Evangelisches Hospital Lilienthal e.V., 1963–1993, Lilienthal 2000
Dehlwes, Wilhelm (Hrsg.):
Lilienthal Gestern und Heute, Bremen 1977
Lilienthal und seine Einwohner, Bremen 1981
Lilienthal Kloster, Kirchen und kirchliches Gemeindeleben, Bremen 1978
Emigholz, Björn:
Das Teufelsmoor bei Bremen – Mythos und Wirklichkeit, Diss., Osterholz-Scharmbeck 1990
Fleischmann, Birgit:
Die Ehrenbürger Berlins, Berlin 1993
Fricke, Monika:
Eleonora Catharina – ihr Wirken war ein Segen für die Teufelsmoor-Region, in: Licht und Schatten – Frauen im Landkreis Oster-holz Bd 2, Osterholz-Scharmbeck 1998
Gerdes, Dieter:
Die Lilienthaler Sternwarte 1781 bis 1818, Lilienthal 1991
Gottschalk, Jasper-Wilhelm:
Friedrich der Fliegende entdeckte Worpswede, Erinnerungen an den Landgrafen von Hessen-Eschwege und seine Familie in unserer Heimat (Aufsatzkopie aus unbekannter Druckquelle, S. 199–208, Datum unbekannt, vor 1989)
Grotefend, Jutta-Irene/
Lemmermann, Heinz:
Lilienthal – Impressionen einer Gemeinde, 2003
Holz, Donata:
Carl Jörres – Portrait des Lilienthaler Malers, Lilienthal 2004
Irretier, Olaf/Leuthold, Dieter/
Olivier, Thomas/Naber, Conrad (Hrsg.):
Nur Faulheit hilft uns weiter – Aus dem Leben und Wirken eines Unternehmers, Bremen 2002
Jarck, Horst-Rüdiger:
Das Zisterzienserinnenkloster Lilienthal, (Dissertation), Stade 1969
Urkundenbuch des Klosters Lilienthal 1232-1500 (Bearbeitung), Stade 2002
Jörres, Carl/Kessemeier, Arnold/
Lilienthal, Karl (Hrsg.):
Das ehemalige Kloster Lilienthal, ein Führer durch den Ort und seine Umgebung, Lilienthal 1925
Kühn, Harald/Richter, Peter:
Als die Hoffnung starb – Das Schicksal der jüdischen Fotografen-Familie Frank aus Lilienthal, Lilienthal 2005
Zeitreise – 775 Jahre Lilienthal, Lilienthal 2007
Lemmermann, Heinz:
Hand aufs Herz, Bremen 2001 und Feuerwerk, Bremen 2007
Lemmermann, Heinz/Kämena, Heinz:
Lilienthal in alten und neuen Ansichten, Osterholz-Scharmbeck 1985
Lilienthal, Karl:
Bilder aus der Geschichte des Kloster und Amtes Lilienthal, Oldenburg 1935
Denkschrift zur bevorstehenden Wörpe-Regulierung, ohne Datum
Festschrift zur 1000-Jahr-Feier Trupes am 12. u. 13. Juni 1937, Lilienthal 1937
Jürgen Christian Findorffs Erbe, 3. erw. Auflage, Osterholz-Scharmbeck 1982
Müller, J. H.:
Das Teufelsmoor, Ein Stück Kulturgeschichte aus Nordwestdeutschland, Bremen 1879
Rabenstein, Peter:
Jan von Moor, Fischerhude 1982
Schilling, C.:
Wilhelm Olbers – sein Leben und seine Werke, Berlin 1900
Schuhmacher, H.A.:
Die Lilienthaler Sternwarte, Bremen 1889
Tornée, Christoph:
Die Geschichte Lilienthal's, Lilienthal 1884

Periodika, Festschriften, Broschüren

Amtmann-Schroeter-Haus, Festschrift zur Einweihung, Stiftung Amtmann-Schroeter-Haus (Hrsg.), Osterholz-Scharmbeck 1993
Evangelisches Hospital Lilienthal e.V. (Hrsg.) 1947-1997 Fünfzig Jahre Evangelisches Hospital Lilienthal e.V. eine Festschrift, Mai 1997
Archiv
Heimat Rundblick Nr. 3 3/1987, Nr. 34 3/1995, Nr.75 4/2005
Landwirtschaftskammer Hannover
Umweltfragen in der Fischerei, Tagungsunterlagen Hannover/Celle 9. 7. 1980
Lilienblätter
Mitteilungen des Heimatvereins Lilienthal e.V. August 1987
Murkens Hof,
Kulturelle Begegnungsstätte
Festschrift zur Eröffnung, Gemeinde Lilienthal (Hrsg.), Osterholz-Scharmbeck 1993
Musikzug Lilienthal e.V.
Festschrift zur 25-Jahr-Feier, Osterholz-Scharmbeck 2004 und Festschrift zur 10-Jahres-Feier des Jugendblasorchesters
Perilis... mehr als ein Chor
25 Jahre – Eine Dokumentation, Lilienthal 2003
SPD Ortsverein Lilienthal
„1903–2003 Einhundert Jahre Politik vor Ort", Festschrift, Osterholz-Scharmbeck 2003
Telescopium –
Lilienthal Foundation e.V.
Info-Broschüre, Abb. S. 12
Homepage der AG Kultur
www.ag-kultur.de
Homepage der Kinder-Akademie Lilienthal
www.kali-schlaufuchs.de
www.guide2womenleaders.com
www.lebenshilfe-ohz.de